岩 波 文 庫
33-102-6

福沢諭吉の手紙

慶應義塾編

岩 波 書 店

はしがき

『福沢諭吉の手紙』編集委員会

本書は、慶應義塾編『福澤諭吉書簡集』(全九巻　二〇〇一〜〇三年　岩波書店)を底本とし、その中から選択された福沢の手紙一一八点を収録している。手紙を通じて福沢の声に接したいと願う読者のために、興味深くかつ読みやすいということを旨として編集されたものである。

そのために本書は福沢の生涯と思想を、その主題に即して、「原点」、「慶應義塾——理念と経営——」、「理財と実業」、「民権と国権」、「人間交際」、「家庭と日常生活」の六項目に分類し、それに関連する手紙の中から十点ないし二十数点を選び、時系列に配列して簡単な解説を付し、六章に編成した。本書の各章を通読することによって、読者はそれぞれの主題について、福沢の生涯を追体験しつつ、著作を読むことのみによっては聞くことができない、それぞれの時点における福沢自身の声に触れることができると考える。

ただ問題となるのは、手紙を書く場合福沢は、一貫して「候文」と呼ばれる、伝統的な文体を用いたことである。そのため文章は漢字を主体とし、いわゆる送りがな等は大胆に省略され、「変体がな」も多用されている。しかも漢字は漢文式の語順に従う場合が少なくなく、日本語として発音するには、語順を変えて読むことが必要になる。これらの特徴が、今日一般の読者にとって、この時代の手紙をかなり読みにくいものにしている。

そこで本書は、思い切って原文の表記に変更を加えることにした。その詳細については巻末の「あとがき」を参照して頂きたいが、この作業は編集者の責任において原文の表記に手を加えることに他ならない。その結果本書に収録された手紙の文字表現は、福沢の原文とはかなり異なったものになり、文意こそいささかも変わっていないものの、書面にこめられた微妙なニュアンスなどが伝わりにくくなった憾みがないとは言い切れない。しかしこれは、読みやすくするという目的のための止むを得ない処置であるとしてご諒承頂きたいと考える。

編集を終えるにあたり、この百年間の日本語の変貌の大きさを改めて実感すると同時に、本書によって読者諸氏が福沢の手紙が持つ魅力に接する機会を持たれることを、希望するものである。

目　次

I 原点

第I部は、後年の福沢の思想と活動との「原点」を形成した諸事情を明らかにする手紙一四点を収録する。ここで「原点」と考えたものは、少年時代の生活、洋学修行の有様、中津藩士及び幕臣としての勤務、その中でなされた思想形成であり、またそれに基づく著作活動である。

中津における少年時代の生活の様子を、その時点で福沢自身が記した手紙は一点も残存しない。これは単に伝わらなかったと言うのみではなく、私信を書く機会そのものがなかったためであろう。それに近いものとして、わずかに後年の回想が残されているにすぎない(VI 3)。同様に洋学修行時代の生活振りを明らかにする手紙もはなはだとぼしい。長崎はともかくとして、藩の蔵屋敷があった大坂からは、郷里にあて、相当数が書かれたものと想像されるが、現在その内容が伝わっているのは、一通のみ(I 1)である。

それに対して、江戸に出てからは、中津藩の洋学塾の担当者として、また幕府の翻訳官として社会的地位が上昇していくにともなって、交際は急速に広がり、社会的活動の範囲が拡大する(I 7)につれて、残存する手紙の数は急に多くなる。

同時にこの時期に、『西洋事情』を皮切りとして、矢継ぎばやの著作の刊行(I 6)により、福沢の文名は一時に高まる。それは一方でその後の生き方を決定する重要な要因の一つとなるのであるが、他方において多数の偽版が発行される事態を生み出し、文筆で生きていこうとする福沢を悩ませることにもなる（I 10）。

めまぐるしく変化する幕末の状況の中で、福沢のその後の思想と、それに基づく政治姿勢が形成されていく過程も、手紙から読み取ることができる。当初福沢は一時に押し寄せる内患外憂を解決する政治路線として、将軍を中心とする文明開化路線（「大君のモナルキ」）を構想していた（I 5）。しかし、攘夷をスローガンとする討幕運動が高揚していく世相と、それに対して積極的に対応できない幕藩体制とを眼前にして、幕府、藩、新政府の何れにも属さず、現実の政治の場から一歩退いた所に身を置き、独立の個人として、もっぱら言論と教育とによって（I 9）日本の文明をリードするという基本姿勢を選択するようになる。この態度は、その後新政府が攘夷のスローガンを取り下げ、明確に文明開化路線を歩みはじめていることを確認し、それに一定の評価を与えるようになって以後も、なお自己の使命を、文明の理論を説くことによって、この国の民衆の精神の発達をはかることに見出すという一点においては、ゆらぐことはなかった（I 13）。

（坂井達朗）

I 1 増《ます》田《だ》幸《こう》助《すけ》　安政四年十二月二十二日

芳翰《ほうかん》有り難く拝見仕《つかまつ》り候。寒気強くござ候ところ、益《ますます》ご勇健勤仕成られ、珍重斜《なのめ》ならず存じ奉り候。随て私義異無く消光仕り候。憚《はばか》りながらご放念下さるべく候。

渡辺鉄次郎君ご眼気の所、色々ご加療成られ候えども、何分お捗《はかど》取り成られざるにつき、当方然《しか》るべき眼家もこれ有り候わばお遣《つかわ》し成らるべきにつき、吟味致すべく候段、承知致し候。もっとも緒方にては眼家の方は専門に致さざるにつき、外方《ほかかた》段々聞き合せ候ところ、京伏見あたり、数々名家と唱えこれ有り候えども、大抵は家株までにて、実は格別の義これ無きよし。さ候えば折角お登せ成られ候ても、いたずらに雑費のみにて、甲斐なき事どもにてはこれ無き哉《や》に存じ奉り候。然《しか》るところ、緒方塾のうち、久留米より後藤何某《なにがし》と申す者遊学参り居り、同人家は久留米にての眼家にて、専《もっぱ》ら蘭法取り用い、諸国より病客も多く参り居り候よし。もしこの方へともお越し成られ候ては、いかが哉と存じ奉り候につき、同人へ添書相頼み指し上げ候間《あいだ》、処書《ところがき》の通りおいで成られ候わば、相分り候義にこれ有るべく、もっとも前段申し上げ候塾へ参り居り候何某も、右眼家主人の舎弟に候えば、先方都合も宜《よろ》しかるべく、先ず彼の所にて暫《しば》らくご養生成られ候上にて、御模様次第ご登坂思《おぼ》し召し立ち然るべしと存じ奉り候。またまたその節は、いかがとも都合これ有るべく存じ奉り候。右貴答申し上げたく、委細はこの度《たび》祐太郎《すけたろう》殿お帰りにつき、ご同人へ申し置き候間、ご承知下さるべく候。早々乱筆ご推読願い奉り候。拝具。

十二月廿二日夜　　諭　吉

幸　助　様　几下《きか》

尚々《なおなお》、折角ご自重専一と存じ奉り候。大いにご無音《ぶいん》のみに罷《まか》り過し、平《ひら》にご免成し下さるべく候。在学中の義に候えば、あしからず思し召し下さるべく候。憚りながら、ご家内皆様へ、然るべくご致声《ちせい》願い奉り候。宿元《やどもと》万端ご厄介《やっかい》に罷《まか》り成り候義と存じ奉り候。

適塾の塾長をしていた福沢に、京阪地方の眼科の蘭方医の紹介を求めた中津からの手紙への返信である。増田幸助は福沢の母の従兄弟で、増田宋太郎(明治二年帰郷した福沢の暗殺を謀って失敗し、西南戦争時に中津隊を指揮して西郷軍に参加し戦死した)の父である。渡辺鉄次郎(重石丸《いかりまろ》、号は鶯栖園隠士)はその甥で、中津の神官の家に生まれ、藩の儒者野本白岩に学び、後に平田篤胤没後の門人となった神道学者で、国学と水戸学を融合させ独自の学風を開き、中津に道生館をたてて子弟を教育した。明治初年には新政府の神道政策を担当した。西南戦争に多くの道生館の塾生が参加し、天皇に反抗した責任をとって官界を辞した。久留米から適塾に遊学の人物とは、適塾の門人帳にある後藤徳太郎と推定される。

I 2　宛名未詳　安政五年十一月二十二日

通坂《つうはん》の節は、いずれの罪かは存じ申さず候えども、遂に拝眉《はいび》を得ず、終身の遺恨仕り候。小生義も十月中旬着府仕り、その後□に江戸の人物にも面会仕り候。先日村田へも相訊《たず》ね、折角兄のお噂仕り候義にござ候。村田もこの節は、ちょっと帰省致し候よしにござ候。

一　その後お国元の都合いかがにござ候哉《や》。事に依《よ》りご出府にも相成るべき哉。それのみ相待ち居り申し候。私もいずれ三、四年は滞遊仕り候趣《おもむき》に相成るべく、その内一度は、お目に掛りたき事と存じ候。なおい才は次便に申し上ぐべく候。早々頓首。

十一月廿二日　福沢諭吉

大坂の適塾で勉学中の福沢は、中津藩が江戸の屋敷内に開いていた蘭学塾の教員として呼ばれて江戸に出ることになった。そこで母親に別れを告げるために一旦帰省し、再び大坂に戻り、そこから江戸に向かった。その時面会できなかった適塾の同窓生に宛てたものと想像される。

「村田」は長州出身で、福沢の先輩の適塾塾長であった村田蔵六、後の大村益次郎。

I 3　島津《しまづ》祐《すけ》太《た》郎《ろう》　文久二年四月十一日(一八六二年五月九日)

拝啓。益《ますます》ご清適《せいてき》ご起居成られ、珍重斜ならず賀し奉り候。随て小生義海陸滞り無く、先月九日パレース着。同二十九日同所出立、当月二日ロンドン府着仕り候。

小生義も今般は幸に西航の員に加わり、再び得べからざるの好機会。右につき旅行中学術研究は勿論、その他欧羅巴《ヨーロッパ》諸州の事情風習も探索致すべき心得にて、已《すで》に仏英両国にても諸方に知己を求め、国の制度、海陸軍の規則、貢税の取り立て方など承《うけたまわ》り糺《ただ》し、一見瞭然と申すには参りがたく候えども、これまで書物上にて取り調べ候とは、百聞は一見にしかずの訳《わけ》にて、大いに益を得候事も多くござ候。就ては、お家においても兼てご軍制ご変革、洋学お引き立てなどのお仕組みはこれ有り候えども、遅々今日に至り、廉《かど》立ち候義もこれ無し。右は私在府中、彦三殿はじめ知己の人へは、議論いたし候こともござ候えども、多年姑息の風習にわかに改め難《がた》く、いたずらに空論に属し申し候。しかし今般諸外国の事情とくと相察し候所にては、本邦もこれまでのご制度は拠《よんどころ》無きも、ご変革これ無くては相済むまじく、さ候節は諸藩もその分に随い、それぞれ改制これ有るは必然の義。肥前侯などは疾《と》くそのお見込みこれ有る義と相見え、この度も家来三人医者 砲術家 蘭学者使節従僕へお頼み込み相成り、全く欧羅巴諸州実地研究のためと存ぜられ候。何卒《なにとぞ》お家にても、肥前侯へ先鞭を着けられざるよう、大変革のご処置これ有りたく、私義も微力の及ぶ所は勉強仕り、亡父兄の名を損ぜざるよう仕りたき丹心にござ候。右につき先ず洋法を採用するには、実地の探索は勿論《もちろん》に候えども、とても壱人にてわずかの時日に尽しがたく、後は書籍取り入れ候より外、手段これ無く、既に当府《ロンドン》にて英書も大分相調《ととの》え候えども、なおまた和蘭《オランダ》へ参り候わば、十分に買い取り候つもりにござ候。江戸にて頂戴仕り候お手当金は、残らず書物相調え、玩物一品も持ち帰らざる覚悟にござ候。ご在所表《おもて》にも医学所お取り建て相成り候由《よし》に候えども、とても洋書などお備えは未だできまじく、私帰府の上は、先ず一通り辞書、究理書、医書類、その外砲術書などは、ご在所へも相揃え候つもりにござ候。その段は有志の人へお話し置き下さるべく候。い才の義は帰府の上建白も仕るべく候えども、先ず当今の急務は富国強兵にござ候。富国強兵の本《もと》は人物を養育すること専務に存じ候。これまでお屋敷にて人物を引き立つるには、漢籍を読むを先務と致し来り候えども、漢籍も読みようにて実地に施《ほどこ》し用をなし申さず。適例、鈡太夫、桑名太夫、今泉郡司殿、この三士は年来漢書を読み、実地に試み候所、絶えて用をなさず。性来謹直の者は、わずかに廉恥の二字は忘れず候えども、やや才力ある者は、才に役せられ廉恥をも忘るるに至り申し候。さ候えば富国強兵の本《もと》、人物を養育するは、必ず漢籍を読むにも在らざることと存ぜられ候。大人《たいじん》は中津にて人望を得候こととて、事を始め候にも、やや容易の御場合これ有るべし。何卒《なにとぞ》右の件々ご考慮下され、行うべき事候わば、一日も早く思《おぼ》し召し立ち、実地に施し用をなし候人物でき候よう致したく存じ奉り候。右は私帰府の上申し上げ候ても宜《よろ》しき義に候えども、帰帆の期も未だしかと定まらず、かつ思いつき候事につき、一日も早くと存じ、わざと申し上げ候義にござ候。拝具。

四月十一日　ロンドン府にて　福沢諭吉

島津祐太郎様

開市開港延期交渉のためヨーロッパ各国を訪問した文久使節団の一員として、ロンドン滞在中に書いた手紙。中津藩の富国強兵政策と洋学教育による人材の育成とを進言した。従来漢学の素養を基準に抜擢されている藩の首脳部が実際には役に立たないことを指摘し、政策転換が急務であると主張する。開明的な鍋島直正を藩主とする肥前藩が、ヨーロッパ諸州の実地の研究に熱心であるのに対して、かつては蘭学研究の先進地であった中津藩が立ち遅れていることに対する福沢の危機意識が表明されている。

I 4 レオン・ド・ロニー　文久二年十月二十七日(一八六二年十二月十八日)

18 Dec. 1862
On board of the French
steamer Europen
Point de Galle

With pleasure I have received your charming note including in the letter addressed to Dr Matouki at Alexanderia, where we have arrived 17th November ; of course I was obliged to answer for it directly, but as soon as we arrived at Alexanderia I have departed there to Suez with some of our officers taking care for the baggages before Ambassadores, so that I had no time to write the answer to you, I hope you would not be angry for it.

At 20th of November we have departed from Suez with French steamer Europen arrived at Adens 28th of said month staying there five daies departed from Aden 3^{d} of december and arrived here (point de Galle) yesterday, supposing the voyage forward we shall be at Japan in 45 or 50 daies more. On board I have not much official busyness to do, so I am now studing the French every day but in embrassment to understand it.

That you are always in good health have the same feelings for Japan and for my-self, is the heartly wish of

your upright friend

Foucousawa Ukiti

福沢諭吉

羅尼様

レオン・ド・ロニーは当時二十五歳のフランス人東洋学者で、『日本語考』などの著作がある。ヨーロッパから帰国の途中、フランス船ヨーロピアン号の船中で書かれ、セイロン島のガルで発信された手紙で、アレキサンドリアで受け取られた松木弘安宛のものに同封されていた福沢への手紙に対する返信と考えられる。船中では毎日フランス語を学んでいたことがわかる。ロニー宛の福沢の手紙は六通あり、いずれも大型のアルバム(慶應義塾福沢研究センター蔵)に貼り込まれて保存されていた。綴りや文法上のミスが見られることは、この当時の福沢が未だ英語に熟達していなかったことを示している。

I5　福沢英之助《ふくざわえいのすけ》　慶応二年十一月七日

〔異筆〕
「寅ノ十一月附　卯ノ正月廿八日相達」
一翰啓上《いっかん》致し候。先月廿五日ご出帆後、天気も宜《よろ》しく、追々印度《インド》海ご進行の事と遠察致し候。当方何も相替わる義これ無く、中津よりも三、五日前、在番の面々到着。和田にても皆々お替りこれ無き由《よし》、大慶に存じ候。○小生事も亜行の内命を蒙《こうむ》り、いよいよもって仰せつけられ候わば、当十二月末か、来る正月十日前の出帆にござ候。すなわちこの度《たび》サンフランシスコと香港との間に開き候メールシップに乗り候つもりなり。右船にてサンフランシスコ迄参り、それよりパナマへ廻り、地峡を越しニューヨルクに赴《おもむ》き候。およそ日数、日本よりニューヨルク迄四十五日にござ候。○ご出帆後江戸の模様も追々宜《よろ》しく相成り、開成所へもガラトマと申す蘭人お雇いに相成り申すべき由、なお英仏の先生をも、お雇い相成るべき哉《や》の説ござ候。○講武所の槍剣術師範役等ご廃止に相成り、遊撃隊と申す鉄砲打ちに相成り申し候。先ずこれにて、兼ねて小生心願の大小を止《や》め候よう相成るべく、千古の一快事。当秋中大小を売却いたし候も、すなわち今日あらんことを察してなり。この方の先見、ご称誉下さるべく候。○両三日前、文武士官筒袖股引《そでももひき》苦しからざる旨仰せ出《いだ》され候。足下《そっか》お帰りのころは、日本もまったく一面目を改め、大小平袖《ひらそで》など見たくもこれ有るまじく、小生もその内普請などいたし候わば、畳なしの家を造りたく存じ候。但しモニなし。ご愍笑《びんしよう》下さるべく候。〇大名同盟の論は相替らず行われ候様子なり。此の義は太郎殿、敬輔殿へも内々お話し、兼て小生の持論にてご論破成らるべく。同盟の説行われ候わば、随分《ずいぶん》国はフリーに相成るべく候らえども、This freedom is, I know, the freedom to fight among Japanese. いかようにに相考え候とも、大君のモナルキにこれ無く候ては、ただただ大名同士のカジリヤイにて、我が国の文明開化は進み申さず。今日の世に出て大名同盟の説を唱え候者は、一国の文明開化を妨げ候者にて、すなわち世界中の罪人、万国公法の許さざる所なり。この議論は決してご忘却成られまじく候。〇要用のみ申し入れたく、早々此《かく》の如《ごと》くにござ候。幸便の節は、一筆ずつお遣《つかわ》し成らるべく候。頓首。

十一月七日　　　　　　　　　　　　　　諭　吉

英之助様

この年、幕府は幕臣の子弟十二名を選び、川路と中村をその監督者としてイギリスに留学させた。この時福沢は、中津藩出身の塾生和田慎次郎を福沢英之助と名乗らせ、弟としてこれに参加させた。この手紙は彼らの船がインド洋を航海中と想像される時に発信されており、福沢にもアメリカ行きの内命があったことを報じ、幕府の主導する軍事改革が進行しつつある日本の状況を知らせている。「ガラトマ」は、幕府の招請で来日したオランダ陸軍軍医ハラタマ。「大名同盟の論」は、有力諸侯の合議制による連邦国家。「大君のモナルキ」(monarchy)とは、当時福沢が理想と考えた、将軍を中心とする君主政治体制。昭和八年この手紙が初めて公開された時、「大君の」の三字が削られていたために、批判を呼んだ。服部之総「文章のうそとまこと」(『原敬百歳』)。

I 6　大童信太夫《おおわらしんだゆう》　慶応二年十二月二十六日

昨日は貴翰《きかん》下され、有り難く拝見仕り候。陳《のぶれ》ば『西洋事情』ご落手相成り候由《よし》、大慶に存じ奉り候。外に壱部、若殿様へ献納仕るべきよう、とんと失念仕り居り、お心づけの段、有り難く存じ奉り候。すなわち壱部お手許まで指し出し候。宜《よろ》しきようお取り計らい願い奉り候。実は今少し猶予ござ候えば、別段美に製本申しつけ、指し出したきつもりにござ候えども、指し迫りその義能《あた》わず。献納の本、弐部とも尋常の品にござ候。いずれそのうち、薄葉摺《ず》りもでき申すべく候につき、改めて指し出したく存じ奉り候。これまた宜しく仰せ上げられ下され候よう、願い奉り候。

一『西洋事情』五部ご入用の由、すなわち指し上げ申し候。『操法』拾部、これまた

指し上げ申し候。例の通り拾壱部

一　今朝ご来駕も下さるべき哉《や》の趣《おもむき》、然《しか》るところ、今日は早朝より急《いそぎ》翻訳ものに取り掛り、でき次第直《すぐ》に御殿へ罷《まか》り出《い》で候義、夕刻ならでは帰宅仕らず候。小銃の義も、先日なおまた横浜へ罷り越し、委細の事情承り合せ置き候。

一　存じ寄らざる見事の鮭頂戴仕り、千万有り難く存じ奉り候えども、痛み入り候次第、いずれ参堂縷々《るる》御礼申し上ぐべく候。

一　金七円書物代料として遣《つかわ》され、たしかに落手《らくしゅ》仕り候。

内

三両三分　『事情』五部代

三両弐朱　『操法』拾部代

〆六両三分弐朱

残弐朱

返上仕り候。

前文申し上げ候通り、急ご用向きに取り掛り、早々走筆不文乱書、ご推覧願い奉り候。

余は拝眉《はいび》万々申し上ぐべく候。頓々首々。

十二月廿六日

追て

『事情』二、三の巻二冊、指し上げ申し候。これは但木土佐《ただきとさ》殿へお送り下され候よう願い奉り候。然《しか》らざれば先日指し上げ候一冊、端本《はほん》に相成り申し候。以上。

『西洋事情』と『雷銃操法』の仙台藩への進呈と、仙台藩の買上げ分の精算につき連絡する。福沢は著作の買い手を確保するために、主だったところへは献呈を行って宣伝に努め、また大量の買上げにたいしては現物で値引きを行うなど、販売促進に努力している。

Ｉ7　大童信太夫《おおわらしんだゆう》　慶応三年六月二十九日

益《ますます》ご清適渡らせらるべく、拝賀奉り候。陳《のぶれ》ば小生義、一昨夜帰府仕り候、大取り込みにて、いまだお知らせも致さず候うち、昨夕はお使に預り、しかのみならず、存じ寄らざる鮮魚ご恵投下され、有り難く存じ奉り候。拝眉《はいび》万御礼申し上ぐべく存じ奉り候。

一　ご注文のお品探索仕り候ところ、この節戦争後、払い物の砲類は沢山これ有り候えども、素人の手際にはとても取り入れ候義でき申さず。古物を新品に飾り、あるいは仕入れの物の下品、しかのみならず彼《か》の国の商人狡猾を極め、相調え候ともいかようの義でき申すべくも計り難《がた》く、大金お預り申し、万々一その品その金に不相当の義でき候ては、不都合の義と存じ、反覆熟考の上、砲類買い入れの義は断然見合せ申し候。しかし金子《きんす》はたしかに存在いたし居り候のみならず、あるいはご都合宜《よろ》しき義もこれ有るべく存じ奉り候。ご掛念《けねん》下されまじく候。なおい才は拝眉お話し仕るべく候。

一　御藩中の大条、一条両人、サンフランシスコへ在留、方今《ほうこん》の有様、誠に憐むべき次第、しかし両人とも辛抱に勉強いたし候義は感服にござ候。この度《たび》彼の地出帆の節も、いささか周旋いたし、さしあたり饑渇の患《うれい》はなきよう取り計らい置き候。これまた拝眉お話し致すべく候。

右要用のみ申し上げたく、委細の事情は拝眉ならでは申し尽しがたく候。拝具。

六月廿九日

幕府の軍艦受取委員の一行に加わった福沢は、この年の一月二十三日、二回目のアメリカ訪問に出発し、六月二十七日に帰国した。仙台藩から武器の購入を依頼され、大金を預かっていた福沢が、武器のかわりに書籍を買ってきたのも、また船中で友人の尺振八と幕府批判を行ったために、帰国後に謹慎させられたのも、この時であった。大童信太夫は仙台藩江戸留守居役の開明的な人物で、維新後も交際が続いた。

I 8　福沢英之助《ふくざわえいのすけ》

慶応三年十二月十六日

先便より両度のお手紙相違し、拝見いたし候。愈《いよいよ》ご壮堅ご勉強、珍重に存じ候。爰許《ここもと》皆々無事、中津にても同断《どうだん》、ご安心下さるべく候。○お稽古も色々ご都合これ有り、十分に参らざる由《よし》、ご残念察し入り候えども、元来　政府の命にて伝習仰せつけられ候上は、伝習掛《がかり》頭取たる、川路、中村の差図《さしず》の通り致さずては、名義において相済み申さず。必ず暴論など申し立てざるようご謹慎成らるべく、独断にて亜米利加へなど、先便のお手紙中にこれ有り候えども、もっての外《ほか》の事に候。外国へ長く滞留いたし候えば、自然に彼《か》の国の風俗に慣れ、何事もフリーを望み候よう相成り候えども、日本に生るれば日本の風俗これ有り、いかんともすべからざるものにこれ有り、もしこれを破るときは、その身生涯の不幸は申すまでもこれ無く、いわゆる禍《わざわい》父兄に及ぶと申す場合に至るべく、よくよくお考え合せ下さるべく候。○日本人外国人と婚嫁の義、全く虚説にこれ有り候。昨年はご承知の通り、よほど開化に赴《おもむ》くべき様子にこれ有り候ところ、近日は少し跡戻《あともど》りの形勢にて、筒袖《つつそで》もあまり流行致さず候。○当十月　公方様御儀、政権を京師へお返し相成り、爾後《じご》世情不穏、かつまた本月十日京師より急飛《きゅうひ》到来、毛利大膳父子官位を復し、脱走の五卿も同様。二条城は尾越薩土の兵をもって遠巻き、会津、桑名は警衛御免、先ずこの位の形勢なり。この後いかが相成るべき哉《や》、寒心の事に候。〇奥平はこの節ブウブウドンドンの稽古など相始め、森源蔵、出府中先生なり。〇先便申し入れ候通り、鉄砲洲外国人居留地も、いよいよもって来年三月九日お開き相成り候につきては、宅も塾生は多人数、かつまた色々不安心の筋もこれ有り候間《あいだ》、近日外宅のつもり。既に新銭坐辺へ相当の屋敷これ有り、早春引越し候つもりにござ候。〇小生義も亜行ご用中、小野友五郎、松本寿太夫、不平の義これ有る由《よし》にて、何か建白いたし、小生義七月中より引き込み居り候ところ、事実罪もこれ無き義にて、十月下旬出勤いたし候。世の中の形勢大抵これにてご推察成らるべく、返す返すも足下《そっか》の身上、決して短気を催すことなく、謹慎に謹慎を加え候よう成らるべく、当時の事情、ややもすれば意外の災難に罹り候事少なからず候。〇イタリーの新聞仰せ越され、忝《かたじけな》く存じ奉り候。この後も新聞はお心掛け、一々仰せ下され候よう頼み入り候。外国の新聞を得るは、金を得るより貴し。実に相待ち居り申し候。右貴答かたがた申し入れたく、早々此《かく》の如《ごと》くにござ候。頓首。

十二月十六日　殿中にて認《したたむ》　諭吉

英之助様

尚々《なおなお》、当時は日本国中の大名、銘々見込みを異にし、薩土芸宇和島などは王制復古、京師に議政所を立つべしという。紀州その外ご譜代ご家門の面々は、むしろ忘恩の王臣たらんより、全義の陪臣たらんという。薩土の議論公平に似たれども、元来私意より出でし公平論なれば、事実行われ難《がた》かるべし。ご家門ご譜代の面々奮発せんとすれども、内《うち》実力なし。いかにも恐れ入り候ご時勢にござ候。小生輩世事を論ずべき身にあらず。謹みて分を守り、読書一方に勉強いたし居り候。足下も同様、決して余計の事を議論致さず、不自由ながらも勉強致されたく、足下の心中はよくよく了解いたし居り候えども、時勢と申すものこれ有り候間、何分《なにぶん》にもご堪忍《かんにん》成らるべく候。以上。

留学中の英之助から、独断でアメリカに渡ろうとする旨の連絡があり、それを諌めるとともに、大政奉還、王政復古の直後、戊辰戦争開戦直前の緊迫した社会情勢を伝え、自重を求める。維新を主張する薩摩や土佐の議論は「公平に似たれども、元来私意より出でし公平論なれば、事実行われ難かるべし。ご家門ご譜代の面々奮発せんとすれども、内実力なし。いかにも恐れ入り候ご時勢にござ候。小生輩世事を論ずべき身にあらず。謹みて分を守り、読書一方に勉強いたし居り候」とあるのは、将軍の君主制支配を理想と考えていたこの時期の福沢の政治的判断の行き詰まりの感覚と、努めて政治的現実との関わりを避けようとする慎重な態度との表明であると理解できる。

Ⅰ9　山口良蔵《やまぐちりょうぞう》　慶応四年六月七日

五月十九日の貴翰《きかん》、昨日相達し拝見仕り候。時下酷暑の節にござ候ところ、益《ますます》ご安適《あんてき》ご起居成られ拝賀奉り候。随て弊家一統異無く罷《まか》り在り候。憚《はばか》りながらご休意成し下さるべく候。

洋籍相達し候よし、何卒《なにとぞ》ご勉強祈り奉り候。小生義もこの節は全く閉戸、一歩も外出致さず、読書翻訳に従事いたし居り候。

『旅案内』、『十一国記』、差し上げ候ところ、これまた相達し、『十一国記』は既に売れ、『旅案内』は偽物沢山にて、いまだそのまま有るよし、致し方これ無く、宜《よろ》しくお取り計らい願い奉り候。なおまたこの度《たび》『十一国記』弐十部差し上げ申し候。宜しきよう願い奉り候。

翻訳家も春来上方の偽版流行には誠に困却の至り、既にこの節も訳書は色々でき居り候えども、開版売り出しでき申さず、何とか偽物の防禦相立ち申さずては、折角の訳書もにぎりつぶしなり。すべて天下の文運は大却歩に及ぶべく、既に江戸市中にて英書を読み候人物も沢山これ有るはずのところ、この節どこへいかが相成り候哉《や》、読書の沙汰は絶えてなし。都下に読書の場はただ弊塾一処《いっしょ》にござ候。これも昨年に比すれば生徒の数三分の二を減ぜり。これに由て考うれば、日本国中の文学、十分の九は消滅致し候事と存ぜられ候。いわんや翻訳の書は偽版のために妨《さまた》げられ、当春より一冊も新奇の訳書は出申さず、何をもって天下の知識を開かんや、実に兵禍と申すは恐るべきものにござ候。然《しかり》といえども国のために謀《くわだ》て、爰《ここ》に一策なきにあらず。天下の文運かく衰微に及び候ところへ、独醒の見《けん》をもって独り文事を盛《さかん》に行い、世の形勢いかんを問わず専《もっぱ》ら執《しゅ》行《ぎょう》致させ候わば、数年を出《い》でずして、必ず国家のため鴻益《こうえき》を奏すべし。その費用のごときは、一年一人へ六、七十両も与えて十分なり。百人の生徒を支《ささえ》るに七千両に過ぎず。彼《か》の万をもって計る大金を投じ、外商の古船を買いてこれを乗り潰し、小銃を買いてこれに銹を生ぜしむるに比すれば、その利害得失同年の論にあらず。世人何をもってここに注意せざるや。同志の人物へお話し下さるべく候。

一　徳川様ご名跡も駿府に定り候よし。小生は三月来大病にて引き籠り、何事も存じ申さず。徳川家へご奉公いたし、計らずも今日の形勢に相成り、最早《もはや》武家奉公も沢山にござ候。この後は双刀を投棄し読書渡世の一小民と相成り候つもり、さようご承知下さるべく候。右の次第につき、以来は翻訳ものも現金にて仕り候。当節柄の義相成るべきだけ下直《げじき》に仕り、ご用向出精仕り候間、多少に拘《かかわ》らず訳書仰せつけられ下されたく、希《ねが》い上げ奉り候。直段《ねだん》おおよそ左《さ》の通りにござ候。
一　兵書。窮理書。地理書。舎密《セイミ》書。新聞紙の類　十行二十字の訳書壱枚につき
　代金壱両
一　政治書。経済書。万国公法。兵制論など　すべて議論文　同断につき　代金壱
　両三分
右の通り何時《いつ》にても、日を限り相違無く翻訳仕り候。
一　野本三太郎へ託し候『事情』、二百部だけ紛失、これも天なり。方今に至り色々
詮索致し候わば、所謂《いわゆる》死人に口なし。遂には死者の悪名を露《あら》わし候ようの義に相成るべく、先ずそのままに差し置き申し候。
右要用貴答申し上げたく、小川、吉田帰国につき、指し急ぎ早々乱筆ご免下さるべく候。
なお、い才は両人よりお聞き取り希《ねが》い奉り候。頓首。
　六月七日　　　　　　　　　　　　　　　　　　諭　吉
　　良　蔵　様
尚々《なおなお》、荊妻《けいさい》よりも宜《よろ》しく申し上げくれ候よう、申し出候。憚りながら大坂表《おもて》お便りの節、

ご尊父様へ宜しくご致声《ちせい》願い奉り候。以上。

適塾以来の親友である山口良蔵に宛て、戊辰戦争のために「天下の文運は大却歩」し、偽版も横行している世情をよそにして、ひとり目覚め、文事に努力することによって、「数年を出でずして、必ず国家のため鴻益を奏す」ことを期待している近況を伝えたものである。「最早武家奉公も沢山にござ候」および「双刀を投棄し読書渡世の一小民と相成り候」は、この時期の福沢の心境を示した言葉としてしばしば引用される。

I
10　山口良蔵《やまぐちりようぞう》　明治元年十二月八日

その後は打ち絶えご無音《ぶいん》仕り候。時下寒威甚《はなはだ》しくこれ有り候ところ、益々《ますます》ご清安《せいあん》勤仕成られ拝賀奉り候。先達《せんだつて》より紀州の書生連再び東遊、委細の御模様は承《うけたまわ》り候義、何かご繁用察し奉り候。小生義は相替らず静かに相暮し、日々読書相楽しみ罷《まか》り在り候。憚《はばか》りながらご放念下さるべく候。

さて昨日大坂表《おもて》より岡田屋嘉七方へ書状到来。この度《たび》上方へ相廻し候『事情外篇』売り出し、ならびに『初篇』偽版取り上げなどの義につき、色々ご面倒相願い、一方ならずご配慮成し下され候段、逐一承知仕り、誠に有り難き仕合《しあわせ》。偽版の義につきては、種々議論もこれ有り、小生より官へ願い立て候趣《おもむき》もこれ有り候えども、今日まで埒《らち》明き申さず。小生の存意は、ただに偽版を取り上げ候のみならず、償金お取り上げの義、厳しく相願い候義なれども、何らの差し支《つか》えこれ有り候哉《や》、今もって応じ申さず。さてさて言語道断なる世の中なり。平人と盗賊と雑居混同、これを差し置くとは何事ぞ。実にあきれはて申し候。

昨日岡田屋の手代喜兵衛なる者より同家へ文通、河内屋某大坂の裁判処へ申し出、『事情外篇』の重版いたしたき旨願い出候よし、さてさて不思議なる歎願ナルカナ。盗賊の免許を願うも同様。しかしながら時の模様に由《よ》り、いかようの義でき候も計り難《がた》く、既然《しか》るべくお心添え下され候よう、くれぐれも願い奉り候。右歎願の一条につきても、既に一方ならずご配慮成し下され候旨、手代喜兵衛より申し参り、岡田屋にても殊《こと》の外有り難く感佩《かんぱい》仕り、小生より然《しか》るべく御礼申し上げくれ候よう申し出候。

一　この節尊藩の景況いかがいかが。さぞさぞ尊兄にもご用多の義察し奉り候。先日松山氏帰国、委細当処の模様お聞き取り下さるべく候。慶應義塾も追々繁昌。読書商売誠に安気にござ候。何卒《なにとぞ》紀州様も二十才以下の若年輩を追い出し、洋学執行《しゅぎょう》然《しか》るべく存じ奉り候。

右御礼かたがた要用申し上げたく、早々此《かく》の如《ごと》くにござ候。頓首。

十二月八日　　　　　　　　　　　　　　　　福沢諭吉

山口良蔵様

憚《はばか》りながらご大人様はじめ皆様へ、宜《よろ》しくご伝声願い奉り候。塩路君へも同様願い奉り候。

この節またまた、『窮理図解』と申す小冊子を著述仕り、先日紀州様へは相廻し置き申し候。『万国一覧』、これまた小冊子、不日《ふじつ》でき申し候。来春は『事情本篇』の第二編を開版候つもり。ただただ重版の災《わざわい》恐るべし恐るべし。

『西洋事情』の販売および偽版の取締について版元の岡田屋への協力を感謝し、維新後の紀州藩の状況について尋ねる。この当時福沢の著作の偽版の発行は関西地方でとくに激しく行われた。「『事情外篇』の重版いたしたき旨願い出」た者があったことは、当時偽版の発行が犯罪であるということが、一般に理解されていなかったことを示している。

I 11　松山《まつやま》棟庵《とうあん》　明治二年二月二十日

正月二十九日のご細書、和田氏より相達し拝見仕り候。ご帰国後、ご書状下され候よしなれども、途中の間違か相達し申さず、いかが哉《や》と関心いたし居り候ところ、和田氏の話にてご様子もい才相分り、かつ、この度《たび》の貴翰近況を詳《つまび》らかにせり。爰許《ここもと》相替る義これ無く、日々読書いたし居り候。さてこの度ご内談の学校一条、浜口氏お談《はな》しご企業候趣《おもむき》、誠にご盛挙美事、人間の急務これに過ぐるものなかるべし。小生も窃《ひそか》に欣喜に堪《たえ》ず候。僕あえて貴国へ対しゴマをスルにあらざれども、これまで諸国の人に交わるに、人気の穏にして自ら自由寛大の風を存し候は、紀人に限り候ようこれ有り候。ただ欠点は文教薄うして頼む所なきゆえ、他の真似ばかりに志し、たとえば調練をすれば直《すぐ》に筒袖《そで》だん袋、公議附合すれば直にジャンギリ、飲むものは洋酒、嘗《な》めるものはボートル、今一等を下れば乱暴悪書生の真似をいたし、高下駄長大小、湯屋にて詩を吟じ、茶屋にて女にからかうなど、本来の天稟《てんぴん》になき所業をわざと勉めて真似するの風なり。この様子をもって考うるに、人殺しの仲間に入らば人殺しの真似をも致すべく、この悪弊は独り紀州に限らず、天下皆然《しか》り。然りといえども紀州人はその甚《はなはだ》しきものかと愚察仕り候。元来この真似と申す事は甚だ宜《よろ》しきことにて、すなわちこのあしき真似を止め、よき真似をいたし候わば、いわゆる禍を転じて福となし、得る所甚だ大ならん。そもそもまた学校教育の義については、当時種々の差《さ》し支《つか》えあり。

第一　民人の Taste 未だ文化の域を窺《うかが》いたることとなし。道具仕掛けの学問所を設《もう》くるも、ただ珍しく思い仰天するのみにて、にわかに学ぶものなかるべし。

第二　英書を読むは甚だむつかしき事業、支那日本の文学すら十分に読めざる人に、にわかに横文を勧むるは無理の事に候。

第三　先生を雇うこと難《かた》し。当時金ヅクならば窮理書を壱冊読み候野郎にても、政府の学校に出でれば月給三十両、五十両も取り申し候。プライヴェートにて自由に身を処《しょ》せんとならば、田家《いなか》の様子を知らず、江戸に居るものは江戸を好しとし、大阪に居る者は大阪を最上と思い、先《ま》ず田舎はご免と申す者十に八、九なり。

右の次第、甚だ難事にこれ有り候えども、その事行われざるにあらず。愚案に、とかく事を易《やす》く小さくいたしたく、先ず国人文化の風を導くには、必ずしも横文に限り申すまじく、先ず国中の手習師匠に手当差し遣《つかわ》し、読書手習兼帯の先生といたし、論語の代りに『知環啓蒙《ちかんけいもう》』を読み、『庭訓往来《ていきんおうらい》』の手本を廃し、『窮理図解《きゅうりずかい》』を手本の文字に認《したた》め、随て文字を覚え随て義理を解するようの仕掛けにいたし、その外かねて浜口氏へも相話し候義これ有り、日本の国尽《くにづくし》を今一等詳しく認め、すなわち日本地理書でき(紀州なら先ず紀州の人口風俗などを委《くわ》しく相認めたく候)、仮名解の『国史略《こくしりやく》』などを著し、随てリードルその外『モラルフヒロソフヒー』の訳書も開版いたし、ひたすらコンモン・エヂュケーションに心を用い、次第に人を導くようういたしたく、その内にてあるいは原書を読む者もでき申すべく、原書を読む者は和歌山の松山棟庵と申す人の塾あれば、その塾にて学ぶべし。その塾にても追々おとなしき人物でき、あるいは伊勢の方へも出張する者あるべし。とかく原書原書と喧《やかま》しく唱えざる方然《しか》るべき哉と存じ候。先ず我輩の期する所は、紀州全国の人に世界の円きと聞きて怪しむ者なく、たとえば拙著『十一国記』の中に記せる位の事は、天神講に出席する子供の常談にも互に皆相話し、我が日本国は世界中の一国にて、政《まつりごと》の体裁には外国の某の国に比すればいかん、その国の君に比すれば我が国の天子は何のごときもの、我が国の諸侯は西洋封建時代の何に当るなど、と、大抵胸算用のでき候までにいたしたき事なり。これらの箇条をよくよく相考え候わば、必ずしも横文の書を読まずともでき申すべく、さよう候えば人の無知なるは必ず横文なきゆえにあらず、畢竟《ひつきよう》文学の方向を誤り文味を重んぜざるの罪なり。これまで漢学者流の悪風にて、書を貴び文を重んずるなどと唱え、聖人の道は高しとて平人を導くを知らず、ほとんど仙人の境界に安んじ、さてその書は何物と尋ねるに、数万巻の書にあらず、わずかに数十巻の書を数百度も繰り返し、得る所はただスレーブの一義のみ。その一身を売奴のごとく処しながら、何としてその国を独立せしむべきや、何として天下の独立を謀るべきや。小生あえていう、一身独立して一家独立、一家独立一国独立天下独立と。その一身を独立せしむるは、他なし、先ず智識を開くなり。その智識を開くには必ず西洋の書を読まざるべからず。その洋書を読むには、先ず文をもって人を化すべし。その文をもって人を化するには、事を易くし及ぶ所を広くすべし。故に翻訳書を多くし、手習師匠をそのまま改革して、事々物々朝々暮々の話に、天地万物世界諸国の事を自然に知るよう致したき義にござ候。

将《はた》また小生義お国へ罷《まか》り出《い》ずべき旨仰せ下され、い才ご書面の意味拝承いたし候えども、前段申し上げ候通りの次第、何も大仕掛の仕事にもこれ有るまじく、かつまた小生罷り出候とも、別段名案名工夫もあるべきにあらず。今一ヵ条の差し支《つか》えは、例のHeavenly Courtなり。既に昨十一月もご承知の通り天命アマ降り、その後当正月又候《またぞろ》内々ご沙汰あり。人情フラレタ高尾に熱くなるの理《ことわり》か、しきりにゴタゴタその話これ有り、大いに恐縮仕り候。依て伊達五郎君へ託し、百口を煩《わずら》わし先《ま》ず鎮火に相成り候次第、然《しか》るをまた今紀州などへ這《は》い出し候わば、ソリャコソコイツはと、いかようの事件差し起るべくも計り難《がた》く、深く心配仕り候。当処へ居ながらの義に候えば、この度の一条につき、小生の力のあらん限り、何にてもご相談仕るべく、お役に立つことならばご助力も仕るべく、道のため実に欣喜罷り在り候えども、南行の義は前段の事情お察し下されたく、全くそれのみ、外に差し支えはござ無く候。

右その意申し上げたく、早々乱筆ご推覧下さるべく候。頓首。

二月二十日

福沢諭吉

松山棟庵様

なお、浜口君より御状下され、貴答は委《くわ》しく差し出さず候。宜《よろ》しくご伝声願い奉り候。

福沢のもとで修行の後、郷里に帰った松山は、藩校学校館知事の浜口儀兵衛(梧陵)に協力して洋学校「共立学舎」を開設しようとし、福沢の招聘を計画していた。福沢は、前年に新政府からの要請を病気を口実に断ったこともあり、引き受けることはできないが、東京からの助言協力は喜んですると返答した。先ず紀州人の気質を論じ、続いて和歌山にふさわしい学校運営の方針について述べている。最初から英語教員を雇って原書を用いて本格的な洋学教育を行うのではなく、まず翻訳書を用いた実学の普通教育からはじめ、次第に上級に進めるという方法である。それによって一般の人民の知識を開き、各人の一身の独立を達成させ、それが一家の独立に通じて、一国の独立に及ぶというものであった。同様の趣旨は、九鬼隆義宛の手紙(Ⅲ2)、翌四年十二月刊行の『学問のすゝめ』初編、六年十二月刊の第三編にも共通しており、福沢の学校教育についての基本姿勢を示すとともに、終生変わらぬ主張が、「一身独立して一国独立す」と言う簡潔な表現に定式化されていく過程を示している。

I 12　服部五郎兵衛《はっとりごろべえ》　明治二年八月二十四日

打ち絶えご無沙汰申し上げ恐縮の至り。秋冷相催し候ところ、益《ますます》ご清安ご起居成られ拝賀奉り候。随て小生義異無く消日罷《まか》り在り候。憚《はばか》りながらご放念下さるべく候。ほぼご承知もござ有るべく、当四月中老母迎えとして壱人差し遣《つかわ》し候ところ、母もすすみ申さず、姉どももすすめ申さず、かたがたもって迎えの者は空《むな》しく引き取り申し候。右出府不同心の原因は種々これ有るべく候えども、この度《たび》老母よりの手紙中に内々申し越し候一事これ有り候。すなわち中津にて、福沢の名跡お取り建てにも相成るべき哉《や》の風聞これ有り、就ては江戸へ参るよりも、中津へ居る方云々《うんぬん》の文あり。この一事、もしや出府の妨《さまたげ》に相成り候ことはこれ有るまじき哉と、深く心配仕り候。全体この世の中に、奥平様にて私の家を立つるとは何事なる哉《か》。大間違とやいわん、大笑とやいわん。天下の大名、自家の封土をも保つこと能《あた》わず、先《ま》ず十分の一に減禄せり。その家来も心ある者ならば、百姓とか町人とか、思い思い相応の活計にとりつき候こそ人たる者の本意ならず哉。それもいくじなくして、やはり旧来の知行にかじりつき、心ならずもその米を喰い一日の安楽を貪《むさぼ》る者は、その者の自業自得、あえて傍《かたわら》より責むるにも及ばず候えども、既にその家来の籍を脱したる者を、今更《いまさら》その名跡を立つるとは、あまり時節違いの議論ならずや。おおよそ天下の喰いつぶしにて、近くは大名の家の邪魔ものたるは、世禄の臣を最とす。一人にても減少するこそ天下の幸福、大名家の為筋《ためすじ》にござ候。この事状を知りながら、今奥平様のお家に小生の名跡を立て、有り難くその命に服すべき哉、お考え下されたく。利禄は人の欲する所、小生といえどもその禄はほしく思い候。独りいかんせん一片の天理、たとい　君公一万石の禄を半にして、五千石を給せらるるとも、理を棄て禄を取ること能《あた》わず。断然謝絶仕り候間《あいだ》、万々一右ようの説もござ候わばお防ぎ下されたく、あえて百口を煩《わずら》わし、ご周旋相願い候。既にこれまで戴き来たる六人扶持も、先日鈴木力兵衛まで書面差し出し、ご辞退申し上げ置き候位の次第、小生の心事お察し下さるべく候。小生あえて奥平様を怨むにあらず。ただ世禄を嫌うのみ。功なくして空しく給料を貪《むさぼ》る者を悪《にく》むのみ。既に昨年より朝廷小生を徴すことしきりなりしが、病気にて命に応ぜず。当春は家塾に居て人を教育するの賞として、褒金を賜わるべきの内話ありしなれども、功なくして金を取るの理なしとて、明らかに謝絶いたし候。けだしその故は、小生天朝に対し実功なければなり。奥平様に対しても同様の義。この後もし奥平様のために労してその功あらば、その功の軽重に従って金を下されたく、小生あえて辞せず。満足と存じ候までは頂戴仕るべし。不分明なる理に基き、百石や弐百石の世禄をもって一身の面目を汚し、世間に一の悪例を遺し候義は、死を守って致さざるつもりにござ候。

右の次第につき、中津にて禄を戴き候義は到底なきことと、母へご説得下されたく、このこの私にて承伏致さず候わば、母へ御直《じか》にご扶持など下さるべき理はこれ有るまじく、この一条に至り候ては母の意に戻《もと》り、親類朋友の不同心を犯すとも確乎不抜《かっこふばつ》、小生の志は動き申さず候間、事を未萌に防ぎたき事にござ候。将《はた》また、母の出府一条につき、その利害得失は母へ申し遣し置き候間、何卒《なにとぞ》その手紙をご一覧下さり、早々出府いたし候よう、お勧め下されたく願い奉り候。頓首。

八月廿四日　　　　　　　　福沢諭吉

服部五郎兵衛様

久々備後へお出《い》でのよし。とかく江戸にはご縁これ無く面晤を得ず。何卒一度はご出府相成りたく、お待ち申し上げ候。小生義も近来は益々《ますます》勉強いたし候えども、読書の上達致さざるには汗顔の至り。八十歳までも存命に候わば、少しは面白き真味を嘗《な》め候場合に至るべく、相楽しみ居り候。追々読書いたし候に随い、飲酒の大悪事たるを知り、三、五年前より漸々《ようよう》に遠ざけ、今日に至り候ては、一日の量一合五勺に過ぎず。この様子に候えば、追々真の下戸に相成るべく存じ候。右の故をもって、身体は益々強壮に相成り、ただ今にても一と臼の米をつき候位は、へのごときことにござ候。何卒大兄にも酒はお謹《つつし》み下されたく、酒を飲み候ては、人間の仲間へは這入《はい》られ申さず。とくとご勘考下さるべく候。以上。

中津からの出京をしぶる母親に対する説得と、その妨げになっていると考えられる、中津藩での福沢の名跡の再興の動きが本当ならば中止するように周旋することとを依頼している。追伸で報じている米搗きは、田舎流の摂生法として終生続けられた。また節酒は『福翁自伝』の回想によると「三二、三歳の頃」から「次第々々に減量して」、「三年も掛」って、ちょうどこの頃「やや穏やかに」なっていた。

I 13 馬《ば》場《ば》辰《たつ》猪《い》　明治七年十月十二日

益《ますます》ご清安ござ成られ拝賀奉る。この度《たび》小泉、中上川竜動《ロンドン》へ罷《まか》り越し候。差し向き何と申す執行《しゅぎょう》の目的もこれ無く候えども、私《ひそか》に朋友共に相謀るに、方今《ほうこん》日本にて兵乱既に治りたれども、マインドの騒動は今なお止《や》まず。この後も益《ますます》持続すべきの勢あり。古来未曾有《みぞう》のこの好機会に乗じ、旧習の惑溺を一掃して新らしきエレメントを誘導し、民心の改革をいたしたく、とても今の有様にては、外国交際の刺衝に堪《た》え申さず。法の権も商の権も、日に外人に犯され、ついにはいかんともすべからざるの場合に至るべき哉《か》と、学者終身の患《うれい》はただこの一事のみ。政府の官員愚なるにあらず、また不深切《しんせつ》なるにあらず。ただいかんともすべからざるの事情あるなり。その事情とは、天下の民心すなわち是なり。民心の改革は政府独りの任にあらず。いやしくも智見を有する者は、その任を分ちて自《みず》から担当せざるべからず。結局我輩の目的は、我邦のナショナリチを保護するの赤心のみ。この度二名の欧行も、その万分の一のタメなり。着の上は必ずご相談も致すべく、ご周旋下されたく候。伝習帰りの生徒も多けれども、帰国のそのモーメントより一文の銭なし。ついには銭のために思わぬ言行を犯す者もなきにあらざるよし。

右の外、委細の事情は両人よりご承知下されたく、日本の形勢誠に困難なり。外交の平均を得んとするには、内の平均をなさざるを得ず。内の平均をなさんとするには、内の妄誕《もうたん》を払わざるを得ず。内を先にすれば外の間に合わず。外に立ち向わんとすれば内のヤクザが袖を引き、これを顧み彼を思えば、何事もできず。されども、事の難《かた》きを恐れて行わざるの理なし。幾重《いくえ》にも祈る所は、身体を健康にし、精神を豁如《かつじょ》ならしめ、あくまでご勉強の上ご帰国、我ネーションのデスチニーをご担当成られたく、万々祈り奉り候なり。

明治七　十月十二日　　福沢諭吉

馬場辰猪様

尚以《なおもって》、林氏帰国の節は、ブックご恵投成し下され、有り難く存じ奉り候。ご厚礼申し上げ候。

明治政府を攘夷政府と理解して警戒を怠らなかった福沢は、政府の開国主義が次第に本当のものになっていくのを見て、実に不思議なことと考えると同時に、「旧習の惑溺を一掃」するための「未曾有のこの好機会」と喜んだ。しかし明治六年十月の征韓論争をきっかけとして噴出した一連の政治的動揺(征韓派参議の下野、民撰議院設立建白書提出、不平士族の反乱、台湾出兵問題等)、については、本質的には「マインドの騒動」ではあるが、その波及する処は「外国交際の刺衝に堪え申さず」と憂慮を深めた。朝鮮および台湾との外交問題を成功裡に解決するためには、内政に関する国内の意見の統一が不可欠である。それを行うためには、国内にわだかまっている意見の不一致を解消しなければならない。しかし政治的安定を優先させるのでは外交が立ち遅れてしまう。さりとて国内情勢をそのままにして、対外問題を解決しようとすれば、国内の不平分子(「内のヤクザ」)が妨害する。福沢はその原因を、「いかんともすべからざるの事情」、つまり「天下の民心」の「改革」が未だなされておらず、そのために「新らしきエレメントを誘導」できないことであると理解し、それを行って「我邦のナショナリチを保護する」のが自分の使命であると自覚する。ロンドンを訪問する小泉信吉と中上川彦次郎への世話を依頼するという用事に関連して書かれた手紙であるが、この時期、「衆心発達論」としての『文明論之概略』を執筆中であった福沢の情勢判断と意図、および馬場への期待感(「我ネーションのデスチニーをご担当」)とが、明確に表明されている。

I 14　土《ど》居《い》準《じゅん》平《ぺい》　明治三十一年六月二十八日

去月廿三日の貴翰到来、従前、尊名さえ承知致さず候ところ、来書を拝見すれば長尾幸作君の令息のよし、誠におなつかしき事共に候。

尊厳《そんげん》とは先年ご一処《いっしょ》に渡米いたし、その後絶て拝眉の機を得ず、いかがと存じ居り候ところ、明治十八年五月ご長逝の由《よし》、さてさて驚き入り候次第、ご年齢は老生よりも少々お少《わか》い事と覚え候に、十三年前既にご永眠とは、実に今昔の感に堪《た》えず候。

さてアメリカへ同行の人々は今已《すで》に世を去りたる者も多し、また存命の人も少なからず、左にその人名を記し候。

●佐々倉桐太郎　●浜口興右衛門　●鈴藤勇次郎　○小野友五郎　?伴　鉄太郎

●松　岡　盤　吉　●肥田浜五郎　?山本金次郎　●吉　岡　勇　平　●小永井五八郎

○中浜万次郎

?根津欽次郎　○赤松大三郎　?岡　田　井　蔵　?小杉雅之進　○牧　山　修　卿（医師）

?木　村　宋　俊（医）

外に

水火夫合して六十五人

将長は○木村摂津守、指揮官は○勝麟太郎。

木村の家来は●大橋栄次、秀島藤之助《?実は鍋島藩士》と尊厳と老生と四人なり。

右の内、死者もとより多けれども、木村摂津守殿は芥舟《かいしゅう》と称して齢七十に近し、今なお健全。老生は始終その家に出入りして旧時に変ることなし。老生の知る所にて、死者に●印、生者に○印、その知らざる者へは?を附し候。

また水夫火夫は瀬戸内の潮飽《しあく》島より出たる者のみなれば、そこ御地にてご探索の道もあらんと存じ候。

芥舟殿の令息は木村浩吉と申し、今の海軍少佐。日清戦争の時、旗艦の水雷を司《つかさ》どり苦戦、幸に命を全《まっと》うせり。

在米中水夫源之助病死、サンフランシスコの墓地に埋葬。その節老生はブルックスと申す米人と共に墓地に参り、その石塔も実見いたし候。これももとより潮飽の者なり。

何分《なにぶん》四十年前の事にて記憶致さず、色々取り集めてあらましのご返詞《へんじ》まで、匆々《そうそう》此《かく》の如《ごと》くにござ候。頓首。

三十一年六月廿八日　　福沢諭吉

土居準平様　梧下

四十年前、咸臨丸で航海した当時の乗組員の消息を尋ねられた手紙への返信。長尾幸作は福沢と同様木村摂津守の従僕として同行した。帰国後土居と改姓し、広島県尾道で家業をついだ医師であったが、嗣子がなく、豊田準平を長女の養子に迎えた。

Ⅱ 慶應義塾——理念と経営

慶應義塾の経営は福沢にとってその生涯最大の事業であった。安政五年十月中旬、大坂の適塾を発ち江戸へ到着した福沢が鉄砲洲の中津藩中屋敷のうちに開設した蘭学塾は、慶応四年四月には新銭座に移転した。この時福沢は「慶應義塾之記」を著し、士民の別なく、同じく洋学を志す人々の自発的な結社としての新しい学塾の出発を宣言し、「これを創立の年号に取て仮に慶應義塾と名《なづ》く」と述べている。そして、明治四年にはさらに三田の旧島原藩中屋敷の地を取得しここに移転する。当初は藩の学塾をほんの数年預かるぐらいの心積りであったらしいことからすれば(Ⅰ2)、これはきわめて大きな展開であった。それを支えた原動力は、三度におよぶ欧米を見聞する機会を得た体験などを通して、次第に自身の役割を「小民の教育」(Ⅱ5)にあると定めたことにあったと考えられる。そこでは、「東洋の儒教主義と西洋の文明主義」とを対比して、「東洋になきものは、有形において数理学と、無形において独立心」(『福翁自伝』)であるとの理念を確立し、西欧文明を綜合的に学ぶことが図られ、とくに適塾以来の学習法である共同で英書を読む「会読」の方法が重視された。西欧の歴史や経済、政治の特質を学ぶ文献が選ばれ、数学や自然科学入門に関わるものが含まれているところにも特色がある。また三田演説会の創設、『民間雑誌』の創刊、外国人教師の雇用など義塾を近代的な知の形成の場として充実させる努力が重ねられている。明治六年から七年にかけて大阪および京都慶應義塾の開設も試みられたが、これは条件が整わず短期間で閉鎖された。
学塾の経営は容易ではなかった。福沢在世中に義塾が経営の危機に直面したのは前後三回に及ぶ。第一は西南戦争の影響により塾生数が激減し、また戦後のインフレによって一時は廃塾まで議論された事態であった。政府その他への維持資金借用の運動は失敗に終わったが、結局、明治十三年十一月、広く資金を募集することとし、翌年一月には理事委員を選任して経営の主体を明確にするための慶應義塾仮憲法を定めて難局を切り抜けることに成功した。第二は明治十六年の徴兵令再改定が官公立学校の優遇策を存続させた影響による、明治十七、十八両年の入塾者の減少であった。この時は教授法全般を見直すことにより事態を改善し、あわせて大学部開設への展望を開くことになった。明治二十三年に開設された大学部も実際には進学者数の伸び悩みにより次第に経営が困難となり、二十九年には塾内の大方の意見が大学部廃止に傾いた。しかし福沢はこれに納得せず、再度の資金募集を計画しさらに明治三十一年五月に幼稚舎、普通部、大学部の一貫教育体制を整備することにより収拾が図られた。福沢の説く文明の精神の啓蒙の場として、義塾をさらに存続発展させることになったのである。こうして、同年同月義塾が福沢諭吉・小幡篤次郎の時代から次世代に引き継がれたことを内外に示すべく鎌田栄吉の塾長就任披露が盛大に行われたのであった(Ⅱ29)。

（松崎欣一）

Ⅱ 1 岡本七太郎《おかもとしちたろう》　安政六年十一月五日

未だ拝顔を得ず候えども、一簡《いっかん》呈上仕り候。時下寒冷の節相成り候えども、愈《いよいよ》ご清適《せいてき》成られ大賀奉り候。随て小生義異無く消光仕り候。憚《はばか》りながらご放念成し下さるべく候。さてご令弟様御事、かねてご懇意下され、昨冬出府の節、浪花よりご同伴仕り、道中も大いにお世話相成り、逐一お礼状も指し上げず、怠慢の至り、ご海容《かいよう》成し下さるべく候。その後、弊藩洋学処にも無人にて、家中教授方お願い申し上げ、右ご挨拶として主人より少しずつお手宛《てあて》致し候よう相成り候えども、何分《なにぶん》当節柄、十分の事にも参らず、お気の毒に存じ居り候ところ、この度《たび》節蔵様御事、浪花の方へお帰りにも相成るべきやのお咄《はなし》これ有り候につき、内実お尋ね申し上げ候ところ、全《まった》くご学費ご不自由のところより、右思い立ちこれ有る由《よし》仰せ聞かされ候。愚考にはご同人様も去冬より一段のご勉強にて、よほどご進達成られ、今一両年のご執行《しゅぎょう》にて、必ずご成業相成るべく候。またまたご転遊成られ候よう相成りては、かれこれ時日も費し、自然ご帰郷の期もご延引致すべく、始終御不都合の義と存じ奉り候。右につき、前段申し上げ候通り、屋敷よりお手宛も今分のところにては、誠に些細の義に候えども、ゆくゆくはいかようとか、小生より談合致すべく候えども、今暫《しばら》くのところ其許様《そこもと》にてお仕送り相成り候わば、ご当人もご安心にてご執行成られ、さよう相成り候わば、なおまた藩中の者引き立てもお願い申し候小生においても、大慶仕り候義にござ候。何分右の段、とくとお含み下され、今一両年のところお世話相成り候よう致したく、この段ご相談申し上げ候。右要用のみ、早々拝具。

十一月五日　　福沢諭吉

岡本七太郎様　几下

尚々《なおなお》、寒気折角ご自重成らるべく候。

この度、節蔵様ご転遊の事、薄々同藩の者ども承《うけたまわ》り及び、用人土岐太郎八と申す者より別紙小生まで遣《つかわ》し申し候。これまたついでながらお目に掛け申し候。右の次第に候えば、弊藩にも是非お願い申したき含みにこれ有り候。その辺然《しか》るべくご勘考下さるべく候。以上。

岡本七太郎に、弟節蔵(のち古川正雄)への学資援助の継続を依頼した手紙。節蔵が「浪花の方」へ帰るとあるのは、江戸での修学継続が望めなければ、当時洋学が盛んであった越前大野への遊学を考慮していたこと。節蔵は天保八年に安芸国に生まれ、適塾に学んだ。福沢の江戸出府に同行して福沢塾最初の門人となり、さらに塾長として塾生の指導に当たった。戊辰戦争の榎本軍に参加し政府軍に投降して拘束されたが、福沢が赦免に尽力した。国語読本『絵入智慧の環』を著す。明六社員。土岐太郎八は中津藩士、江戸定府、石高二百五十石。その次女錦《きん》が福沢夫人。

Ⅱ2 山口良蔵《やまぐちりようぞう》　慶応四年閏四月十日

四月廿一日附の貴翰《きかん》相達し、拝見仕り候。益《ますます》ご安適《あんてき》ご勤仕成られ賀し奉り候。次に弊家皆々異無く罷《まか》り在り候条、憚《はばか》りながらご放念下さるべく候。

春来の大騒動、誠に困却。江戸にも随分新聞これ有り、い才は松山氏より申し上げ候義にこれ有るべく候。

一『旅案内』の代料拾八両三分、外に五両。合せて弐拾三両三分送り下され、たしかに落手仕り候。『旅案内』壱分弐朱の勘定当然の義、これにて十分にござ候。なおこの度《たび》もお廻し申し候。宜《よろ》しくお取り計らい願い奉り候。

一『西洋事情』、大坂にて弐百部ばかりチャーフーに相成り、天災なり。

一 この度上方にて、『旅案内』の重版のみならず、『西洋事情』の偽物もでき候よし。『十一国記』も同断。これは醍醐院様のご蔵版にて、お売り弘め相成り居り候趣《おもむき》、在京の朋友より申し参り候。偽版の義は、西洋各国にても厳禁にて、コピライトなど申す法律これ有る義。然《しか》るに上方にては、少しも差し構《かま》いなく、野鄙の輩、唯利是求、己《おの》れ逸《いっ》して人の簪《かんざし》を奪い、己れ無知にして人の知識を盗む。かかる形勢にては、小生も著述の商売は先ず見合せ、他に活計の道を求め申すべしと覚悟いたし居り候。この一事は小生壱人の迷惑のみならず、天下の著述家尽《ことごと》く心を動かし、各々筆を閣し、文運の一大却歩に相成るべしと、窃《ひそか》に歎息致し候事にござ候。

一　前条の次第にて、上方に偽版でき候とも江戸より防ぎ候方便これ無く、就てはこの度『事情外篇』三冊百五、六十丁の書でき、彫刻も三分の二成工《せいこう》相成り居り候えども、この書を売り出し候節は、直《すぐ》に重版のでき候は必然。あまりイメイマシク存じ候につき、版木も焼き棄て申すべき哉《や》とも思い候えども、折角天下有益の書、丹精にてでき候を人に示さざるも遺恨。かつまた小生もこの節は他に活計これ無く、ただただ蔵版を目当てに暮し候義につき、この『外編』を画餅に致し候ては、ほとんど困却。既にこの度、塾を築き候にも、およそ千両余の借財でき、これを償《つぐな》う方便もこれ無く、かたがたもって小欲大損の策かは存ぜず候えども、『外篇』三冊は版木ならびに未成の分は草稿相添え、上方の者へ売り払い申すべき哉に存じ候。その価は千両なり。これを買う人は三千部売り出し候えば、元金を償い、余分の利あるべし。すなわち、

一　千両　　　版木草稿代金

一　七百五拾両　　三千部製本料

　壱部につき、壱歩

〆千七百五拾両

一　弐千弐百五拾両　三千部代金

　壱部につき、定価三歩

内　四百五拾両　書林へ渡し　二割引

残　千八百両

差し引き五拾両の利、その後は永久その人の利なり。もし有志の向もござ候わば、急速ご報下されたく、五、六日前上方へ幸便これ有り、その趣申し越し置き候間《あいだ》、いずれにても約条取り極《き》め、千両の金を速《すみやか》に廻し候ものへ売り渡し申すべし。小生もこの版を千両にて売るとも、本編の割合にすればよほどの損に相成り候えども、江戸にいて上方の偽版を防ぐに術なし。止《や》むを得ざるの取り計らい、清水の舞台後《うしろ》飛びと決断いたし候義につき、千両より一銭もまけ申さず、かつまた金子《きんす》の払い方を度々《たびたび》にすることも承知致さず、右左《みぎひだり》引き替えなり。

あるいはまたこの度の版木を売り払わず候とも、小生の蔵版にいたし、小生にて製本すること旧のごとくにして、上方にてその製本を買わんと欲するものあらば、定価三割引にて弐千部一時に売り渡すべく、弐千部以下なれば売らず。これまた金と引き替えなり。この方の約束なれば、金と引き替えのみならず、ただ今より前金を出さざるべからず。すなわち目今《もっこん》弐百両、壱月を経てまた弐百両。七月十五日を限り残金残らず相廻し、江戸にて品物引き渡し申すべし。

右両様の義相調《ととの》わざる節は、書物はたとい彫刻でき候とも、壱部も出し申さず、時宜に依り板木焼き棄て、著述の業は天下太平に至るまで見合わせ候つもりにござ候。何卒《なにとぞ》お心当りの筋へご相談下さるべく候。

一　天下は太平ならざるも、生の一身は太平無事なり。かねて愚論申し上げ候通り、人に知識なければもとより国を治ること能わず。甚しきに至りては国を乱したるにも規則なし。皆無知文盲の致す所なり。今人の知識を育せんとするには、学校を設けて人を教うるに若《し》くものなし。依て小生義は当春より新銭座に屋敷を調え、小学校を開き、日夜生徒とともに勉強致し居り候。この塾小なりといえども、開成所を除くときは江戸第一等なり。然《しか》ればすなわち日本第一等乎《か》。校の大小美悪をもって論ずれば、あえて人に誇るべきにあらざれども、小はすなわち小にして規則正しく、普請の粗末なるはすなわち粗末にして掃除行き届けり。僕は学校の先生にあらず、生徒は僕の門人にあらず。これを総称して一社中と名づけ、僕は社頭の職掌相勤め、読書は勿論、眠食の世話、塵芥の始末まで周旋、その余の社中にも各々その職分あり。尊藩の人にて在塾の面々は、当時松山、小泉、草郷《そうごう》、辻村、小川、吉田六名なり。松山の上達は格別、小泉なども頼母《たのも》しき品物、一両年の内には、一人物たること請け合いなり。独り怪む、お国もとには少年才子幾人もこれ有るべし。方今その人々は何をいたし居り候哉。この時節に当り筋力もなき弱武士を軍《いくさ》に出すとも、殿様のご徳用にも相成るまじく、また一方より論ずれば、当人にても、ゆくゆく世禄の丸潰れたるべきは、天下一般必然の勢にて遁《の》がるべからず。その時に至りツブシ地金の直打《ねうち》なくば、飢寒を免がれざるべし。何卒有志の筋へご相談、少年を鼓舞して出府お取り計らい成られたく存じ奉り候。

一　この便、『旅案内』製本間に逢い申さず、三拾部差し上げ申し候。宜《よろ》しくお取り計らい願い奉り候。価は壱割五分引きにて宜しく、すなわち、壱部につき、壱分三朱、すなわち弐拾六匁二分五厘のところ、その一割五分、すなわち三匁九分三厘七五お引き下さるべく候。

一　『十一国記』拾部差し上げ申し候。価は弐朱なり。
　これも一割五分引き。

一　『事情外篇』は、前段申し上げ候通り、いまだ全備致さず。五月中には彫刻成工相成るべく存じ候につき、三冊揃わざる内は一冊も出し申さず。たとい揃い候とも出すと否とは未だ定めず。

一　クワッケンボスも少しでき居り候えども、これまた偽板を恐れ、先《ま》ず出し申さず。

右要用のみ申し上げたく、早々貴答此《かく》の如《ごと》くにござ候。頓々首々。

後四月十日　　　　諭吉

良蔵様

尚以《なおもって》、おついでの節、大坂表《おもて》ご大人《たいじん》様はじめご一統様へ、宜《よろ》しくご致声《ちせい》願い奉り候。

以上。

適塾以来の盟友である山口に宛て、著作の取引について確認し、あわせて上方における偽版の横行を憤り、刊行準備の進行している『西洋事情外篇』の版木と草稿を売却する心づもりを述べるなど、福沢が自身の著訳書の出版と販売に努めていることが示されている。また築地鉄砲洲から芝新銭座への移転を契機に、慶應義塾としてあらたに出発した学塾の結社原理を述べ、江戸第一等の学校と自負し、和歌山の少年才子のさらなる入塾を期待している。「春来の大騒動」は戊辰戦争のこと。「随分新聞これ有り」はニュースが沢山あるの意。『旅案内』『十一国記』は福沢の著訳書『西洋旅案内』『条約十一国記』のこと。「チャーフー」(chaff)は籾殻から転じて廃物、屑の意。「コピライト」(copyright)は版権、著作権。「クワッケンボス」はG. P. Quackenbos, *A Natural Philosophy*, 1859 の訳稿「究理全書訳稿」(『福澤諭吉全集』第七巻)。

Ⅱ3 大童信太夫《おおわらしんだゆう》 慶応四年五月十六日

先刻はご紙面下され候ところ、生憎《あいにく》他出中、貴答仕らず、失敬ご免下さるべく候。さて昨日の一条何分《なにぶん》たしかに相分らず。法王は昨暁未だ事の始らざる前、既にお立ち退き、山内既に空《むな》しかりし趣《おもむき》、かつただ今ある百姓の話に、昨夜は三河島村へご止宿相成り候よし、たしかに相話し候。戦争の模様、午《うま》の時頃までは彰義隊十分の勝利にて、薩長因備死人夥《おびただ》しくこれ有り、午後に至り湯島天神坂上より長人大砲を打ち落し、これがため彰義の人も困却のよし。昨夜より山内へは西軍入り込み居り候よし。また昨夜大総督よりお使番榊原隼之助を呼出し、急度《きっと》差図《さしず》して、芝の坊様を仲人に入れ和を講ぜんとし、今朝芝より然達和尚と申す坊様、上野の方へ出掛け候よし。

右のごとくいずれも云々《うんぬん》と申す話にて確然と致さず、西軍弥《いよいよ》勝利にこれ有るか、あるいは再び打ち潰すべき見込みあらば、芝の和尚を仲に入るには及ぶまじ、また彰義隊果《はた》して勝利ならば、西軍山内へ入ると申す事はこれ有るまじく、何分不分明なり。とにかく昨日より市中南北路絶え、探索の方便これ無く候。○ある人いう、昨日の戦争、若《じゃく》州《しゅう》の兵その外鍋島の兵の内にも、倒戈のものこれ有るよし申し居り候。在江戸諸藩の脱走は益々《ますます》増加するとの事にござ候。○戦の起元は西軍より打ち出し候よしなり。○砲戦少なく切り合い多しと申す事なり。法王は日光辺に出掛け、奥羽の諸侯を募るとか申す事にござ候。

右貴答申し上げたく、早々頓首。

十六日

尚々《なおなお》、お引き込みのよし、ご不快にても入《い》らせられ候哉《や》、さもござ無く候わば、些《ちと》ご来話希《ねが》い奉り候。この節はまたまた横浜並びに外国新聞紙の翻訳相はじめ、随分面白きはなしこれ有り候。僕は旧に依り閉戸、居ながら読書の傍《かたわら》に人の話を聞くのみ、世人もまた僕を尋る者なし。極めて幽閑にござ候。何卒《なにとぞ》お立寄り待ち奉り候。奥羽新聞、ご本家の事なれば何もご承知これ無きはずはなし。ソーットお聞かせ下されたく願い奉り候。以上。

この手紙には巻封《まきふう》(封筒を使用せずに手紙自体をそのまま巻いて封じたもの)の表書きと考えられる「芝口様　神仙座　貴答」という宛書きと差出書きが残されている。「芝口様」は芝口にあった仙台藩上屋敷内の大童(Ｉ7注)、「神仙座」は新銭座に居住の福沢のことである。前日に起こった彰義隊と新政府軍の上野戦争の帰趨に関する諸情報を伝えているが、これらの情報はおそらく「他出中」に収集したものであろう。いかなる騒動があっても洋学の命脈を絶やさないとして、戦の当日の慶應義塾の課業を休まずに塾生を励ました福沢の、別の一面をうかがわせる行動である。追伸では *The Japan Herald* などの英字新聞の翻訳や読書に努めていることを伝え、また東北地方の情報を求めている。「法王」は上野輪王寺門主能久親王。「芝の坊様」は芝増上寺または同塔頭の僧侶。「西軍」は新政府軍、官軍。「大総督」は東征大総督有栖川宮熾仁親王。「倒戈」は味方に戈をむけ裏切ること。

Ⅱ4 山《やま》口《ぐち》寛《かん》斎《さい》　明治元年九月十一日

その後は意外のご無音《ぶいん》申し上げ候。時下秋冷深く相成り候えども、益《ますます》ご清適《せいてき》渡らせられ拝賀奉り候。随て私義異無く消光仕り候。憚《はばか》りながらご放念下さるべく候。春来世上も騒々《そうぞう》しく、困り候事にござ候。小生義も当六月中、上坂《じょうはん》いたし候よう　朝命これ有り候えども、病気にてご辞退申し上げ、なおまた　徳川家の方もお暇《いとま》相願い、八月中旬願いの通りお暇相済み、自由の身に相成り申し候。ご令息様はいかが入らせられ候哉《や》。折《おり》節《ふし》お便りもござ候義と存じ奉り候。おついでの節宜《よろ》しくご致声《ちせい》願い奉り候。

一　小生義は春来の世変に構わず、塾を開き読書のみ相楽しみ罷《まか》り在り候。別冊は弊塾の記にござ候。この度《たび》、上木《じょうぼく》仕り候につき差し上げ申し候。有志の人へご投与下されたく、実は今日製本少しばかりでき候義にて、部数少なく、なおまたでき次第お廻し申し上ぐべく候。もっともこれは写本の代りに上木いたし候義につき、売物にはこれ無く候。お便りの節、良哉様へもお廻し願い奉り候。右は要用のみ申し上げたく、早々頓首。

九月十一日　　　　福沢諭吉

山口寛斎様

憚りながら令閨様へも、宜しくご伝声《でんせい》願い奉り候。以上。

山口寛斎は山口良蔵(良哉)の父で、大阪の蘭方医。朝廷への出仕を病気と称して断り、徳川家へのお暇願いも受理されて「自由の身」となったことを伝え、専ら読書に励み慶應義塾の経営に専念していることを述べている。あわせて出版したばかりの「慶應義塾之記」を贈り、有志の人への投与を託す。「慶應義塾之記」は鉄砲洲から新銭座への移転を機に、洋学を志す同志の結社として組織された慶應義塾の建学の理念と命名の由来を述べている。この手紙発信の三日前、九月八日に「慶応」から「明治」へと改元された。

Ⅱ5　九鬼《くき》隆義《たかよし》　明治二年十一月六日

十月八日の尊翰《そんかん》、近藤泰之進殿より落手、謹て拝見仕り候。寒冷の節にござ候ところ、益《ますます》ご清安ござ成られ、目出たき御儀存じ奉り候。随て私義異無く罷《まか》り在り候。憚《はばか》りながら貴意やすく思《おぼ》し召し成し下さるべく候。ご出府中は毎度ご来訪成し下され、失敬のみ相働き候段、ご海容《かいよう》仰ぎ奉り候。御発途の前も御旅宿へ罷り出で、寛々《ゆるゆる》お目通り仕り、有り難く存じ奉り候。

ご帰国後益《ますます》お盛《さかん》に入《い》らせられ、近日は洋学校お取り建ての思し召しも在らせられ、就ては外国へ書籍ご注文の義、取り計らい申すべき旨、承知仕り候。当年春頃より時々入用の書類、アメリカへ注文申し遣《つかわ》し、元価にて手に入り候間《あいだ》、いかようにもお取次仕るべし。なおまた一昨日川本氏より、ご入用の品々目録送り参り候間、当月下旬、飛脚船へ申し遣すべく、およそ二ヵ月にて品物着致すべしと存じ奉り候。

都下も相替り候義ござ無く、私方はただ読書のみにて、世の新聞も耳に入り申さず。文明開化はなかなかほど遠き事と存じ奉り候。世の文明よりも一身の文明専一と存じ、他は顧るに暇《いとま》あらず候。洋学校お取り建て相成り候わば、人を治むるの君子をお引き立てに相成り候より、人に治めらるるの小人を導き候よう、ご注意遊ばされたし。方今《ほうこん》、世の中には治国の君子乏しきにあらず。ただ欠典は良政府の下に立ち、良政府の徳沢を蒙るべき人民の乏しきなり。下よりこれを求めざれば、上よりこれを施さざるもまた宜《むべ》なり。災害下より起れば、幸福もまた下より生ぜん。小民の教育専一と存じ奉り候。呵《か》々《か》。この段貴答申し上げたく、早々此《かく》の如《ごと》くにござ候。頓々首々。

十一月六日　　　　　　　　福沢諭吉

九鬼様 下執事

尚以《なおもって》、時下人のためご自重専一と存じ奉り候。荊妻《けいさい》よりも宜《よろ》しきようご機嫌伺い申し上ぐべく候旨申し出候。以上。

三田《さんだ》藩洋学校のための洋書輸入の取り次ぎを引き受け、洋学校設立にあたっては「小民の教育」を主眼とするよう助言している。また、福沢自身は「世の文明よりも一身の文明専一」と考え専ら読書に励んでいると伝えている。摂州三田藩主九鬼隆義は、戊辰戦争時には国元にいたが、明治二年四月に東京に戻った。同年六月三田藩知藩事となり再び三田に帰国、廃藩置県まで同地でその任にあった。キリスト教に関心を深めて長女肇《ちょう》の葬儀はアメリカ人宣教師に依頼している。「川本氏」は川本幸民。幕府の蕃書調所に出役し、明治元年に辞職して三田に帰り蘭、英学の塾を開いた。「欠典」は欠点、福沢の慣用。

Ⅱ6 藤野《ふじの》善蔵《ぜんぞう》　明治三年五月七日

暑気相増し候ところ、愈《いよいよ》ご清安ござ成られ拝賀奉り候。ご道中も御滞り無くご帰郷の義、御地の景況いかが。追々ご家事お取始末の事と存じ奉り候。当方塾中相替る義ござ無く、蒸気車道出来《しゅつたい》のよしにて立ち退きいかがと心配いたし居り候ところ、江川の住居、道の中心に当り、義塾地面の東七、八間のところまで故障なし。一大幸、ご安意下さるべく候。〇土井さんの屋敷、普請のつもり、取り掛らんとせしところ、とりあえず五百両ばかりの入費、でき上りのところにて人数百人ばかりの寄宿出来の義、かつまた普請の都合も彼の屋敷役人に権なく、模様替えも十分にでき申さず、かたがたもって先ず見合せ、三田竜源寺と申す奥平様の寺を借用し、汐留の人数そのほか五拾人余り引き移り、ご奉行様は永貞、小杉、和田、荘田、四名引越し申し候。奥平の替屋敷、この度《たび》山下御門内、阿部の屋敷を貰い、地坪七千坪長屋沢山につき、又候《またぞろ》、奥平に借用の談判いたし居り候。喧嘩をしたり熟談をしたりおかしくござ候えども、互にしんから立腹も致さず、役人もしきりに心配いたし居り候。この談判でき次第竜源寺は引き払い候つもりにござ候。

馬場辰猪洋行を命ぜられ、本月中旬乗船のつもり、久米と森は無理往生に帰国いたし、会頭の員、追々不足相成るべき模様につき、この度会議の上、素読、会読の順を改め、会読三日おき、日曜日を挟めば四日おきと定め、壱ヵ月六度半ばかりに相成り、事実会読不足の節は、壱人にて二会兼帯、一月十三度の勤めに相成り候。就ては大幡《おおはた》も私も会読壱ずつ引き請け、この体裁にすれば会読四十組は立てられ、生徒五百人は引き請け候義でき申し候。ご出立後もお客様は相替らず沢山来り、今日までは断りも致さず、就てはご同前ご給金の義、四月末は十二両ずつ戴き候えども、有余の金もこれ有り候間《あいだ》、五月末より弐拾両ずつ相定め、盆後は少し受教料を増し三拾両ずつ配分致すべき見込みにござ候。〇〇〇〇四等に分ち、〇は三十両、〇は弐拾両、〇は拾両もしくは十二両、〇は四両より多からず、おおよその算は立ち申し候。御地御家事の御始末につき、お心組みも在らせらるべしと存じ、念のため申し上げ置き候義にござ候。相替らず多事取込み中早々走筆ご推読願い奉り候。頓首。

五月七日　　福沢諭吉

藤野善蔵様

尚以《なおもって》、三島様へ宜しくご伝声《でんせい》願い奉り候。以上。

越後長岡に帰省中の藤野に慶應義塾の近況を伝えている。馬場辰猪のイギリス留学や久米恵徳(のち弘行)、森春吉の帰郷により「会読」の担当者が不足し、福沢や小幡篤次郎(大幡)も指導を引き受けていること、また「受教料」収入の増加で教員への給与配分を増やす見込みがあることなどを述べている。追伸の「三島様」は長岡藩大参事三島億二郎のこと。藤野の義塾への入学は明治二年。五年に開校した長岡洋学校に英学教授として赴任し、翌年任を終えて義塾に帰り塾長となる。のち東京師範学校に教鞭を執り、また三菱商業学校長となった。「蒸気車」

云々は、新橋横浜間の鉄道敷設工事により、新銭座の義塾東隣の江川太郎左衛門屋敷の中を線路が通ったこと。「土井さん」は古河藩士土井家。「汐留」は汐留の奥平家上屋敷内に設けられた寄宿舎兼分教場。この頃塾生が漸次増加しさまざまな措置がとられていた。「永貞、小杉、和田、荘田」はそれぞれ永島貞次郎、小杉恒太郎、和田義郎、荘田平五郎。

II 7 阿部《あべ》泰蔵《たいぞう》　明治三年十月二十二日

本月十日の貴翰《きかん》、昨日相達し拝誦仕り候。寒冷相増し候ところ、益《ますます》ご清安ござ成られ拝賀奉り候。入湯中は長々ご約介罷《やっかいまか》り成り有り難く存じ奉り候。三島にてお別れ申し、私どもはその日湯本へ参り両日滞留、湯を試し候ところ、誠に真のさ湯なり。殊《こと》にぬるく、ややもすれば風を引きそうにござ候。湯本より七、八丁脇に塔の沢の湯あり。これは少々臭気もあり、湯もあつし。ご帰府の節お立ち寄りに候わば、塔の沢の方ご入湯然《しか》るべく存じ奉り候。

湯本出立後も一同相替る義ござ無く、藤沢にて甲賀君に別れ、その外は江ノ島、鎌倉に廻り金沢へ一泊。横浜へ参り同所三泊。本月十日帰府仕り候。

帰府後、直《ただち》に屋敷の事を承《うけたまわ》り候えば、今もって埒《らち》明き申さず。九分九厘まででき候えども、何分《なにぶん》兵部省よりご用地と申す義、表向きに呼び候義できかね、今日まで因循いたし候次第。着後も日々奔走いたし、今にも相済むべき様子につき、相済み候上にて手紙も差し出すべしと延引いたし居るうち、かえって貴翰を戴き候義にござ候。さて屋敷の一条は、右の訳《わけ》にて埒明かず。依て一策を案じ、私自から岩倉様の玄関へ参り、お逢い相願いたき旨申し込み候ところ、その日はお留主《るす》にて翌日呼びに参り、罷《まか》り出でお目通り、思うさまに屋敷の事をお頼み申し候ところ、Welcome にて、急度《きっと》不日に相済み候よう致すべきお請《う》け合いなり。依てそのほかを聞き合せ候ところ、実はこの度《たび》の屋敷替えは政府にもインテレスチングに思い、兵部省のご用の有無に拘《かかわ》らず、別段に相渡すべき廟議あるよし。就ては岩様のお声掛り、猛虎一声、衆議忽《たちま》ち決すべしと申す事にござ候。もっとも岩倉公のお逢いは昨日の事に候間《あいだ》、いずれにも数日の手間はかかり申すべく存じ奉り候。

エキザミネーションも留主中にでき、階級もよほど変じ申し候。塾中相替る義ござ無く、この度は一等二等の等の字を廃し、一番二番より二十番まで番付に相成り居り候。至極分りやすく都合宜《よろ》しく候。私も帰府後、稍《や》や気力も付き候につき、会読壱つ引き受け候つもり。先ず教師にもさし支《つか》えござ無く候えども、御地のご用相済み候わば、一日も早くご帰府、一同企望仕り居り候。

穂積君の一条は、早速、小泉君に謀り申すべし。開成の入校も来月よりと申す義、まだご当人は竜源寺にご寄宿にござ候。
右貴答かたがた申し上げたく、早々乱筆ご推覧願い奉り候。頓首。

福沢諭吉

十月廿二日

阿部泰蔵様　侍史

尚以《なおもって》、仏蘭西はレポブリックに相成り、その後も負け候えども、この節は持ち直し勝ち候よし。なかなか和睦には相成らず、仏人の種の尽るまでと申す勢、殊にリョン、ボルドー辺、すべて西南の方はいまだ手がつかず、追々兵を出し候よしなり。ナンダカ仏蘭西に勝たせたきようにござ候。以上。

福沢の病後保養のための熱海温泉滞在に、帰郷の道すがら途中まで随行した阿部からの問い合わせに応え、その後、湯本、藤沢、江ノ島、鎌倉などを巡ったことを伝えている。福沢は五月中旬にチフスに罹患して体調不良であった。また、岩倉具視に依頼をして義塾移転先としての島原藩屋敷地取得交渉が進展したこと、塾生の学力評価方法の改訂、福沢の会読担当のことなど義塾の近況を述べ、阿部が一日も早く帰塾することを望んでいる。追伸では、ナポレオン三世がセダンで降伏した後の状況を伝え、「レポブリック」(republic 共和国)のフランスに勝たせたいとの心情を述べている。阿部泰蔵は三河国の医師の家に生まれた。慶応四年、義塾に入学。その後、義塾、大学南校に教員として勤め、一時文部省に出仕した。交詢社常議員。明治十年代前半の義塾の経営危機に際して、義塾仮憲法の制定に関わり、維持資金の拠金活動には理事委員として尽力した。明治生命保険会社、明治火災保険会社の創設と発展に寄与した。

Ⅱ8　海老名《えびな》晋《すすむ》・荘田平五郎《しょうだへいごろう》　明治五年二月十日

昨九日の貴翰《きかん》拝見仕り候。益《ますます》ご清安ござ成られ拝賀奉る。かねて相願い置き候品々お調べ下され、昨日相達し有り難くご面倒恐れ入り奉り候。

外国教師の義仰せ下され、なおまた今日坂戸氏よりもい才承知いたし、バラ先生参るべきよう、ほぼ相談相調《ととの》い候よし、これは誠に最上の事にこれ有るべし。就てはご両君もお帰り相成るべき哉《や》の思《おぼ》し召しのよし、併《しか》し先ず急がざる事なり。バラ先生入り込みの上、教授の法も先生の見込みこれ有るべく、これも先生へ任せ、すべて先方の思い通りにいたし、その上にて、弥《いよいよ》もってこの方の教員不用に候わば引き取りも致すべし。とにかくにこの度《たび》は虚心平気にて、バラ先生の思いのままに従いたく、あるいは教授の法に就き大いに発明いたし候事もこれ有り、大益を得る哉《や》も図り難《がた》し。いずれにいたし候ても、ミッショネルとあれば安心にござ候。

バラ先生入り込みの上、教授の法もこれ有るべく候えども、日本流の教授も致さずては相叶《かな》わざる義、すなわちむつかしきものを講ずるには、バラさんの弁にでき申すまじく、かつ訳書の講義も、今のごとき人物に任せらるべき事にあらず。彼の学校を十分のものにいたすには、大より小に至るまで、たしかなる人物相用いず候ては叶わざる義。訳書の講義もいずれ我輩の社中にて引き請け申すべく、かたがたもって様子相定り候までは、そのままご滞留下されたく存じ奉り候。なお、い才は坂戸氏よりお咄し申し上ぐべく候。早々頓首。

二月十日　　福沢諭吉

海老名晋様

荘田平五郎様

高島学校に赴任していた海老名、荘田に対して、同校に招聘された「バラ先生」の着任ですぐに辞職することをせず、同先生の教授法をよく学ぶよう勧めている。読解に重きをおき、短期間に必要な文献を読むことを重視する「日本流の教授」の長短を見極めることを求めているのであろう。「バラ先生」Ballagh, James Hamilton は、アメリカの改革派教会派遣の宣教師として文久元年に来日し、明治五年には日本基督公会を設立しヘボンやブラウンとともに布教活動を展開して横浜バンドと呼ばれるプロテスタント運動の一中心となった。高島学校(正式名称、市学校)は、実業家高島嘉右衛門により開設された。設立理念や教育内容は福沢の著作や慶應義塾の存在から強く影響を受けている。海老名晋は日向延岡藩士、慶応三年八月入塾。明治二年八月の「慶應義塾之記」にはすでに「文典会読」と「地理書並雑書素読」の担当者として名がある。荘田平五郎は豊後臼杵藩儒の家に生まれ、明治三年入塾。同五、六年には塾長となり、同六、七年の大阪および京都慶應義塾の設立に奔走した。同八年三菱商会に翻訳係として入社し、後に三菱財閥の指導的経営者となった。福沢は荘田を終生信頼して、明治会堂設立、高島炭鉱の引受け問題、義塾の諸問題、門下生の就職斡旋などさまざまな相談をしていた。

Ⅱ9　中上川《なかみがわ》彦次郎《ひこじろう》　明治六年七月二十日

七月七日の御状、昨十九日相達し拝見。ご帰京の義、お申し出相成り候ところ、県庁より達て引き留め候につき、学校の規則相整い候上にてご出立相成るべきよし、またご帰路は、日向より豊後中津へ廻り、下ノ関にて乗船の思《おぼ》し召しもこれ有るよし、今朝、お留主《るす》宅へ参り御母様とご相談申し候ところ、ただ今江戸へ急に帰らざれば不都合と申すカ条もこれ無く候えども、どちらかといえば一日も早く帰るがよしと申す話に相成り候。併《しか》し旅行は人の聞見を増し甚《はなはだ》有益の事なり。日向へお廻りの義、足下《そっか》の深く好む所なれば決してお留め申さず、ご随意成さるべく、お留主は毫《ごう》も案ずるに足らず。子の帰るを待つは母の至情、留主は随分さびしきものなり。

塾も相替る事これ無く、カロザさんも七月切りにて止《や》めに相成り、代りの人を詮索いたし居り候。当九月よりは変則に少しく力を増し候よう致したきつもりなり。

出版局も随分盛《さかん》なり。塾中教員の人も追々プラクチカルライフに志し、ゆくゆくは出版局へ入る人もでき申すべく、海老名君、吉村君なども昨今半信半疑、出版局へ一心、仕官へ一心、スクールマーストルへ一心、とつおいつ思案最中なり。小生は断然商買人たる事を勧め、先ず稽古のため出版局へ入るべしと説得いたし居り候。今頃ろ官員だの雇われ教師だのとて、一年の所得五、六百のメクサレ金を何に用いる哉《か》、若《し》かず商売の稽古して活計の目途を様々に用意せんには。足下も四屋君も、江戸に帰らば何か商売の稽古然《しか》るべしと存じ奉り候。

宇和島県の学校、この度《たび》の改革にて必ずよく相成り候事にこれ有るべく、代人は幾人もこれ有り候間《あいだ》、成るべきだけの深切《しんせつ》を尽し、永久立ち行くようお力尽し成られたし。天下の人、悉皆《しっかい》、我が意に叶《かな》わんことを求むべからず。ただ願う所は、何処《どこ》までも誠を尽し力の及ぶ所まで謙して、他の怒りを促すことなからんの一事のみ。

私事も七月九日より麻疹にて一時は大いに苦しみ候えども、先ずこの節は大抵平日の通りに相成り候。未だ読書は始めざるなり。子供も四人共一時同病、御母様などに怪《け》しからずお世話相成り候。都下麻疹流行いたし候えども、その流行極めて緩慢、同地面内にても、軒をならべ罹る者もあり、罹らざる者もあり。お国さんもおまきさんも、今日まで無事なり。いずれ一度は遁《のが》れざることにこれ有るべし。

幡仁君死去、代りの人は津田氏と極《き》まり、秋涼よりアメリカへ赴くつもりなり。

私も極めて多事のくせに好《この》んで事を求め、愈々益々《いよいよますます》多事なり。屋敷内調練場の地にミュゼイムを設けたく、金は弐、三千両用意いたし候えども、これに任ずる人なく、普請にも取り掛らず候。このMuseumも政府の博覧会よりは一層有用のものにいたしたく、また出版局も桜井、朝吹らは有力の人物、都合宜《よろ》しく候えども、とかく満足すべき人物少なく困り入り候。ただ今にても、一年拾弐、三万両の商売はいたし、随分インポルタンスなれども、人のなきため手を広くするを得ず、歎息の至りなり。

先達《せんだつ》て中は大蔵省にも風波ありて、井上大輔免職。同人もプライウェートビジニスに心を決し、先日より度々《たびたび》面会、随分有力の人物なり。とかく事を起すに人物の少なきに困るとて、共に歎息せしこととなり。

ご帰宅の上は色々ご相談もいたしたく、四屋君へもお話し下されたし。私の説は、今の学者読書に耽《ふけ》る勿《なか》れ、書に耽るも酒色に耽るもその罪は同じ。ただ有眼の人物にして、はじめて読書中に商売をなし、商売中に書を読み、学《まなび》て富み富《とみ》て学び、学者と金持と両様の地位を占め、もって天下の人心を一変するを得べきなり。今、我が社中にかかる人物甚《はなはだ》少なし。足下と四屋君は、この度の同行にても、一層の親を増したらん。共に心事を談じて我輩とクールスを共にいたしたく、深く希《ねが》う所なり。いずれご帰京の上、万々お話し致すべく、ご両人とも帰るならば早く帰るべし。右貴答《きとう》申し上げたく、早々頓首。

七月廿日　　福沢諭吉

中上川彦次郎様

フハミリ一同無事、私も新宅へ移り、御祖母様も新宅でき、こころよくござ候。以上。

中上川彦次郎は福沢の姉婉《えん》の子。明治二年に義塾に入学。この頃、四屋純三郎と共に宇和島英学校に赴任していた。慶應義塾出版局の活況を伝え、早く帰京して「学者と金持と両様の地位」を占め、天下の人心を一変できる人物となることを期待している。福沢は明治二年十一月から「福沢屋諭吉」の名で書物問屋組合に加入し、出版業の自営に着手し、五年八月ごろこれを義塾出版局に発展させていた。「カロザさん」Carrothers, Christopher は、明治二年にアメリカ長老派教会宣教師として来日した。グッドマン Goodman, J. William とともに義塾が初めて雇い入れた外国人教師。「変則」は読解に重きを置いた英語教授法。「ミュゼイム」(museum)の構想は実現しなかったが義塾を学塾として充実させようとしていたこの頃の福沢の意気込みが窺える。「海老名君」は海老名晋。「吉村君」は吉村寅太郎、但馬豊岡藩出身、明治二年入塾。「お国さん」「おまきさん」は中上川の妹。「幡仁君」は小幡仁三郎(甚三郎)、中津藩士、元治元年入塾、明治四年旧藩主奥平昌邁《まさゆき》のアメリカ留学に随行し、六年同地で病没。「津田氏」は津田純一、中津藩士、明治二年入塾。「桜井」は桜井恒次郎、中津藩士、慶応二年入塾。「朝吹」は朝吹英二。豊前に生まれ、明治三年入塾。「井上大輔」は井上馨。「御祖母様」は福沢の母順《じゅん》。「怪しからずお世話相成り候」は「たいへんお世話になった」の意。「プラクチカルライフ」「スクールマーストル」「インポルタンス」「プライウェートビジニス」「クールス」「フハミリ」は、それぞれ practical life, schoolmaster, importance, private business, course family のこと。

Ⅱ10　九鬼《くき》隆義《たかよし》・白洲《しらす》退蔵《たいぞう》　明治六年十月十一日

その後は久々ご無音《ぶいん》申し上げ候。益《ますます》ご清安ござ成られ拝賀奉る。この度《たび》社中荘田平五郎、名児耶《なごや》六都《ろくと》両人、大坂へ出張、慶應義塾の出店開業のつもりにござ候。上方の事は不案内、今より事柄は計り難《がた》く候えども、種々ご相談申し上げ候義もござ有るべく、然《しか》るべくご応援願い奉り候。

当方塾も相替る義ござ無く、旧に依《よ》り教授致し居り候。出版局も同様、この局も追々諸方へ出店のつもりに候えども、人物少なく困却仕り候。

志摩屋のご商売はいかが。ご繁昌の御義にこれ有るべし。近来愚考仕り候に、貯財は易《やす》く、これを散ずるの術甚《はなはだ》難し。志摩屋はいかが成られ候哉《や》。子孫へは教育を遺し沢山なり。金は壱銭も遺すに及ばず、ただに無益のみならず、必ず害あるべし。古今その例少なからず、私にも金はよほどでき申し候えども、この金の遣い道にほとんど当惑仕り候。子にさえやられぬ品物を、何として他人へ与うべきや。いずれにもこの金を用い、人の独立を助け成すの道に用いたき事なり。追々ご相談仕りたく存じ奉り候。

右は荘田、名児耶氏の添書かたがた、ご尋問申し上げ候。当地の景況は両人よりお聞き取り下さるべく候。この荘田と申す人は豊後の人にて、読書はよほど達者にござ候。在坂中は折々ご面会下さるべく候。頓首。

十月十一日　　福沢諭吉

九鬼隆義様

白洲退蔵様

尚以《なおもつて》、おあい様ご機嫌能《よ》く、朝夕子供お世話罷《まか》り成り候。五才の女子へ手習、素読相願い、お蔭をもっていろはも覚え、『国づくし』も少しずつ、間違いながら諳誦仕り候よう相成り候。御礼申し上げ候。当月九日より塾の傍《かたわら》に女学所を設け、試みに教授いたし候つもり、様子相分り候わば申し上ぐべく候。以上。

大阪慶應義塾設立のために大阪へ出張した荘田、名児耶両名への助言を依頼し、あわせて近況を報告している。大阪の分塾は安堂寺橋通三丁目の丸屋善蔵の控屋敷(のち北浜町二丁目小寺篤兵衛方に移転)に開かれた。白洲退蔵は三田《さんだ》藩主九鬼隆義の側近として、西洋式兵制の採用をはじめとする藩政改革の中心となった人物で、神戸に旧三田藩関係者とともに外国薬品などを扱うことを看板とする貿易商社志摩三商会を設立した。福沢は慶應義塾出版局の拡張の心づもりを述べ、志摩三商会の景況を尋ねて、「人の独立」を助けるために事業拡大を図ることについて相談したいとしている。「おあい様」は九鬼の妹、この頃福沢家に滞在して長女里《さと》の手習い、素読の指導をしていた。『国づくし』は『世界国尽』(明治二年刊)。「女学所」については未詳であるが、福沢の女子教育に向けられた関心として注目される。

Ⅱ11　荘田平五《しょうだへいご》郎《ろう》　明治七年二月二十三日

二月十三日の御状、四、五日前相達し候えども、私義風邪にて取り臥し、ご報延引恐れ入り候。○京坂分校の景況、詳《つまび》らかに仰せ下され拝承。大坂もいまだ繁昌に至らず、三月や四月にては分り申すまじく、当七月時分までも様子を見て、なおその時に処分然《しか》るべし。弥《いよいよ》もって面白からざるときは止《や》めにするのみ。○京都の分校、中学校のうちにて、些《ち》とお役所めき不都合の旨、新宮氏の着意いかにも然り。然りといえども、事実京都にて我輩の唱る教授の法、人情に適し、教る者にも習う者にも都合宜《よろ》しく候えば、官立の中学校を憚《はばか》るに及ばず。官員と熟談の上、中学校を丸で廃し、官の名を止めにして、我輩の一手に引き受けて可なり。この位の事は驚くべきにあらず。槇村氏その外の有司にても、具眼の人なれば相談相調《ととの》い申すべし。その名目はともかくも、学問の流行すると否と一事のみクウェッションなり。○帳合法の稽古お始めのよし、最も妙なり。本式も久しく翻訳を怠り、二十日ばかり前、はじめて脱稿。目今《もっこん》彫刻いたし居り候。版下《はんし》たの草稿ただ一本なるゆえ、版下たでき上り候わば、草稿お廻し申し上ぐべく候。○大分の学校は、先般、文部の督学なる者出張、横文を読む者を見て散々に議論し、遂に府内の洋学校をも廃せしめ、中津より出張の教師も放逐なり。右の趣《おもむき》、本県学務掛より私へ書状さし遣《つか》わし、その文中に荘田氏帰県の事もかねて所望なりしが、この度《たび》の次第につき、先ずお断り申すべく、ついでながら私まで報告するとの事なり。官の事は浮雲のごとし。決して心を労するに足らず。ご帰国の事はご心配に及び申さず。併《しか》し大分の学校も止み切りには相成り申すまじく、また文部省にて説を変えることもあらん。あらば大分もまた再発せん。それはその時の事なり。○なお、本塾はこの節、藤野君引き受け、相替る事なし。○医学校を別に設け、松山君引き受けにて教授。医者の見世は杉田玄端先生引き請け、いずれも次第に繁昌なり。目今、医学生三十名に近し。○児玉君は代言に忙し。草郷《そうごう》君も少しずつ児玉君へ仲間入り。中《なか》と申す人物、陸軍省にいて松本さんと喧嘩をせし人なり。この人も陸軍を止め代言社へ加わり、毎日司法省へ出掛け、やかましく喧嘩致し居り候。山口良蔵君もこの仲間にて、代言人となり忙しきようなり。○毎月第二ソンデイの集会を、隔ソンデイの夜と定め、出版局に集り、銭を費さぬよう談話いたし、この後は専らスピーチュの稽古と、精々煽動いたし居り候。ゆくゆくは彼の民撰議院か、または役人院か書生院か、何かでき申すべく、その節は義塾の社中に限り明弁流るるがごとしとて、落《おち》を取らんとするの下拵《したごしらえ》なり。右貴答《きとう》申し上げたく、早々此《かく》の如《ごと》くにござ候。頓首。

二月廿三日　　福沢諭吉

荘田平五郎様

尚以《なおもって》、槙村君そのほか新宮君へも、お逢いの節宜《よろ》しくご致声《ちせい》願い奉り候。○帳合の法、ハイスクールご翻訳の思《おぼ》し召しはこれ無き哉《や》。私は最《も》早《はや》翻訳に念はこれ無く、当年は百事を止め読書勉強致し候つもりにござ候。追々身体は健康に相成り候て、ウカウカいたし居り候ては、次第にノーレジを狭くするよう相成るべく、一年ばかり学問するつもりなり。○学問の傍《かたわら》に少々仕事は、小幡君と謀り『民間雑誌』と申すニウスのごときものを、毎月一両度ずつ出版のつもりなり。○『学問のすゝめ』は七編まで脱稿。この節はよほどボールドなることをいうもさし支《つか》えなし。出版免許の課長は肥田君と秋山君なり。大丈夫なる請け人にて面白し。○右の次第にて、私は『帳合之法』は勿論《もちろん》、外のものも翻訳の意はこれ無く、もしもハイスクール思し召しござ候わば、お訳し成られたく、その訳の体裁は、拙訳の風に倣《ならい》て可なり。唯一難事は、この本は買手が少なし。永久は必ず売れるものなれども、さし向き日本町人のマインドに不的当《ふてきとう》なり。

大阪、京都両慶應義塾の成否については今しばらく様子を見て判断するように指示し、福沢と義塾社中の近況をこまごまと報せている。大阪の分塾は、荘田の考えた学問を商業に結びつけるという理想が簡単には理解されず、明治六年十一月以来一年半ほどで撤退を余儀なくされた。京都の分塾は、同七年二月に、京都府参事槇村正直の援助により、上京区下立売通釜座旧京都守護職邸内の府立中学校の学舎の一部を使用して開設されたが、これも一年ほどで行き詰った。「本式」は複式簿記のことで、「二十日ばかり前」に脱稿したのは簿記学の訳書『帳合之法』第二編。その初編の刊行は六年六月のことである。「府内の洋学校」は荘田の郷里である大分の英学校。「藤野君」は藤野善蔵。「松山君」の松山棟庵はⅠ11注。杉田玄端は小浜藩医、蕃書調所教授。維新後は沼津兵学校陸軍医学所頭取。「児玉君」は児玉淳一郎、アメリカで法律学を修め学位を得て帰国し義塾の学生に法律を講義した。「草郷君」は草郷清四郎、和歌山藩士。慶応二年十一月入塾、のち横浜正金銀行に入り、明治生命監査役、九州鉄道取締役などを歴任した。「中と申す人物」は中定勝。「松本さん」は松本良順、のち初代陸軍軍医総監となった。「毎月第二ソンディの集会」云々は、明治七年六月二十六日の三田演説会発会に先立って、演説、討論の練習が重ねられていることを示す。「出版局」は慶應義塾出版局。追伸に「最早翻訳に念はこれ無く」云々とあるのは、『文明論之概略』の執筆プランが成り、これまでのように翻訳に追われることなく自説の体系的論述を始めようという気構えを示したものである。また、『民間雑誌』の創刊を知らせている。同誌は九年九月『家庭叢談』と改称、十年四月旧名に復し、十一年五月終刊。刊行形態は、はじめ不定期、のち週刊から日刊へと推移した。「ニウス」はnewsのこと。さらに、文部省の出版免許の課長として肥田玄次郎(昭作)と秋山恒太郎がいるので、少しばかりボールドなこと(bold 大胆な)を書いても官の忌諱にふれる恐れはないと考え、『学問のすゝめ』などの執筆をしているとも述べている。肥田はⅡ27注。「秋山君」は長岡藩出身、明治二年六月入塾。のち東京師範学校教授、同校長などを務めた。

Ⅱ 12 大隈《おおくま》重信《しげのぶ》　明治十一年十一月二十九日

昨日は参上、ご休息のところ御妨《さまた》げ仕り恐れ入り候。さてその節、ご内話申し上げ候一条、今日文部卿へ内話の前、文部省へ立ち寄り、田中氏へ一応話し致し候ところ、氏曰く。私塾を補助するの一事は、かねて本省の宿案、既にその調べもいたし候くらい。この度《たび》の一条は何処までも周旋致したく、また致すべきのところ、爰《ここ》に難事と申すは、文部の定額は実に定額にして、百円の猶予もあらず。この額内にて融通はもとよりできず。さりとてこれを特別の事として政府に持ち出さんか、必ず省中の評議に掛けざるを得ず。これを評議に掛ければ、必ず様々議論もあらん。依て案ずるに、この事は素《も》と抵当を納めて金を拝借する事柄なれば、直《ただち》に大蔵へ出願、大蔵より文部へ私塾の性質を聞き合せに及ぶなどの手順なれば、文部はあくまでこれに応じて、該塾へ資本お貸し渡しは至極もっともなり云々《うんぬん》とて、いわば請け人に立つべし。かくしてはいかがとの即案なり。これにて田中氏に分れ、文部卿の宅に参り懇々談話のところ、卿はいずれ大蔵卿へ示談、いずれの路に由るべき哉《か》、その辺の内実、分り次第報告致すべきにつき、その上にて願書差し出し然《しか》るべし。とにかくに願書案壱通預り置くべしとの事、その語気甚《はなはだ》懇切なるもののごとし。いずれ明日にも文部卿よりご内話ござ有るべき義につき、なおこの上の手続きお差図《さしず》願い奉り候。

右の次第につき、お約束の通り願書案壱通お手許《てもと》へ差し上げ候。ご落手願い奉る。また願面に弐拾五万円と記したるは、二十万ならば云々、三十万ならば云々と、あまり注文らしく、願面の体裁を失うよう存じ候につき、確《しか》と高を限り候義。その成否はもとより官の意に任ずるの外ござ無く候。

弥《いよいよ》本願書差し出し候につき、なおその文面に不都合のところもござ有るべく、ご面倒ながらお差図願い奉り候。この段御礼かたがた申し上げたく、早々此《かく》の如《ごと》くにござ候。夜中執筆、乱書ご海恕《かいじょ》願い奉り候。頓首。

十一月廿九日夜　　福沢諭吉

大隈先生　侍史

〔同封1〕

私塾維持のため資本拝借の願

慶應義塾社頭

福沢諭吉

当学塾は安政戊午の年初て開業、慶應義塾と改称してより既に十一年を過ぎ、前後二十年の間に生徒を教育すること三千余名、今日現に教えを受る者二、三百名の間にあり。明治三年、出格の訳《わけ》をもって当地所拝借、その後明治六年低価をもって地所お払い下げ相成るなど、聊《いささ》か官の保護をば得たれども、塾に属する資本としては一銭もなく、ただ私共の微力をもって、些少《さしょう》の私財を出し、社友一同戮力《りくりょく》勉強して、追々建物なども出来《しゅったい》。教員の給料ももとより豊かならず。毎月生徒より若干の月謝金を集め、その月限りに配分して、わずかに衣食の資に供するのみ。教員の給料なおかつ足らず、ましてて教場の書籍器械などは、とても完全を望むべからず。なお下《くだり》て塾舎の営繕、非常の手当などに至りては、何の目途もあらず。「ポンプ」一具だに用意なき次第、その他推して知るべし。

然《しか》るに近日に至りては、旧藩士族も日に困窮に迫り、僅少の学費にも差し支《つか》えて、あるいは天稟《てんぴん》の才を抱きながら、初めより就学の念を絶つものあり。あるいは就学央《なかば》にして廃学する者あり。あるいはわずかに卒業して直《ただち》に糊口の路を求め、遂に大成の機を誤る者あり。国のために謀りて遺憾これに過ぎず。そもそも方今《ほうこん》の日本において、不平を唱えて世を害する者も学者士族なり。平和を奨励して国安を助け、富強の大勢に益する者もまた学者士族なり。その平と不平と二途に分るる原因はもとより多端なりといえども、知見の広狭深浅はその因たるの最も大なるものなれば、たとい一私塾のうちにても、学ぶ者は安んじてその業に就《つ》き、就業の年限を終りて大成の期に至らしめ、その知を深くしその見を博くし、もって国益万分の一を致さしめんこと、最も願う所なり。

右の如く、貧にして才力ある者を教育せんとして、これに衣食を与えてまた随てこれを教るがごときは、私塾の性質と今日の習慣とにおいて、あえて望むべき所に非《あら》ざれども、これを教るに本人の力に堪《た》えざるほどの学費を要して、ために就学の念を絶たしむるは歎げかわしき次第にござ候。当塾においても今日までは無理に生徒の金を収斂し、無理に教員の給料を薄くし、なお不足して止《や》むをえざるの場合に至れば、社頭そのほかの者より、あるいは千あるいは百の私金を投じて、辛うじて維持したることとなれども、前条のごとく生徒たるべき者は日に疲弊して、塾の会計は更に目途を得ず。この上は政府の保護を乞うの外、方略これ無きにつき、あえて請願の次第を左《さ》に陳述仕り候。

この度《たび》慶應義塾維持の資本金として、無利足金弐拾五万円、当明治十一年十二月より向う拾ヵ年の間、拝借仰せつけられたく、抵当には福沢諭吉の名前にて、実価弐拾五万円に直《あた》る公債証書を納め申すべし。然るときは本高弐拾五万の利子毎年若干を得て、書籍器械営繕などの費用も押々《おしおし》に目途を立て、なお学則をも改良して、三百の生徒安んじて業に就き、私共の素志を達するのみならず、天下公共のため幸甚これに過ぎざる次第にござ候。何卒《なにとぞ》特典をもってお聞き届け相成り候よう仕りたく、なお出願につき、委細の趣旨は別紙に記し候間《あいだ》、これまた本書に併せてご披見願い奉り候也。

明治十一年　　芝区三田二丁目二番　地主平民

慶應義塾社頭　福沢諭吉

文部卿西郷従道殿

〔同封2〕

別紙

本文私塾維持のため資本拝借の高、私共の身分においては巨額のように聞ゆれども、国の大計をもって論ずれば、必ずしも巨額ならざる哉《や》に存じ奉り候その次第は、仮に当塾を官立のものと視做《みな》すときは、二十年の間に三千の生徒を教育するその官費は、必ず巨万の金額ならん。然るに当塾は、今日に至るまで公共の保護を仰がず、有志者の寄附を求めずして、この歳月を維持したるものなれば、今、官私の別なく日本全国を一家の会計として考れば、慶應義塾は既《すで》に已に幾分の国費を省きたるものというも、あるいは妨《さまたげ》なき哉に存じ奉り候。いわんやこの度《たび》の資本はただ拝借にして、抵当をも納ることなれば、あえて政府の会計を動かすものに非ずと信ずる所に候。

従前政府より教育保護のためにとて、資本拝借など仰せつけられ候例はこれ無く候えども、公大の目をもって見れば、全国の人民に業を勧るも学を勧るも、正しく同一の主義にして、その成跡《せいせき》もまた孰《いず》れか軽重の別あるべからず。然《しか》るに政府には既に勧業勧農勧商の局を開て、常に人民を保護奨励するの事情は、詳《つまび》らかに伝承仕り居り候。然ればすなわち今、農工商の事に比して、重大なるも軽少ならざる教育を勧るにおいて、若干の資本金をお貸し渡し相成り候も、事物の平均を破るの義にもこれ無しと存じ候。

教育保護のために資本拝借は仮に妨なきものとするも、この一私塾に許して他の二私塾に許さざるの理なし。これを許さざれば物論を生じ、これを許せば際限あるべからずとのご不都合もこれ有るべき哉に存じ候えども、この一事に就ては特に陳述すべき次第あれば、少しく高案を煩《わずら》わさんことを乞う。そもそも慶応、明治の際、兵馬騒擾、全国の機関一時に破れ、江戸開城。随て旧開成校も共に敗頽《はいたい》して、該校の教師輩は無論、府下の学士と称する者も四方に散じて行く所を知らず。大都会中また一名の学士に逢わず、また一所の学校を見ず。江戸なおかつ然り、各地方の風景推して知るべし。天下武を知て文を修るに暇《いとま》あらざるなり。旧物既に廃して新政未だ行われず、大学未だ立たず、文部未だ設けず。あたかも文物暗黒のその時に当り、独り数十名の学士を集めて、安んじて書を読み弾丸雨中咿唔《いご》の声を絶たざりしものは、ただ慶應義塾のみならん。言少しく自負にわたり憚《はばかり》多く候えども、当時日本国中文学の命脈を一日も維持したるものは我が義塾なりとて、旧社中の輩は今日に至るまでも窃《ひそか》に得意の顔あるがごとくして、世上あるいはこれを許す者もあらん。他の学塾に比して少しく区別するも妨なき哉に存じ奉り候。

また旧幕府の末年、攘夷の議論盛《さかん》にして、世の学者漢に入らざればすなわち皇に帰し、洋学のごときはこれを度外視するのみならず、その主義を誹《そし》りその人を蔑視し、甚《はなはだ》しきは、洋学者にして生命を安んずるの地なきに至りしその時運に際して、当塾のごときは百方敵を引き受け、あたかも籠城の覚悟をもって、なお窃に日新の説を唱えたることとなれども、敵する者あればまた応ずる者も少なからず。維新前後、諸藩地より来たりて入社する者次第に増加し、およそ三百諸侯の藩士新陳交替して、各藩多は二、三十名、少は三、五名、常に塾に寄宿せざるはなし。かつその人物も平均すれば駑下《どか》の者に非《あら》ざるか、成業退塾して行く所を察するに、あるいは著書出版を業となし、あるいは諸学校の教員となり、またあるいは都鄙《とひ》の新聞、演説の社に入るがごときは無論、およそ今の諸省局庁、または有名なる諸会社の人を枚挙するに、人品の高下を論ぜず、その人員中には必ず当塾の旧生徒を見ざる所なきがごとし。既に社会の表面にその人のある有り。多少に国の用をなして、世間の耳目たるもまた論を俟《ま》たず。これを彼の勧業などの事に比して形容すれば、二十年の勧奨、既にその実効の一斑を示したるものというも可ならんか。これまた他の学塾に比して、少しく区別するも妨なき哉に存じ奉り候。政府にもその辺ご斟酌《しんしやく》相成り候訳《わ》けか、既に当塾三等以上の生徒は兵役を免ぜらるのご指令を蒙《こうむ》りたることもあり。それこれの事情をご考案成し下され候わば、たとい今般、特典をもって本文の願意お聞き届け相成り候とも、他に差し響きはこれ無き儀と存じ奉り候につき、何卒《なにとぞ》ご詮議の上、ご許容相成り候よう願い奉り候也。

慶應義塾の財政危機を打開するために、明治十一年四月からほぼ一年の間に、福沢が旧大名家や政府関係者に資金借用について働きかけた手紙は三十通近く知られている。そのうち大蔵卿大隈重信に宛てたものが十一通あり、そのはじめがこの手紙である。資金借用についての文部大輔田中不二麿、文部卿西郷従道との面談結果を報告して、願書案を同封して指示を求めている。別紙を添えた願書案では、開塾以来の経営の努力と教育の成果を力説し、他の学塾に比べてその功績を高く評価されてよいとの自負を示し、二十五万円を無利息で十年間借用することの許可を求めている。具体的には借用資金で国債を購入しその利息分を義塾が取得して年々の経費に組み入れるということのようである。〔同封2〕の「咿唔の声」は少年の読書する声。

Ⅱ 13 井上《いのうえ》 馨《かおる》　明治十二年二月十日

一両日は別して厳寒、益《ますます》ご清穆《せいぼく》ござ成られ拝賀奉る。陳《のぶれ》ば一昨日彦次郎の話に、この度《たび》出願の私塾資本拝借の一条につき、先生の御口気あるいはネガチーウのごとくなるよし。これを承《うけたまわ》り誠に驚愕落胆と申すその次第は、この一条につき、未だ寛々《ゆるゆる》拝話の機会をば得ざれども、かねて小泉、中上川より巨細の事情申し上げ候通り、大蔵卿のところは(卿にしてもし小生を売るにあらざれば)、最初より十分に尽力を約して更に疑を容るべきにあらず。また海陸両卿へもいずれの方法、いずれの手続にて出願と申す事のお話は致さず候えども、私塾維持のために保護は必要、またこれを保護して然《しか》るべしとの事は、懇々命《めい》を蒙《こうむ》りたることもあり。右の次第につき、この上の最大緊要は、ただ内工両卿の可否に由て成否を決する事と存じ、旧年十二月内務卿の御宅へ参りひたすらご依頼申し、その後、先生にも上国よりお帰り、直《ただち》に彦次郎より申し上げ候ところ、出願ならば商売云々《うんぬん》よりも、教育上の趣旨にいたし然るべしとの秘訣を授けられ、ならびにその節、勧商局を大蔵へ附したるは全《まった》く云々の訳《わ》けなど、伊藤君よりのご致意《ちい》をも承り、乃《すなわ》ちその旨に従て府知事へ談じ、公然出願致し候義にござ候。かかる事実に候えば、この一事については内工両卿も、必ず十分にご賛成成し下され候事と信じ、殊《こと》に先生へはかねて別段のご懇命を辱《かたじけの》うする所、事もし遅延せば、あるいは内々大蔵卿を促して成を得せしむるほどの事ならんと、私《ひそか》にご依頼申し居り候ところに、前段、彦次郎の話にては大いに齟齬。必ず同人の承り違いと信じ候えども、また思想を転じて考えれば、かねて五代などが政府へ拝借の事についてはご宿論もこれ有り、今後は一切右等の弊を除くの思《おぼ》し召しにつきては、諭吉の拝借も同様のものとお認めのほども計り難《がた》く候えども、五代、笠原らの拝借と、諭吉の拝借とは全く性質を異にし、殊《こと》に諭吉の拝借は真実正銘の拝借にして、抵当を入れ利子を納る事なれば、官において万々危険の患《うれい》あるべからず。しかのみならず教育につき、官より保護の至当にして、その適例を挙げんとならば、三菱会社商船学校のごとき、最も著しき者というべし。該校には毎年壱万五千円の補助あり。他なし、国に商船の航海者を作るの趣意ならん。岩崎弥太郎は船士を作り、福沢諭吉は学士を作る。海の船士と陸の学士と、もとより軽重あるべからず。また同会社には、昨春より商法学校を設け、去年十ヵ月の間に壱万余円を費したり。この金の出処を尋ねれば、間接に彼《か》の二十五万円の保護金中より出るというも妨《さまたげ》あるべからず。しかしてこの商法学校の校長なり教員なり、悉皆《しっかい》、慶應義塾の旧生徒のみにして、あたかも義塾の分校というも可なり。分校の維持には間接に政府の保護を得て、その本校は捨ててこれを顧みざるか。正理に当らざるもののごとし。しかのみならず昨年は築地にて、某氏造船所を建るとて五万円ばかりも拝借したる者あり。なお近くは、先日伊勢勝は靴を造るとて五万円の拝借を得たり。靴を作ると学士を作るといずれか軽重あるべき哉《や》。靴のために五万円を拝借すれば、人のために四十万円を拝借するも、大いなる不平均にはこれ有るまじき哉に存じ奉り候。既往将来、傍《かたわら》より目《まなじり》を決して諸拝借の種類を見たらば、必ず適例類例に乏しからざる事ならん。故に諭吉はあえて諭吉に限りて特別の恩典を乞うに非《あら》ず。ただ諭吉に限りて特別の擯斥《ひんせき》を蒙ることなきよう、独りこれのみ願う所にござ候。

右は正々《せいせい》の申し分なれども、また私方の内実を申せば、この度の出願は最初より万々間違いなきものと信じ、既に旧冬より塾の仕組みにも手を着け、今日に至りては虎に騎するの勢。もしも罷《まか》り違い候ては、私の進退は爰《ここ》に谷《きわま》り、実に大変の始末に及ぶべし。事成らざればすなわちヤケなり。その辺の情実幾重にもご洞察成し下され、内務卿へもくれぐれご致意《ちい》願い奉り候。事の成敗は内工二卿の片言にありて存す。もしも敗して成らざるか、公にいえば天下教育のためにこれを歎息し、私にいえば二卿に対して愚痴を鳴らさざるを得ざるなり。

右は自から熱心に乗じ、筆端あるいは粗暴に似たるものもあらん。併《しか》し筆端粗なるも中心決して粗ならず。一席のご閑暇あらば、寛々これを潤飾して申し上げたくと存じ候えども、事の神速を希《ねが》い、先ず書をもって申し上げ候義にござ候。くれぐれもあしからずご承引願い奉り候。頓首。

二月十日　　福沢諭吉

井上先生　侍史

慶應義塾維持資金の政府からの借用について、内務卿伊藤博文の助言により、東京府知事楠本正隆を通じて資金借用の願書を提出したことを述べ、工部卿としての井上に対して是非とも賛成してくれるよう依頼している。この頃、「小泉」信吉は大蔵省、「中上川」彦次郎は工部省に出仕していた。二人を通じて福沢と政府関係者との連絡が図られていたことが窺える。すでに政商五代友厚、川崎正蔵の造船所(のち川崎造船所)、軍靴製造の西村勝三(伊勢勝)などへ政府資金が補助されており、とりわけ、岩崎弥太郎の三菱商船学校や三菱商業学校が保護されていることを述べて、「海の船士と陸の学士」に軽重はないのであって、「諭吉に限り」特別に排斥される理由はないはずで、特別の恩典を願うのではないと強く訴えている。

II 14　楠《くす》本《もと》正《まさ》隆《たか》　明治十二年六月二十日

爾来《じらい》久闊益《ますます》ご清適《せいてき》ご奉職成られ拝賀奉る。陳《のぶれ》ば当春来、一通りならざるご配意に預り候出願の一条、今日まで何のご沙汰もなし。最初より申し上げ候通り、私はあえて今の政府に向て憐みを乞う者にあらず、かくもいたしたらば天下公共教育のために便利ならんと思い申し出したる事なり。然《しか》るに政府はこれを無益なりと思う事ならん。さればこの一事に就ては政府と老生と全く意見の異なる者なれば、共に談ずるに及ばざる事なり。何卒《なにとぞ》お手数ながら右願書はお取り返し下されたく願い奉り候。ただ怪しむべきは是《これ》式《しき》の事を半年も決する能《あた》わずして、可もなく不可もなく今に引き留めたるの一事なり。あるいは政府にてこれを忘れたるか、あまり失敬にはあらずや。あるいは気の毒に思うて逡巡したるか、あまり無力にあらずや。とにかくかかる事情を知らずして他人を煩《わずら》わしたるのみならず、生もまた金玉の時間を費したるは畢生《ひっせい》の失策、懲々《こりごり》いたし候。この拝借金なくも老生一身の独歩にさし支《つか》えはこれ無く、悠々消日、世間の成り行きを傍観致すべくと存じ候。

あるじなき寺に囀《さえず》る鳥の音を
　仏の法の経と誤り

かかる間違いは随分世の中に少なからず。無住の寺と知らずにおとずれたるはこの方の不調法、ご一笑下さるべく候。右は長々のご配慮を謝し、かねて願書のご返却願いかたがた申し上げたく此《かく》の如《ごと》くにござ候。早々頓首。

六月廿日　　福沢諭吉

楠本先生　梧下

尚以《なおもって》、本文の一事につき、老生は今の政府をおかしく思いまた気の毒に思うといえども、決して政府の人に対して不平はこれ無く、大隈君始め十分心配いたしくれられ候段は万々誤解致さず、その辺に行き違いなきよう、くれぐれもお含み願い奉り候。

またついでながら申し上げ候。旧冬か当春か拝眉の節、語次に、福沢へは勲章云々《うんぬん》のお話を伺い候ように覚え、その節はあまり気にも留めず伺い流し居り候えども、もし万々一もさようの事これ有り候ては老生はこの上無き迷惑、急度《きっと》お断り申し上げ候間《あいだ》、何卒預《あらかじ》めその類の事なきようお含み置き下されたく、ただ今よりいらざる苦労のようにこれ有りおかしく候えども、いかなる間違いにて諭吉へ勲章などの談なきを期すべからず。公然ご沙汰の上にて拒絶すればその事甚《はなは》だ面倒なり。今の政府より私へ褒賞と申す事は、早く明治初年にもこれ有り、その節も散々にお断り候義、すなわち今日も同様の心事につき、決してお受けは致さず候間、然るべくお含み置き下されたく、念のため申し上げ置き候。

東京府知事楠本を通じ政府に提出していた維持資金の拝借願に対して、今日に至るまで回答のないことを告げ、「無住の寺と知らずにおとずれたるはこの方の不調法」であったとして、願書の返却を申し入れている。また、福沢に勲章を授与するという話があるらしいことについて、はなはだ迷惑なことであるので拝辞することを含んでおいてほしいと述べている。

Ⅱ 15 和田《わだ》義郎《よしろう》　明治十二、三年頃十一月十九日

鬱陶《うっとう》しき天気にござ候。益《ますます》ご清安拝賀奉る。陳《のぶれ》ばこの度《たび》は女子英語学もお始めに相成り、大慶これに過ぎず。就て相願いたきは時間の義、相成るべくは日本書、習字、画学、英語学とも、一切の稽古を午前に片付け候よう成し下されたく、いずれの娘の子もそれぞれ外に稽古事これ有り、その上にまた遊びもいたしたく。相成るべくは都合よきよう致し遣《つかわ》し、いやがらぬ方専一と存じ候。なお、お考え願い奉り候。早々頓首。

十一月十九日　　福　沢

和　田　様　梧下

幼稚舎長としての和田に、女児の英語教育を始めたことを評価し、また女児の授業すべてを午前中に終えるよう依頼している。明治十三年七月の「慶應義塾社中之約束」のうちの「幼稚舎生之規則」には、「課業ノ大略」として「英書、和漢書籍、語学、算術、作文、習字、画学、

体操」があげられている。十二年九月から十二月の「慶應義塾学業勤惰表」には福沢の娘房《ふさ》、里《さと》のほか二名の女児の名がある。女児の英語教育が具体的にどのようなものであったのかは未詳である。

II 16　浜野《はまの》定四郎《さだしろう》・渡部久馬八《わたなべくまはち》　明治十三年ヵ一月十六日

塾中に『余興漫録』とか申す詩文集でき候由《よし》、右は生徒の洒落、私にいたした事なればあえて非難すべきにもあらず、ご勝手次第馬鹿らしき事と評するまでのことなれども、もしあるいはその集中に慶應義塾の名ありてはもっての外の次第。たとい表題にてもあるいは文章のうちにても、文詩は社中の最も拙なるもの、加うるに方今《ほうこん》の時節フヒジカルサイヤンスを勧めてもなお振わざるの折柄《おりから》、その塾中の社員が詩文集を版にいたしたとは咄々《とつとつ》怪事、老生はこれを聞きて恥死せんとす。何者の馬鹿が右様《みぎよう》のタワケを企てたるか、公然と談ずるよりも窃《ひそか》に相成るべくは一冊も人に示さぬよういたしたく、もしその出版に費用掛りたるならば老生これを償《つぐな》い遣《つかわ》すべし、宜《よろ》しくお取り計らい下さるべく候。

一月十六日　　　　諭　吉

浜野様
渡部様

塾生が『余興漫録』なる詩文集を発行したことについて、「フヒジカルサイヤンス」(physical science)を重視する慶應義塾の教育の理念に触れるものとして適切な処置をするよう求めている。世間一般に儒教主義教育がなお根強く残ることへのいらだちもあるようである。浜野定四郎は中津藩士。元治元年入塾、義塾教員となり、一時中津市学校校長を務め、土佐立志学舎へも英学教師として赴任している。明治十一年に帰京して以後、同二十年まで塾長として慶應義塾の運営に携わった。渡部久馬八は旧姓槙、長岡藩士。慶応四年入塾、義塾の塾監を長く務めた。

Ⅱ 17　鎌田《かまた》栄吉《えいきち》　明治十三年二月二十二日

会議講習会の事は塾中の壮年いずれも気込み宜《よろ》しきように相見え候。就てはこの気の抜けぬうちに着手致したく、日限のところは毎土曜日を休暇として、第二第四は常式の演説、第一第三をこの度《たび》の講習に用いてはいかん。童子輩は会に出席は致すまじく候えども、傍聴の益もあり、月に二日の休暇、憂うるに足らざる事とも存ぜられ候。

また議場の体裁、椅子の並べ方、番号の付けよう、その外一切の事は、塾中に心得候人物これ有り候哉《や》、もしこれ無くば岡本貞烋、群馬県にて県会を親《みず》から取扱い候儀これ有り、同人に頼み候わば大抵はでき申すべしと存じ候。また議案は発会まで何か思い出し次第に認《したた》め申し上ぐべく、とにかくに速《すみやか》に着手致したき儀にござ候。なお高島氏よりお話も致すべく、ご相談願い奉り候。右要用のみ申し上げたく、早々頓首。

二月二十二日　　福沢

鎌田様

会議講習会の開催に向けて、塾内有志の意気込みが衰えないうちに、日程、会場設営の実際など具体的な準備を進めることを指示している。会議講習会(議事演習会ともいった)は、演説、討論の実際を学ぶことを目的として始められた。この年六月に第一回の模擬国会が行われている。第二第四は「常式」とあるのは、三田演説会の定例会のことであろう。岡本貞烋は、明治三年十一月に小田原藩の公費生として入塾。この頃、群馬県学務課に勤務していた。「高島」小金治は川越藩士。明治八年入塾、義塾に教鞭を執り、演説会活動にも熱心であった。のち大倉組に入り実業界に転身した。

Ⅱ

18　浜野《はまの》定四郎《さだしろう》　明治十三年十月二十四日

益《ますます》ご清適《せいてき》拝賀奉る。陳《のぶれ》ば明日は本塾の事につき、小幡氏はじめ社中集会の由《よし》、実はこの度《たび》塾の事を発言したる者は小生にして、遂に今日諸君を煩《わずら》わすに至りし事なり。就ては爰《ここ》に一言いたし置きたき儀は、既に昨今社中の談話にも、この度は慶應義塾維持法云々《うんぬん》とて、必ずしもこの学塾を維持致さずては叶わざるもののように認《したた》める者あるがごとし。小生の所見とは少しく異なり、元と生の心事は、塾を維持せんとする者にあらず。開塾既に二十余年、一身一生涯の仕事としても沢山なり。しかのみならず近来最も馬鹿馬鹿しきは、交詢社といい、何々銀行といい、何々商会といい、またあるいはこの度新築、木挽町の会堂といい、何か為《ため》にする所ありて、本塾がその後ろ楯に相成るかと思う者もこれ有るべし。なお甚《はなはだ》しきは、流行国会論の話もあるにつきては、浮世の馬鹿者は小生を誤認して、政治社会の一人と思う者もあらん。さてさて面倒至極、うるさき鄙劣《ひれつ》世界哉《かな》。これと申すも本塾あればこそかくのごとし。今一朝にしてこれを潰せば、百事洗うがごとくして本来の無に帰し、老生は都下のどこかに老して、生来好む読書もって残年を終らんのみ。かく致すにもただ今なれば幸にして家に少々の余産あり。生涯他人の世話になる事もなからん。もし然《しか》らずして、この塾のお守りのみをいたし、心を労し金を費し、その実はかえって他のインスリュメンとなり、労して功なく、名利共に損害を蒙《こうむ》るがごときは無智の極度。進退を決するは正に今日にある事と存じ、先ず小幡君に話したるは、およそ壱ヵ月前の事なり。然るに二、三の社友は廃止を悦ばず。何とか工夫もあらんとの事にて、様々内話の末、遂に今日の集会にも及びたる次第。また小生が塾を廃するというは、塾がにわかにイヤになりて廃するというにあらず。心に慊《こころよ》くして立つものならば、もとよりこれを保存するを好まざるにあらず。ただ小生が一身のために謀りて、馬鹿らしきが故にこれを潰さんと申すのみ。故に諸君ご相談の上にて、これを維持する事ができるならば甚《はなはだ》妙なり。ただ思し召し次第に任ずるのみ。明日のご相談、いかが相成るべく候哉《や》知らず候えども、ご相談にいやしくもご遠慮下さるまじく、廃立共に差し支《つか》えある事なし。あるいは諸君が義理のため、附き合いのために維持法を議し、また随て醵金に無理を犯すなどは、万々ご無用下されたく、かくご遠慮成られるも、誰に対するの義理にもならず、何人《なんぴと》に接するの附き合いにもならず、全く無益の挙動なり。ただ社中にても社外にても、真実自問自答、出金して愉快なり、出金すべきはずなり、本意なりと、先ずこれを心に得て、これを実に施したく。この性質の金ならば多々益《ますます》妙なり、本塾は甘じてこれを受納すべし。語を易《かえ》れば、塾に受納するにあらず。塾を挙げて諸君の有に帰するものなり。右の次第につき、何らの事情あるも、縁もなく志もなき他人へ向て金を募るなどはもっての外なり。たといあるいは旧社中の名ある者にても、本塾の精神と相投ぜざる者なれば、これを他人視せざるを得ず。決してこの輩に向て求めざるのみならず、彼れより来るも我よりこれを拒絶すべし。小生の死後ならば格別、いやしくも生前に膝を屈して他人に金の無心はでき申さず。幸にして生来人に屈したることなきこの膝を、この度に限り金のために屈する事はでき申さず。ただ今節を屈して人に四、五万円の金を貰うは、塾の所有を売却して四、五万円金を人に配分するの愉快に若《し》かず。甚《はなは》だ易《やす》き策なり。その辺に万々ご如才《じよさい》はなき事と存じ候えども、なお念のため穎敏《えいびん》にご勘考下され、集会諸君へも微意の通ずるよう願い奉り候。なおい才は拝眉万申し上ぐべく候。早々頓首。

十月廿四日　　　　　　　　　福沢諭吉

浜野定四郎様

尚以《なおもつて》、本文の義は小幡君へと存じ候えども、横浜の病人かたがた取り込みと存じ、さしひかえ候義、おついで宜《よろ》しくお伝え願い奉り候。以上。

塾長としての浜野に対し、慶應義塾維持法案をめぐって開かれようとしている社中の集会に向けて、福沢の廃塾発言の真意を正しく伝え、自由に議論するよう要請している。福沢の意向は、義塾を是が非でも存続させなければならないとは考えぬこと、福沢が義塾を後ろ盾にして政治的野心を遂げようとしているなどとの誤解が生まれるような煩わしさを避けたいこと、膝を屈して他人に金の無心するのではなく、真に義塾の維持を思う有志の拠金が可能であればそれは望ましいというところにあった。明治十三年十一月二十三日付をもって印刷された「慶應義塾維持法案」の文面によれば、今後五年間で七万円の拠金を呼びかけているが、同月までに六十五名、二万円を超える応募があった。「インスリュメン」は道具(instrument)のことか。

II 19　笠《かさ》原《はら》文《ぶん》平《ぺい》　明治十六年三月十九日

未だ拝眉の機を得ず候えども一書拝呈、時下春暄《しゅんけん》を催し候ところ、益々《ますます》ご清適《せいてき》拝賀奉り候。陳《のぶれ》ば過日は岡本貞烋方へご文通、本塾の維持の事につきご配慮を煩《わずら》わし、資本金ご寄附相成り候由《よし》、同人より承《うけたまわ》り候。ご厚意の段、老生においても有り難く存じ奉り候。当学校の義はかねてご承知もござ有るべく、創立以来二十余年、素《もと》より資本金としては一銭もこれ無く、ただ同志の社友、あるいは労力を寄附し、あるいは少しずつ時に随て金を出し、教員の俸給のごとき、豊ならざるのみならず、全く自家の私事を経営すると同様の心地にて、ただ二念なく勉強いたし、十数年は経過致し候えども、明治十三年に至りてはとても永久持続の見込みもこれ無きにつき、残念ながら廃校致すべき覚悟にて、その節、老生の考に、幸にして塾の負債と申すもこれ無く、邸地は百四十坪〔一万四千カ〕にして、建物も取り集め幾千坪、そのほか書籍などの価を合算すれば、およそ十万円内外なるべし。この十万円の品を売却するも五、六万円には相成るべきにつき、これを従前、塾のため尽力したる教員などへ配分致し、本来の無に帰し申すべきかと、一心爰《ここ》に決して社友へその趣《おもむき》相談に及び候ところ、様々議論もこれ有り、結局維持は難《かた》し、さればこれを閉ざさんとしては今更《いまさら》また余念も残り、数日評議の末、とにかく旧社中そのほか有志の向きにて金を集めて暫くこれを維持すべしと申す多数に決し、爾後《じご》各応分の金を投じて、十四年、十五年両年は滞りなく経過致し候。本塾にても他私塾と同じく授業料を生徒に課するの法なれども、少々もって引き足り申さず、創立以来入社、就学者の数は大抵常に三百名位目下は五百名にて、もしもこれを官立または公立に致し候時は、毎歳の入費は少なくも三万円に下らざるべし。すなわち二十年には六十万円を費したるはずなれども、同志者の協力と申しながら恐ろしきものにして、無一銭にて無理に明治十三年までは維持し来りし訳《わけ》なり。併《しか》し人の力には限りあり、かつ小生も年漸《よう》やく老して気根もこれ無く、寧《むし》ろ早く廃校の策をと申すところに、又候《またぞろ》維持の方法でき候については、今暫《しばら》くは立ち行き申すべく、老生の志願を申せば、この塾を寺院のごとき姿に致し、方今《ほうこん》は老生住職なれども、とても豚児へ譲るべからざるは明白なるにつき、生前に後住の者を撰んでこれに渡し、後住はまた第三者へ譲り、その維持の法は同志者すなわち檀家の力に依頼して百年の後にも伝え候えばこの上もなき仕合《しあわせ》なり。既にただ今屋敷地の地券も小生の名義なれども、誓て倅《せがれ》へは譲り致さざる覚悟にて、家族ならびに朋友どもへ毎度話し置き候事にござ候。故にこの度《たび》ご寄附に相成り候資金も、いわば檀家より到来致し候ものにて、既に檀家とあれば今後ともこの寺の事につきては何品に由らずご注意またはご助言下されたく、実は老生も二十余年の日月を消し、心身を労しまた随て身分不相応の金を費し、もはや疲労致し候訳なれば、何卒《なにとぞ》追々後進の学者へありのままの学塾を挙げて譲り渡したき心事にござ候。右御礼にかねて本塾の情実申し述べたく、此《かく》の如《ごと》くにござ候。余はまた次便申し上ぐべく候。早々頓首。

三月十九日　　福沢諭吉

笠原文平様　梧下

尚以《なおもって》、時候折角ご自重専一と存じ奉り候。おついでの節、令弟へ宜《よろ》しくご致意《ちい》願い奉り候。

昨年九月でき候写真一葉拝呈致し候。老顔ご一笑下さるべく候。

慶應義塾がこれまで、社友、同志の寄金や労力の提供により支えられてきた歴史を振り返りつつ、新たな維持資金の募集に応えてくれたことに謝意を伝えている。また義塾と社友、同志の関係を寺院と檀家の関係になぞらえ、自身を住職と位置づけて、次代の住職は第三者に譲って今後の義塾をさらに一層同志共有の組織としたいとの希望を述べている。笠原は新潟県南蒲原郡三条町の反物商。弟二人と子息三人、および弟の子息を幼稚舎に学ばせ、明治二十一年以降、札幌に移住した。

Ⅱ20　草郷清四郎《そうごうせいしろう》　明治十六年七月十九日

益《ますます》ご清寧《せいねい》拝賀奉り候。陳《のぶれ》ばかねてご承知の通り、後藤、箕作《みつくり》、中村、印東《いんどう》諸氏に談じて、それぞれサイヤンスの講義を開き居り候ところ、生徒のため甚《はなは》だ有益なるがごとし。就てはなおこの上に法律の一課をも設《もう》けたく、その教師を案ずるに馬場氏はいかがこれ有るべく候哉《や》。実は老生より直《じか》に談じても苦しからざる訳《わけ》なれども、もし差し支《つか》えなどこれ有り候ては不都合につき、おついでの節内々お聞き合せ下されたく願い奉り候。右要事のみ申し述べたく、早々斯《かく》の如《ごと》くにござ候。頓首。

七月十九日　諭吉

草郷様

この年五月から月に数回開かれることになった「サイヤンスの講義」(理学講習会)に加えて、新たに開設する法律の講義の担当者として考慮している馬場辰猪の意向を打診するよう依頼している。義塾の外に広く講義を公開する意図があったと思われる。馬場は、この頃明治義塾の教員であったが、四月の国友会政談演説討論会以降、東京府下での演説を禁止されていた。草郷は福沢の媒酌で馬場の妹駒子と結婚している。理学講習会は福沢が後藤牧太、箕作佳吉、中村貞吉、印東玄得らに諮って始められたが、実態はよく分からない。法律の講義も実現しなかった。

Ⅱ21　福沢一太郎《ふくざわいちたろう》　明治十八年三月三十日

池田栄治は前の郵船にて出発、着の上は当地の事情承知致されたく候。今泉も池田と同船、サンフランシスコにて何か職業を求め候つもり、一切、甲斐織衛にて引き受けくれ候事にこれ有り候。

本塾も誠に約介《やっかい》ものなれども、これを潰すと申せば異議多く、さりとて今のままに維持せんには、毎年資金の出処に困り候次第。近来相談を始め、急に廃校の見込みなくば、これを維持するものと定め、その教授にフヒジカルサイヤンスは入費多くして、とても私立塾の及ぶ所にあらざれば、弥《いよいよ》もって文学塾と一定して、予備科より英語英文を学ばせ候よう致すべき旨を主張し、また日本の文章をも修め、最初はいろは、エビシの手習より始めて、ヂクテーション、作文、次第に導くようにと相談最中なり。就て貴様も文章は好む所なれば、なお一層勉強致し、文学士として恥かしからぬよう致されたし。事は近きより進み、たとい英文にても和文にても、これを書くに落字誤字のなきよう、文字の体も奇麗に認《したた》め候事、至極の緊要なり。前便は手作の仏文を差し越され、門野氏へ示し候ところ、感心致すと申し居り候。拙者においては一入《ひとしお》喜悦に堪《た》えず。併《しか》し横文の文字はあまり立派ならず。甚《はなは》だ遺憾なり。何卒《なにとぞ》今後は心掛け、和洋ともに手習勉強致されたき事に存じ候。

本月十三日は社中の壮年輩百人ばかり招き、また来月五日には母人が主人となり、婦人を七、八十名招き、六四郎など呼出して奏楽せしむるつもりなり。

支那の談判も埒《らち》明き申さず、伊藤が北京へ参り候えども、北京の談判は支那の方不承知にて、またまた天津へ引戻し候。

井上角五郎は去年十二月、井上大使と朝鮮へ行き、そのまま京城在留のところ、今度一と先ず帰朝、あるいは都合次第にて再渡も致すべく、用意致し居り候。

おさとは去年より屋敷中に引越し、毎日宅へ参り、愛作も追々成長致し候。留主《るす》宅の子供は、はしか後いずれも無病元気宜《よろ》しく、三八などは追々に語を覚えて、終日おしゃべり致し居り候。

新聞紙はなかなか盛《さかん》に相成り、会計ももはや心配これ無く、少々ずつは余り候方にこれ有り、拙者も毎日日本橋へ出張、甚だ忙しく候えども、先々《まずまず》貴様方の帰国までは勉強致すつもりなり。留主宅の事につきては一切心配致されまじく、母人と相談の上、家計はよきように致し、至りて安全の事に候。

右要用のみ申し入れたく、早々以上。

十八年三月三十日　　諭吉

一太郎殿

二月六日森村より米金五十弗請《う》け取り候よしにて、代り紙幣払い込み候。

アメリカに留学中の子息に池田栄治と今泉秀太郎の渡米の知らせに兼ねて、福沢周辺の近況と甲申事変の事後処理について伝えている。池田は千葉県出身、明治十五年入塾。今泉は明治六年入塾。のち時事新報社員。甲斐織衛は中津藩士、明治元年入塾。中津市学校長、神戸商業講習所長などを歴任し、さらに兵庫県勧業御用掛を兼務、のち渡米して甲斐商店を興し輸出入業を営んでいた。この頃の慶應義塾は在学者数の減少に苦慮していて、事態の打開のため理学(自然科学)に対する人文、社会科学的分野の学としての「文学」を基軸として、教授法の改善を図ろうと準備を進めていることを伝え、あわせて一太郎からの来書の文字、文章を論評している。「門野氏」は門野幾之進。「六四郎」は長唄三弦の師匠二代目杵屋六四郎。「支那の談判」は甲申事変の事後処理のため伊藤博文が清国に赴いたこと。朝鮮政府との交渉には井上馨があたった。「おさと」は中村貞吉と結婚した福沢の長女里。「三八」は十四年七月に生まれた福沢の三男、八番目のこども。「新聞紙」は『時事新報』のこと。追伸の「森村」は森村組ニューヨーク支店。

Ⅱ22　猪飼麻次郎《いかいあさじろう》　明治二十年三月二十八日

三月二十日の華翰《かかん》拝見仕り候。次第に春色を催し好時節相成り候。皆々様ご清安拝賀奉る。老生義旧に依り異無く消日、憚《はばか》りながらご放念下さるべく候。東京は商売不繁昌など申せども人口は日々増加、負郭《ふかく》の地までも家を作るもの多く、一見誠に盛《さかん》なる事にござ候。

本塾にも入社しきりに多く、昨今既に八百余名に相成り、却て困却致し居り候。本年九月後は数学と語学の専門科を設け、追々金さえあればユニヴァシチに致したく語り合い居り候。新聞紙は手間のかかるのみにて金の点は余り面白からず候えども、東京にては『時事新報』が第一等に位するもののごとし。
須田氏も昨今帰京、身分の事につき、色々心配中なれども、大体のところ文部省にては評判宜《よろ》しき方にござ候。中上川より恵与のお品とて海栗《うに》ならびにじゃぼん届け参り、遠方のところ芳情謝す所を知らず、有り難く存じ奉り候。老生はこの度《たび》、芝居を見物致し候。生来初めての事にて面白くもありまた面白くもこれ無く候。

誰か道《い》う名優の技は絶倫なりと
先生の遊戯事はなはだ新たなり
春風五十独り醒むるの客
却って梨園の一酔人となる

ご一笑下さるべく候。
右拝答御礼まで、早々此《かく》の如《ごと》くにござ候。頓首。

二十年三月廿八日　　諭吉

猪飼賢契　梧下

尚以《なおもって》、令閨へ宜しくご伝声願い奉り候。山妻よりもくれぐれご致意《ちい》申し聞け候。

猪飼は中津藩士。明治四年二月入塾し、十一年に塾長。中津市学校長、三菱汽船会社を経て、この頃は長崎県商業学校長兼尋常中学校長として長崎に赴任中であった。慶應義塾でも塾生が増加して、行く行くは「ユニヴハシチ」(university 大学部)を設立しようと計画していること、『時事新報』の評判がよいことなどを述べ、またこの月の二十一日に家族を伴って新富座に出かけ、初めて芝居見物をした折に作った漢詩を贈っている。団十郎、菊五郎、左団次の三名優が顔をそろえた大一座であった。この後、福沢はしばしば劇場に出かけるようになった。これまで五十年、ひとり目覚めて世の啓蒙に努めてきたつもりの自分が、今劇場に入って芝居の世界に陶然としているのは妙なものだとの漢詩を詠んでいる。漢詩の原文は次の通り。「誰道名優技絶倫／先生遊戯事尤新／春風五十独醒客／却作梨園一酔人」。読み下しは、原則として『福澤諭吉全集』による。以下同。

Ⅱ
23 日原昌造《ひのはらしょうぞう》　明治二十年十月十三日

海上も御滞り無く、今ほどは疾くお着の義、目出たく存じ奉り候。ご出立後も別に申し上げ候義これ無く、大抵は新聞にてご承知の事と存じ候。小泉氏は本月七日帰京、直《ただち》に話に取り掛りて、承知致し候。この義ご安心下さるべく候。昨今大蔵省の方へ断りの談判中なり。塾は相替らず賑々《にぎにぎ》しく、昨今は人員次第に増加、九百余名と相成り、未曾《みぞ》有《う》の事に候。何卒《なにとぞ》この上は小泉氏の尽力を祈るのみ。氏が塾に入ると同時に、少し模様を変えたしと申すは、塾の地主の名義を福沢より塾のコルポレーションへ移す事、小幡を社頭にして福沢の名を止《やめ》る事、教育会議の員を集る事などこれなり。なおい才は、事の挙がるに従てご報道致すべく候。

明日は天子様が松方家へお出《いで》とてなかなか騒ぎ、この分にては正金銀行の株も今暫くは寿命ある事ならんと一笑致し候事なり。

右要用のみ申し上げたく、多忙中匆々《そうそう》執筆、不文乱書ご免下さるべく候。早々頓首。

二十年十月十三夜　諭　吉

日　原　様

追て、憚《はばか》りながらご令閨様へ宜《よろ》しくご致意《ちい》願い奉り候。山妻ならびに子供よりも、くれぐれご伝言申し上げくれ候よう申し出で候。

横浜正金銀行サンフランシスコ支店長として着任した日原にあてて、小泉信吉が義塾全体を統括する職位として新設された総長への就任を承諾したこと、校地の名義を福沢個人から「コルポレーション」(corporation) すなわち義塾社中に移し、小幡篤次郎を社頭として福沢は退くことなど義塾組織の刷新を考慮していることを伝えている。大学部開設のための準備であったが、福沢は中上川彦次郎とならんで日原に折に触れ相談していた。日原は長州藩士。大阪開成所で小泉信吉に師事、小泉の帰京にともなって上京し福沢に認められ義塾で教鞭を執った。愛知県師範学校、三菱商業学校などへの勤務を経て、明治十三年横浜正金銀行に入った。ロンドン出張所支配人として滞在中、『時事新報』に「豊浦生」の名で「倫敦《ロンドン》通信」を寄稿して福沢の高い評価を受けた。小幡は中津藩士。元治元年福沢に伴われ出府し入塾。長期にわたり塾長に任ずるなど生涯福沢を助けて義塾の経営に努めた。塾外にあっては、東京師範学校中学師範科創立に参画し、交詢社の創立、明治生命保険会社の設立、立憲改進党の結成に関わるなど多方面に活躍した。著訳書も多い。大蔵大臣「松方」正義邸は義塾の北側に隣接していた。

Ⅱ 24 矢《や》田《だ》績《せき》　明治二十一年十月七日

老生事、三、四日前より子供召し連れ静岡へ参り、久能山、三保の松原、清見寺など見物致し、今夕帰宅のところに、本月四日の電信、ならびに五日のお手紙ともに拝見仕り候。近来はそこ御地にも義塾出身の人多きについては、懇親会の御催しこれ有るよし、遥に欣喜に堪えず。来諭のごとく、この人々はいずれも実業の門に入り、今後の望み空しからざるは、あえて信ずる所なり。今更《いまさら》申すも珍らしからず候えども、学問はただ人生行路の方便のみ。学問して学理を談じ、またはその学問を人に教えて第二の学者を作り、第二第三際限もなく学者ばかりを製造して、その学者は何を致すかと尋れば、相替らず学問を勉強して、衣食は他人の厄介《やっかい》になると申しては、学問もまた無益なる哉《かな》。老生かつて言えることあり。学者が学者を作りて際限なきは、養蚕家が種紙《たねがみ》を作りて、その種紙よりまた種紙を作り、遂に生糸を作り得ざる者に異ならず。本来養蚕の目的は絹糸を得るにあり。種紙はただ方便のみ。然《しか》るにその種紙の製造に熱心して、かえって絹糸収穫の目的を忘るる者多きは遺憾なり云々《うんぬん》と。されば慶應義塾は学者の種紙製造所なり。塾の業を卒《おえ》ればとて、決して人生の目的を達したるにあらず。然るに在神戸の旧塾生が、今まさに実業の門に入り大いになす所あらんとは、すなわち塾の種紙を糸に製する者なり。老生のよろこびこの外にあるべからず。憚《はばか》りながら会集の諸君へ宜《よろ》しくご致《ち》意《い》下され、今後とも左右を顧みず、真一文字に実業に進み、先ず身を立て家を興し、いやしくも他人の厄介にならぬよう致したく、すなわちこれ文明独立の男子なり。右拝答にかねて、老生が欣喜の衷情を申し述べたく、余は後便に附し候。匆々《そうそう》頓首。

十月七夜　諭吉

矢田賢契　梧下

尚以《なおもって》、会集の諸君へくれぐれも宜しくご伝声《でんせい》下されたく、態々《わざわざ》電報までお遣《つかわ》し下され、芳情謝す所を知らず、万々御礼申し上げ候。以上。

神戸在住の義塾出身者懇談会に、福沢の「欣喜の衷情」を伝えるよう依頼している。矢田からの来信は、旧塾生たちの実業界での活躍を伝えるものであり、それは学問に励みかつ衣食は他人の厄介にならないという「文明独立」の人がそこにいることを示すにほかならないものであった。学者が学者を育てることを際限なく続けていては、蚕の種紙を作り続けて生糸を作らないに等しい。慶應義塾は学者の種紙製造所であってはならないという福沢の年来の主張を実現した人々に、よろこびの意を伝えたかったのである。種紙は蚕の蛾が卵を産み付けた紙。これを孵化させて蚕を育てる。矢田は明治十三年入塾。『時事新報』創刊とともに入社、のち『神戸又新日報』主筆。山陽鉄道を経て、二十八年三井銀行に転じ、晩年は名古屋の金融、産業界に貢献した。

Ⅱ 25 小泉信吉《こいずみのぶきち》　明治二十二年三月一日

拝啓仕り候。陳《のぶれ》ば別紙無名の書は今朝到来。これを一見するに、往々本人の聞き違いはこれ有るようなれども、畢竟《ひっきょう》本塾の卒業生があたかも故郷を思うの情に出たるものに相違これ無く、ご一覧下さるべく候。

右来書は別にして、本塾の仕組みはいかが致すべき哉《や》。ナップも五月三日には出発の義、その前にはすべて用意致さずては相成らざる事と存じ候。すなわち、この度《たび》新設の大学科の入学試験はいかが致し候哉。

学期は三年とするか四年とするか。

三百名と唱え候えども、実際正味とりあえず幾名の見込みなるや。

月謝は何ほどにして、毎月納めしむるか、または一年分を一時に取るか。

本科教場は是非とも英語のみをもって、絶えて日本語を用いずとして、今の本塾生がこれに入るに、その英語学の仕組みはただ今までの通りにて宜《よろ》しき哉。

およそ右などの件々、なおそのほかにもお考え置き下されたく、老生は昨夜よりまたまた風邪にて引き籠り居り候。略《おおよそ》ながら書をもって申し上げ候。頓首。

三月一日

小　泉　様

卒業生からの義塾のことを心配する匿名の手紙を転送し、あわせて大学部の開設について、入学試験、修業年限、定員、英語による授業のための仕組みなどの準備状況を尋ねている。「ナップ」Knapp, Arthur May はハーバード大学神学部に学んでいる。明治二十年にアメリカのユニテリアン教会から日本の宗教事情の視察に派遣されることになり、留学中の福沢一太郎を自宅に招き二ヵ月にわたり日本事情の説明を聞き、同年十二月に来日した。翌年から義塾の教壇に立った。二十二年五月の一事帰国に際して、福沢はハーバード大学学長宛ての親書を託し、義塾大学部各科主任となる教師三人の選任を依頼している。

II 26 日《ひの》原《はら》昌《しょう》造《ぞう》　明治二十二年三月十日

吉川氏に托して一書を呈し候。時下春暖に赴《おもむ》き、益《ますます》ご清安拝賀奉る。老生義、旧に依《よ》り異無く消光候条、憚《はばか》りながらご放念下さるべく候。毎々記事お遣《つかわ》し下され誠に有り難《がた》し。実は老生も近来は非常に多事のところ、お蔭をもって折々筆労を省き候次第、別して仕合《しあわせ》の事に存じ候。これまでは渡辺治氏が助力に相成り居り候えども、同人は近日の政治談に忙しく、この方にても今の政治家が社にいては少々困る訳《わけ》につき、相談の上、出社を断り、その後は先ず老生が壱人の執筆、随分骨の折れる事にござ候。

本塾の募金も都合宜《よろ》しく、追々に集る事に候。この様子にては十万か二十万はでき申すべき哉《や》に存ぜられ候。外国教師はミストルナップに頼み、ボーストンのハーバート校に談ずるつもり。ナップは当年五月三日の郵船にて帰国、九月再渡来の義につき、ちょうど好都合にござ候。

憲法発布以来、朝野ともに政談のみ。昨今は撰挙区の話、財産製作の話、東西南北なかなか賑々《にぎにぎ》しく、傍《かたわら》より見物も随分面白く存じ候。

右相替る義もこれ無く候えども、幸便につき、早々此《かく》の如《ごと》くにござ候。頓首。

三月十日　　　　　　　　　　　　　　　　　諭　吉

日　原　様　梧下

尚以《なおもって》、吉川氏へ托して、風月堂の懐中しるこ一箱拝呈仕り候。故郷の味お試しにも相成り候わば、有り難く存じ奉り候。以上。

サンフランシスコ在勤中の日原に対して、『時事新報』へのたびたびの記事の送付を感謝し、あわせて大学部設置のための資金募集事業が順調であること、ナップの帰国に託してハーバード大学から教師を招請する手はずを整えたことを報せている。また憲法発布以来、朝野に政治熱が高まっていることを述べているが、かたわらよりの見物も面白いとしてやや冷めた目で観察していることが見える。吉川泰二郎は明治三年入塾。十一年三菱会社に入った。この頃、日本郵船副社長。渡辺治は水戸藩士。明治十四年入塾。『時事新報』草創期の記者として活躍した。この手紙に見るように福沢に解雇を申し渡されているが、のち『大阪毎日新聞』『朝野新聞』社長などを歴任している。

Ⅱ27　肥《ひ》田《だ》昭《しょう》作《さく》　明治二十二年三月十四日

拝啓仕り候。陳《のぶれ》ば本塾募集金の義につきては、過日の集会にて大意は披露致し候えども、さて実地の着手につき、特に注意尽力するものこれ無くては埒《らち》明き申すまじく、就てはなおこの上ご相談下されたく、老生は大抵毎日午後は交詢社に居り候義につき、ご都合次第、時々ご来訪願い奉り候。およそこの辺の意味は吉川、牛場、波多野、本多、森下など諸氏へも文通致し置き候間《あいだ》、その含みにて今後は実地の着手一偏《ひとえ》にご工風《くふう》願い奉り候。右申し上げたく、余は拝眉《はいび》の時に譲り候。早々頓首。

二十二年三月十四日　　　　　　　　　　諭　吉

肥　田　様　梧下

尚以《なおもって》、この度《たび》の募集は、かねて申し上げ候通り、旧来の塾計とは全く別に致し候つもりにつきては、特にお引き請《う》けお差図《さしず》相願いたく、ご用多の御中恐れ入り候えども、何卒《なにとぞ》ご承知下されたし。例えば金が集ればその請取書をいかに認《したた》め、いかなる印を捺して然《しか》るべき哉《か》、その金を三菱銀行へ預けるとすれば、何と談じて然るべき哉。また募集につき、雑費あればその帳簿も作らざるべからず。これを要するに集まり金の行道を明にして、誰にも一目して分るよう致したく、すべてその辺の事務をお引き請け下されたしと願う事なり。なおい才は拝顔お話し仕るべく候えども、大意は右のごとし。宜《よろ》しくお含み願い奉り候。

大学部設置のための資金募集事業を始めるについて、これまでの義塾会計とは切り離して慎重に進めたいので、細部を検討して事務を取り仕切るよう依頼している。このことについて交詢社で随時相談をしたいこと、ほぼ同趣旨の書信を吉川泰二郎、牛場卓蔵、波多野承五郎、本多孫四郎、森下岩楠にも送ったことを述べている。肥田は慶応四年に入塾、義塾教員となり、のち大阪開成所、東京外国語学校、東京英語学校などに教鞭をとった。文部省の「出版免許の課長」も務めた後に実業界に転じた。国立第十五銀行、百十九銀行、壬午銀行などの頭取を歴任した。義塾理事委員、評議員を務め、明治会堂の建設や義塾の資金募集などについて福沢の相談相手であった。

Ⅱ 28　日原《ひのはら》昌造《しょうぞう》　明治三十年八月六日

『福翁百話』、合して一本となりたるにつき、拝呈仕り候。なおこの跡は『百余話』として出し候つもり、ご覧下され候わば、幸甚のみ。老生事、幸に無病。今日に至るまでかつて苦痛を訴えたることもなく候えども、何時までもかくあるべきにあらず。ただ気楽に養生致し居り候間《あいだ》、憚《はばか》りながらご放念下さるべく候。年寄の冷水、今に米をつき候。今年春臼を新調したるとき、

福翁六十今四を加う

活動なお能《よ》く手もて自から舂《うすづ》く
巨臼《きょきゅう》　笑う君は山に似て静かなるも
衰朽に堪えずして五たび容《かたち》を新たにす

今年の臼は少小の時より第五番のものなり。随分古き米つき男にござ候。慶應義塾も金が次第になくなり候。いかが致すべき哉《か》お考え下されたし。金がなければ止《や》めにしても苦しからず候えども、世の中を見れば随分患《うれ》うべきもの少なからず。近くは国人が漫《みだり》に外戦に熱して始末に困ることあるべし。遠くはコンムニズムとレパブリックの漫論を生ずることなり。これは恐るべきことにして、ただ今より何とか人心の方向を転ずるの工風《くふう》なかるべからず。政府などにはとてもこんな事を杞憂《きゆう》する者あるべからず。それこれを思えば、本塾を存して置きたく、ツイ金がほしく相成り候。またこれ老余の煩悩なるべし。右用事ばかり申し上げ、余は後の便に附し候。匆々《そうそう》頓首。

三十年八月六日　　　諭　吉

日　原　様　梧下

当時の福沢の心配のひとつは大学部の赤字による慶應義塾の経営危機であり、さらに日清戦争の勝利以後の世情への不安があった。軍事熱の高揚があり、また労使対立が深まり工場労働者のストライキなども発生するようになるなかで、新しい主義主張の拡大を懸念しているのである。そうした中でさらに文明の精神を啓蒙し、「人心の方向を転ずる」ための拠りどころとして、なんとしても義塾の存続を図りたいという悩みを訴えている。漢詩は健康維持のために長年続けてきた米搗《つ》きの臼を新調して五度目となったことを詠んでいる。原文は次の通り。「福翁六十今加四／活動尚能手自舂／巨臼笑君似山静／不堪衰朽五新容」。

II 29　大《おお》隈《くま》重《しげ》信《のぶ》　明治三十一年五月九日

新緑の好時節、益《ますます》ご清安ござ成られ拝賀奉り候。陳《のぶれ》ば今般慶應義塾において、鎌田栄吉を塾長に推撰致し、ご披露申し上げたく存じ居り候折柄《おりから》、本塾大学部教授として招聘《しょうへい》致し候米国文学者ペルリ氏来着候につき、これまたご紹介致したく候。就ては来る五月十六日、芝区三光町福沢別邸(旧狸そば)に園遊会相催し候間《あいだ》、昨今ご用繁《ようはん》のところ恐れ入り奉り候えども、同日午後正二時より、ご来車成し下され候よう願い奉り候。この段ご案内申し上げたく、匆々此《そうそうかく》の如《ごと》くにござ候。頓首。

明治三十一年五月九日　福沢諭吉

大隈重信様　小幡篤次郎

鎌田栄吉

尚以《なおもって》、当日雨天に候わば、翌十七日に順延仕るべく候。本文ペルリ氏は有名なるコモドールペルリの従孫にて、我国には深き因縁もこれ有り候につき、相成るべきだけ速《すみやか》にご紹介申し上げたく存じ、ご案内も差し掛り恐れ入り候えども、あしからずご承引成し下され、お差し繰りご来臨のほど、くれぐれも願い奉り候。

鎌田栄吉の塾長就任披露と招聘教授ペリーを紹介する園遊会の招待状。狸そばは麻布広尾の天現寺橋の近くにあった蕎麦屋。このあたり一帯が俗に狸そばと呼ばれ福沢はこれを買取り別荘を建てた。大隈はこの手紙の翌日に首相となっている。鎌田栄吉は和歌山藩士。明治七年入塾、九年卒業とともに義塾の教員となる。のち和歌山、鹿児島、大分など各地の学校長を歴任して、二十二年には義塾に復職し、三十一年以来二十五年の長きにわたって塾長を務めた。「ペルリ氏」Perry, Thomas Sergeant は嘉永六年に浦賀に来航したアメリカ東インド艦隊司令長官 Perry, Matthew Calbraithno の従孫。義塾の三代目の文学科主任として、ハーバード大学総長エリオットの推薦により来日した。『時事新報』によれば、園遊会には、伊藤博文、大隈重信、井上馨、岩崎弥之助など「朝野有名の人士にして来会するもの数百名、近頃珍らしき盛況を呈したり」とある。

Ⅲ　理財と実業

「経済」という用語は、元来、「経世済民」に由来し、支配者が民のために行う政治を意味していた。福沢は、この語感を避けようとしたのか、「経済」ではなく「理財」という語を使うことがよくあった(例えばⅥ11)。しかし、それでは福沢が自由主義経済論者であったかというと、単純にそうとも言えない。福沢の経済論は、時と状況によってかなりの振幅がある。ある時は、積極的な産業育成や国益確保を政府に求め、また別の時には、政府の経済への介入を批判している。そのため、経済論者福沢の位置づけはさまざまであり、時には、彼の経済論は前後矛盾しているとさえ言われる。

しかし、手紙を通読してみると、経済について福沢が考えていたことは、基本的にはそれほど揺れていないように思われる。新聞に発表された経済論説などは、自説の社会的影響を計算しながら、その時々の具体的な問題を論じたものであった。これに対して、手紙は、門下生や友人という比較的気心の知れた者に語りかけている。そのため、肩から力を抜いた福沢が、自説の最も基本的な部分を曝《さら》け出している場合が多い。

それでは、その基本とは何か。それは、経済は個人に支えられるべきものであり、また経済を支えるにたる個人の知性と倫理が確立しなければならない、ということであった。一方で、「私心を去りては公利は起こらざるもの」(Ⅲ4)であり、また他方で、経済を担う者は、「私徳を厳重にして、商業に活潑」(Ⅲ25)でなければならないと説いた。もちろん他方で、横浜正金銀行への政府の出資を主張し(Ⅲ6)、あるいは松方正義のデフレ政策を批判して、積極財政出動を期待もしている(Ⅲ11)。しかし、このような政策談は、基本を達成する過程での、時事的な個別議論であった。

手紙では、さまざまな立場で経済にかかわっていた福沢の姿を読むこともできる。福沢は、門下生や友人親族に向かっては実業の唱道者であり、自身も丸家《まるや》銀行や時事新報の経営などに深くかかわった実業家であった。さらに、横浜正金銀行などの経済制度創設の黒子であり、学者としてまた一私人として経済を分析する観察者でもあった。

しかし、このような様々なかかわり方にもかかわらず、基本は、やはり右に述べた経済と個人の問題であった。そのことは晩年の手紙に一層鮮明に出てくる。一八九〇年代以降、産業化が軌道に乗り始め、近代日本の課題の一半は解決するかに見えていた。しかし、それが果たして知性と私徳を備えた経済人に担われているのか、福沢は、ある種の危機感さえ持っていたようである。「虚名のために米を喰わず」「不羈独立もって朝露の命を終らん」(Ⅲ1)という若き日の言葉は、彼が、自分自身と日本の経済に課した生涯のテーマであったとも言えるだろう。

（小室正紀）

Ⅲ 1 簗《やな》 紀《き》 平《へい》 明治二年六月十九日

窮猿樹を撰ばず、平生のご不沙汰は恐れ入り候えども、一事ご周旋相願いたく、事状を訴え申し候。当三月老母義ふと心を動かし、出府も致すべきよう思い立ち、既に支度《したく》も調え候ほどのところ、三姉の内壱人不同心にて、ついに見合せと相成り候よし承《うけたまわ》り候につき、その節の模様探索いたし候ところ、姉の口実はただただ道中不安心と申し張り候趣《おもむき》に候間《あいだ》、当四月下旬当地より迎の者差し遣《つかわ》し、道中は服部復城へ相頼み、なおまた東海道筋には当時弊塾寄宿生の家もこれ有り候間、その家々へ相頼み、道中万一病気などの節、扶助相頼み候よう手筈いたし置き、この度《たび》こそ姉の口実もこれ有るまじく、必ず首尾よく出府の事と存じ、当処にては部屋の普請、夜具ふとんの用意など、随分《ずいぶん》混雑いたし、普請既に成り、夜具既にでき候ところ、五月廿五日の急飛到着。その節母はじめ姉より一封の書も差し越さず、ただ土岐の隠居より荊妻《けいさい》へ書状中に、この度も出府は道中不安心にて、むつかしきよし申し参り、失望の至りにござ候。元来この度母を迎え候義は、ただに一面会いたしたしとのみ申す訳にはこれ無く、天下の時勢も追々変遷、頼むべからざるものは世禄世官、徳川氏既に滅し、諸大名もその名を改め、その名改むべければ、その実もまた失うべし。しかのみならず外国人は日本へ対し、人民あるを知りて政府あるを知らず。ただ日本国人と自由の貿易を欲するのみ。この時に当り、人として天与の心身を全《まっと》うし、国内に居りては虚名のために米を喰わず、外国人へ対しては毫《ごう》もその軽侮を受けず、不羈《ふき》独立もって朝露の命を終らんとするには、心身の労苦を憚《はばか》らざるは勿論に候えども、また随て一家の経済を勤め、質素倹約の一義を守らざるべからず。就ては、私家の義は東西に分れ、自然に無益の冗費も多きのみならず、今日の時勢遠方かけはなれ候ては、あるいは金銀に換うべからざる災難も計り難《がた》く、その責に任ずる者は私壱人にござ候間、早くここに眼を着し、東西の家族を一に合し、小生の身はもとより勉強、妻は家事を理《ただ》し、母もまた子供の世話などいたし、一家団欒ともに倹約いたし候わば、天道人を殺さずとの諺もこれ有り、少々の家産も出来《しゅったい》いたし、一家族の活計も安く、母の安心もでき申すべし。小生の死後とても小児らをして、いやしき奉公など致させず、読書の業に従事し、人間の仲間に入り候義もでき申すべき哉《か》と、私の心事はただこれのみにござ候。もっとも婦人の了簡にて考え候えば、武家奉公も随分楽《らく》にて宜《よろ》しかるべし。かつまた事実において往古のごとき武家奉公なれば、体裁も美にして至極外見のよろしきものに候えども、試《こころみ》に見よ、今日の武士諸大名の目より見て主家宗家とも仰ぎし徳川氏も、忽地《こっち》に滅却して痕なきにあらずや。陪臣の目より見て君父ともご主人様とも尊敬せしその大名は、この度、知藩事とて一個の役人となりたるにあらずや。この行末は町人百姓の目より見て、お武家様と恐れ怖《おのの》きし武士も、忽地に無産の流民たらん。この時に至り相手は外国人なり。外国人へ交わるに当り無産無学の者は軽侮を受くること甚《はなは》だし。この日本国に生れ無縁の外国人より軽蔑を受け、誰か心に慊《こころよ》き者あらん。これすなわち小生が大都会に居りて人に仕えず、中津に行かず、一向一心に学問を勉むる所以《ゆえん》なり。姉らの存意には、中津へ帰り母の膝下に居て、あるいは殿様へご奉公もいたし、人へ教授もいたし候わば、双方の便利と心得候ことにこれ有るべく候えども、士君子たる者は居るにその処《ところ》を撰び、交わるにその人を撰ぶ。中津には益友少なく、私の学問は上達致すまじく候間、何らの事状も一身の学問には替えられ申さず。たとい江河逆に流れ、太陽西より出るも、田舎へ永住は仕らざるつもりにござ候。

右縷々《るる》の事情、婦人らへ申し遣《つかわ》し候ても意味貫通致さず、かえって誤解を生じ不都合に候間、ご面倒の段重々恐れ入り候えども、母へご説得下され、復城同道にて早々出府いたし候よう、ご周旋願い奉り候。頓首。

六月十九日　福沢諭吉

簗紀平様

簗紀平は地元で影響力のあった中津藩士。福沢は、前年に中津藩から受けていた扶持を辞退しており、一家の今後と生計を考えて中津にいる母と三人の姉を東京に呼ぼうとしていた。義兄の「服部復城」や妻の母「土岐の隠居」とも連絡をとりながら計画を進めていたが、姉の一人が同意しないので、簗に説得を頼んでいる。「外国人より軽蔑を受け」ないで日本の独立を護るには、個人が昔の身分に頼ることなく、自分の力量で一家をまもり生活しなければならないという思想が、自分の家族の問題にからめて述べられている。「知藩事」は明治二年六月の版籍奉還後に旧藩主達に与えられた職名。

Ⅲ2　九鬼《くき》隆義《たかよし》　明治三年一月二十二日

正月五日附の尊翰有り難く拝見仕り、謹て新禧《しんき》を賀し奉り候。爾後《じご》益《ますます》ご清安ござ成られ、恐悦の御義と存じ奉り候。ご領内騒々しき事件にて、学校もご延期相成り候えども、改年の際よりご盛大の基本相立ち候趣《おもむき》、蔭ながら欣喜仕り候。

かねてご注文の品々買い上げの義は、同社中早矢仕《はやし》有的《ゆうてき》と申す者、当時横浜在住、かねて同志廉潔の人物にこれ有り候間《あいだ》、同人へ託し、追々注文申し遣《つかわ》し候。あるいは横浜において偶然売物に出《で》候品もこれ有り、エレキトルならびにガルハニ及び星鏡などは、相当の品物これ有り、価も極めて下直《げじき》の様子につき、願わくはその品相調えたく、今日横浜表へ掛け合い候つもり。書類も同様、ご注文だけは勿論相調え、その外必用と存じつき候品は、見計らいにて取り入れ候つもりにござ候。あるいはロンドンへ申し遣し、あるいはニウョルクもこれ有り、かたがたもって一時に揃え候義はむつかしくこれ有るべく、さし当り日本にこれ有り、価の貴《たか》からざる品は、直に相求め候よう仕るべく存じ奉り候。

『世かい国つくし』開版仕り候につき、壱部拝呈仕り候。ご閑暇の節ご一覧も成し下され候わば有り難く存じ奉り候。この書もご入用にござ候わば、ご注文下されたく、部数に従い価を折《せっ》し申すべく存じ奉り候。

都下相替る義ござ無く、弊塾も旧に依り読書仕り居り、生徒は弐百名余。この内文典の素読終り会読などいたし候者、百五十名ばかりにござ候。人を勧るは自から先んずるにしかず。ご領内に学校お開き相成り候わば、閣下ご自身にて読書ご勉強祈り奉り候。あるいはご閑暇の節は、経済論、修身論の講義ご聴聞成られたく、その佳境に至りては、ほとんど眠食を忘れ候ほど面白きものにござ候。一身の独立一家に及び、一家の独立一国に及び、はじめて我日本も独立の勢を成し申すべく、いわゆる報国尽忠とはこれらの事にもこれ有るべき哉《や》に愚考仕り候。なおまたご賢慮仰ぎ奉り候。

右貴答かたがた年甫《ねんぽ》ご祝詞申し上げ候。頓首百拝。

正月廿二日　　　福沢諭吉

九鬼知藩事様　下執事

尚以《なおもって》、余寒《よかん》人のためご自重専一と祈り奉り候。憚《はばか》りながら愚妻よりも宜《よろ》しく申し上げくれ候よう申し出《い》で候。私義も時宜次第、中津表《おもて》老母を尋問仕り候つもり。未だ時限も不定に候えども、自然通坂《つうはん》の節は貴境へも参上のつもりにござ候。とかく当処を離れ難《がた》く、一日を費せば一日の活計に差し響き、不自由にござ候。一昨年より無位無禄と相成り、はじめて時日の貴きを覚え申し候。いたずらに読書と生計とに忙しく、風月の楽しみなどはいずれへか忘却仕り、不風流の極度、ご一笑下さるべく候。以上。

九鬼隆義は、旧摂津三田《さんだ》藩主で、この時は三田藩知藩事。三田に新しい学校を開く計画があり、おそらく教材として欧米の実験観察器具や書籍を買うように福沢に依頼をしたのだろう。その購入を門下生の「早矢仕有的」に発注したことを伝え、あわせて自著『世界国尽』を贈呈し、また同書の割引販売を申し出ている。早矢仕は、福沢の協力により横浜で丸屋商社(後の丸善)を経営しており、後には丸家銀行を創業した。文中からは、生計を維持しながら、「経済論、修身論」の「読書」に没頭する福沢の様子が読み取れる。「経済論、修身論」は、おそらくアメリカの経済学者で道徳思想家でもあったフランシス・ウェーランド Francis Wayland の著書と考えられる。

Ⅲ 3　福沢英之《ふくざわえいの》助《すけ》　明治五年五月十一日

私義五月朔日上京、同十日帰坂いたし候ところ、四月廿九日お認《したため》の御状到着いたし居り拝見仕り候。東京へお帰り成られたく、商売はかねてのお志なれども、貯《たくわえ》わずかに千両、家もなし、商法も不案内、かたがたご決心相成り難《がた》き旨、ごもっともの義、先達《せんだって》も申し上げ候通り、この節の商売はいまだその本色に至らず、とても月給を取るの利なるにしかず。されども一方より論ずれば、商売は金を得るの術のみならず、得たる金を守るの法なり。かねてご承知もこれ有るべく、早矢仕《はやし》氏、横浜にて商業を企て、追々繁昌に及び、江戸にも出店二ヵ所、大坂にも一ヵ所これ有り、この度《たび》はまた京都にも出店のつもり。小生もこの仲間に入り、千両ばかり出金いたし居り候。実は君のためを謀るに、お貯の千両をもって丸屋早矢仕社中へ託し、その利を取り、君の身は丸屋の社中に加わり働きの社中とならば最上と存じ候えども、ここに一難事あり。丸屋の社は当時しきりに仕組み中にて、さし向の月給甚《はなは》だ少なし。ゆくゆくは巨大の商社と相成るべき見込み万々これ有りといえども、今日の利益少なきゆえ強《しい》て人に勧め難し。依て中策を按ずるに、君の千両を丸屋へ託せなば毎月十五両の利あるべし。利倍増長して十年の後は三、四千両となるべし。君の活計はご夫婦にて一ヵ月二十両にて十分なるべし。さすれば一年弐百四十両あれば事足るなり。今慶應義塾に正則の教を始め、君一人にて勉強せば四十両乃至《ないし》五十両の金を得べし。大丈夫三十五両と見るも十五両の余金あり。家は三田の屋敷中に構え、あるいは小生の住居を半分かして家賃を払うとも、半分売るとも致すべし。塾の教授の傍《かたわら》に丸屋の商用を弁じ忙しく働きなば、必ず千両の元金は存して十分の活計でき、一身には商法を覚え、永く独立のライフでき申すべき哉《か》と存じ候。商法を知らずして金を貯るも実に益なし。小生には今にても二、三千両の金はあり。されどもこれを守るの術を知らざれば、産ありて産なきに等し。御熟考成らるべし。就ては小生事は明日にも便船次第中津へ参り、七月か八月、一度あらし吹き候後、直《すぐ》に船に乗りて神戸まで参り、江戸へ帰るつもりなり。君も七月が期限とあれば七月きりにて東京へ帰り、月給は少なくも、共に倹約して永く独立のライフを楽しみ候方、天に対しての職分にこれ有るべき哉と存じ候。この度中津へ参りても、旧同藩の人には商工の業を勧め、あるいは小生の姉などは江戸へ同道、何か活計の道を得せしむるつもりなり。義塾の社中も同様、ただに読書読書といわずして商業に移り候よう相談いたす覚悟なり。何卒《なにとぞ》ご同様一生涯の事を謀りたく、あるいは商法は素人学者にむつかしというる者あれども、大いなるミステーキなり。心を正《ただし》うし事物の理を弁じ、はじめて真の商人となるべきなり。そのいわゆる世間の商人は我輩の目をもって見るに、真の商人にはあらず。世の中に封建世禄も既に潰れたり。この潰れは独り大名のみにあらず。大名などへ関係せる大商も、共に潰るべき理にあらずや。鴻の池、加島屋の滅亡近きにあり。我文学の社中これに代わらざるべからず。十年の辛抱と思い、倹約して勉強を主にし、わずかに一家の活計のみにて満足いたし、月給の大利を思い切るようにいたしたき事にござ候。この後お手紙下され候わば中津市学校にて福沢諭吉とお認めお遣《つかわ》し下さるべく候。中津までも郵便は通じ申し候。

五月十一日　大坂心斎橋筋北久宝寺町丸屋善蔵方にて　　福　沢　諭　吉

福沢英之助様

福沢英之助は、文久三(一八六三)年入塾の旧中津藩士。初歩より順を追って時間をかけて教える「正則」の英語教育を慶應義塾で担当しながら、そのかたわら、投資だけでなく経営にも参加する機能資本家「働きの社中」として、「早矢仕」有的が経営をする丸屋でも働き、商売の方法を覚え、後日の独立に備えるよう勧めている。「鴻の池」や「加島屋」のような旧弊な商人の滅亡を予想し、それに代わる新たな時代の経済人として、倫理と知性を備えた「真の商人」を望んでおり、福沢が目指すべきと考えていた経済人の姿が、明快にでている。

Ⅲ4　島津《しまづ》復生《またなり》　明治八年四月二十四日

春暖相成り益々《ますます》ご清安ござ成られ拝賀奉り候。爾後《じご》ご持病はいかがいらせられ候哉《や》。暖気に向い定てご快方の御事と察し奉り候。当方奥平様にもお替りござ無く、ご隠居様も先ず二本榎へ御居り合い、さしたるご不都合もこれ無く、栄氏も先日引越し、かたがたもって暫時は風波も起こらざる義にこれ有るべし。殿様はとかくご虚弱、この節も箱根の湯治、何分にも大名の子は、精神たしかなれば身体に欠典《けってん》あり、身心ともに申し分なき者は貴族中に得難《がた》き事と存じ候。○道普請につきては様々ご心配の由《よし》、はるかに伝承仕り候。ご老体のご苦労、傍《かたわら》より恐縮の次第、併《しか》し人生の寿命はただ歳月の長短をもって量るべからず、その人に苦楽の多くして心事の忙わしきを見て、長寿の人というべきのみ。○道の方角につき、議論これ有るよし、委細は須田辰次郎君へも話し置き候事なり。私はその事情を知らず、殊《こと》に地理にも暗し、あえて遠方より嘴《くちばし》を入るべきにあらざれども、私どもはただ中津の便利を計るのみ、他は顧るに遑《いとま》あらず。細に論ずれば、中津も中津、しかも私の生育したる留主居《るすい》町の便利と思うほどの私欲偏心に候えども、この留主居町を利せんとするには中津一般の利を謀らざれば叶《かな》い難き事ゆえ、中津のために道普請を祈るなり。豊前の国に道さえできれば満足と申す趣意にはござ無く候。もしこの度《たび》の道普請をもって、宇の島か八屋《はちや》の便をなし、中津もともにその便利を蒙ることならば、ともに力を尽すべし。中津の便利ばかりならば、中津ばかりにて尽力すべし。宇の島ばかりのためならば、宇の島ばかりにて尽力すべし。概していえば、今の世に当り私心を去りては公利は起こらざるものなり。ただこの私心を拡げて公に及ぼすこと緊要なるのみ。山口君にも必ず見込みこれ有るべく、あえて喋論《ちょうろん》を費すに足らず。○拙著『文明論の概略』この節脱稿、出版は今三、四ヵ月も手間取り候につき、一と通り写させさし上げ候。ご覧成し下され候わば、市校へお廻し願い奉り候。浜野君帰郷の節、草稿三冊ばかりご覧成し下され候由にて、その後わざわざご書面下され、溢美《いつび》もとより当るべきにあらず、この書は昨年三月の頃より思い立ち候えども、実は私義洋書ならびに和漢の書を読むこと甚《はなは》だ狭くして色々さし支《つか》え多く、中途にて著述を廃し暫く原書を読み、また筆を執りまた書を読み、いかにも不安心なれども、ママヨ浮世は三分五厘、間違えたらば一人の不調法、むつかしき事は後進の学者に譲ると覚悟を定めて、今の私の智恵だけ相応の愚論を述べたるなり。三、五年の後に学問上達いたし候わば、必ず自から愧《は》じ入り候事もこれ有るべく、その時は又候《またぞろ》罪を謝して別段に著述仕るべく存じ候。○この度市校の浜野君その外へ手紙さし出し申さず、憚《はばか》りながら宜《よろ》しくご致声《ちせい》願い奉り候。生徒は勉強の由、何卒《なにとぞ》学者の品行を高尚にいたし候よう祈る所にござ候。○奥平様の寄附五分一の義、県庁よりグズグズ申し立て、面倒につき、先達《せんだって》の事なり、内々をこしらえ、寄附は止《や》めと東京府へお願い立て相成り、未だご沙汰なし。いずれこれにて事は治り申すべく候。○義社の取り引き甚だ煩《わずら》わし。私にも説はござ無く、この度須田君へ話し置き候。なおご勘考《かんこう》願い奉り候。○人に向てその行状の良否を論ずるはすなわち人間交際の未だ卑賤なる徴《しるし》にて、筆端に記すも悲むべき事なれども、止むをえざれば往々いわざるを得ず。中津には芝居とか申すもの流行にて、見物の人も多き由、あるいはまた旧の士族も既に双刀を脱して身軽となり、町家のいかがわしき内へ出入りする輩もあるよし。この芝居を見物し、この町家へ出入りするは政府より咎《とが》めなきゆえとて然《しか》るものか。人間としてその品行を政府に任ずるとは何事ぞ、咄々《とつとつ》怪事というべし。この一事につけてもまた私に就ていわん、中津一般の風俗は顧るに遑あらず、我輩の最も注意して我輩の私有と思う所の市校だけは、この醜悪を免がれたく、委細は須田氏へも伝言いたし置き候。浜野君その外へご相談の上、格別に厳法を設け、市校へ出入する者だけは、一点の不行状これ無きよういたしたく、もし然らずして一方に書を読み一方に酒を飲み、昼は勉強、夜は遊冶《ゆうや》などの事に立ち至らば、断然校を閉じて可なり。随て建て随て毀《こぼ》つ普請ならば、普請を止るにしかず。右はただ中津の風聞を伝え、未然の未然を心配いたし候までにて、学校は旧に依りて相替ることあるべからず、心配にも及ばざることと信じ候えども、念のため爰《ここ》に贅《ぜい》したるなり。学校の生徒読書に鬱することあらば、その鬱を散す場所には乏しからず。竜王の浜あり、高瀬川あり、大貞《おおさだ》も可なり、宇佐羅漢もよし。芝居飲酒夜遊びに優る数万等ならずや。私も当月十四日より家内一同日光へ参り、一昨二十二日帰宅、銭を費すこと極めて少なく、家族親類朋友までも、ともに楽しみ真に愉快を覚え候。

右久々ぶりにてご尋問申し上げたく、早々此《かく》の如《ごと》くにござ候。頓首。

四月二十四日　　　　福沢諭吉

島津復生　侍史

尚以《なおもって》、浜野君その外、学校の教員ならびに出口君へも手紙さし出し申さず候。宜しくご伝声願い奉り候。

島津復生は旧中津藩の重役。中津における諸問題につき私見をのべ、また、『文明論之概略』執筆の苦心を語り、出版に先んじて写本を贈ると伝えている。文中で、日田から中津への道路を建設する「道普請」につき、「私心を去りては公利は起こらざるもの」と書いているが、福沢が、公益の達成のためには個人的な功利心を原点としなければならないという新しい経済観を唱えていたことがわかる。「市校」は中津市学校のこと。同校は、旧藩主「奥平様」や中津藩士族の互助組織天保義社が資金を出して、明治四年に創設された。創設にあたっては福沢や小幡篤次郎が助言をし、「浜野」定四郎が校長、「須田辰次郎」が教員をつとめるなど、福沢門下の旧中津藩士が指導にあたっていた。中津市学校のモラルがゆるんでいるとの評判に対して、品行は政府の指導によって守るべきものではなく、「私に就て」言うべきであり、それだけに、私立校である市学校が、自ら厳しくモラルを守るべきだと論じている。ここからは、個人主義とモラルとの関係を福沢がどのように考えていたかが、うかがわれる。

Ⅲ5　大隈《おおくま》重信《しげのぶ》　明治十二年八月二日

横浜の洋銀、当春の騰貴以来先ず平に帰し、目出たき事には候えども、結局その勢を挫《くじ》くにあらざれば、再騰なきを期すべからず。その再騰はともかくも、全体に洋銀の面目を失わしむるにあらざれば、我が貿易銀の流行も埒《らち》明き申すまじ。ただ今の勢にては、我商人は品物売買の外に、また洋銀をもって窘《くるし》めらるる者なり。依て先日より、一、二友人と談じ、様々談論の末、別紙壱冊でき申し候。何卒《なにとぞ》ご熟覧下されたく。この一事いわゆる山師の手に掛かりては、いたずらに政府をして私の山を助けしむるに過ぎざることなれども、自からまたたしかなる人物なきにあらず。その人物あれば政府はただ庫内の金を外に出して準備に用いるに異ならず。毎日験査《けんさ》するも可なり。毎週報告するも可なり。かつ大丈夫を押えて無利足と覚悟を定むるも、必ず利なきを得ず。十数年の後はその利足の嵩《かさ》みたるものをもって、あたかも一種の常平局を設け、洋銀なり貿易銀なり、終年注意してその調子を取らば、当春のごとき騒《さわぎ》もなく、永年に平均して我が貿易のためには大いなる利益かと存じ候。

右の一条、もし思《おぼ》し召しござ候わば、なおご相談の上、これと申す人物も申し上ぐべく、またはお預け金の手数、順序、験査の方法なども相伺いたし。小生は大蔵の全局を知らず、ただ貿易一条につき、外人に利を占めらるるを不快に覚え、最も大切の事と存じ候より、態《わざ》と申し上げ候。とくとご勘考成し下され、それにも及ばずとのお見込に候えば、またただそれ切りの事のみ。思いつきのまま申し上げ候間《あいだ》、可否の御報《しらせ》願い奉り候。あるいは事によりご着手の思し召しもござ候わば、一日を卜《ぼく》し参上候ても宜《よろ》しく候。この段要用申し上げたく、早々頓首。

八月二日　　　　　　　　　　　福沢諭吉

大隈先生 侍史

追て、本文の事は、随分《ずいぶん》山師有志者の好む所のものならんと存じ候間、もしご着手の思し召しなくば、誰にもお話し下されまじく、いたずらに山師に貸すに山の種子をもってするのみ。

大隈重信はこの時は参議兼大蔵卿。当時、日本で対外金融為替業務を担う機関は外国の企業のみで、貿易の主導権は外資に握られていた。そのことが、当時貿易に広く用いられていたメキシコ産の銀貨「洋銀」と円との相場を、不安定にさせる一因となっていた。この状況に対して福沢は、外国為替業務を行なう機関を設立し、「洋銀」や一円銀貨「貿易銀」の相場を安定させるべきだと繰り返し提案した。それは十三年二月の横浜正金銀行の設立に結実するが、この手紙は、この件を大隈に提案した最初のものである。なお、この問題について大隈へ出した手紙は他に四通が発見されている。「一、二友人」は、丸屋商社社長早矢仕有的と、福沢の盟友で横浜正金銀行初代頭取となる中村道太であろう。初代副頭取は福沢門下の小泉信吉であった。

Ⅲ6　大《おお》隈《くま》重《しげ》信《のぶ》　明治十三年三月十六日

昨夜小泉に面会、承《うけたまわ》り候えば、正金銀行も先ず三百万をもって業を営み、追て資本の不足を訴るに至りて、徐々に増株とご内決にも相成り候哉《や》の趣《おもむき》。小生の所見は甚《はなは》だこれに異なり、ただ今のところにては横浜、神戸そのほかの開港場において、とても三百万銀円の入用あるべからず。さればただ今より営業して当年にも来年にも、資本不足を訴るの日を期するは甚だ覚束《おぼつか》無し。然《しか》りといえども一方より考れば、日本人民の資金を集めて金権の一大中心を造るは、実に止《や》むべからざるの要なり。貿易のバランスを取るにも、内国金利の割合を左右するにも、金貨紙幣の釣り合いを付けるにも、皆ただ金権に在るのみ。かつ今日、金と紙との差あればこそ、銀円の入用少なきがごとくなれども、今後パーの日あるべきは論を俟《ま》たず。この日に至りて三百万ばかりの資本にては、とても目的を達するに足らず。少なくも壱千五百万位にはいたしたく、その用意は正に今日に在る事と存じ候。

依て愚案に

五月、第三期の金を集めて後に、直《すぐ》に増株を募る事。けだし第三期を集めれば、今の株主は過半の金を出したる者にて、あたかも質を取りたるがごとくにして、その苦情を制する事易《やす》ければなり。

また本年の配当金は必ず少なき事ならん。目前の利少なきものは、愚俗を誘導するに難《かた》きの患《うれい》あり。

故にその未だ配当せざる間に、早く増株を募りたき事なり。ただ今なれば正金銀行の名望をもって、金を集めること易し。

また五月より募るとすれば、大蔵省は今の百万の外に、また加入するを良とす。信を篤《あつ》くすればなり。例えば資本を六百万にすれば、省は弐百万。九百万にすれば三百万等々、およそ三分の一は官金を交えたき事。

また右巨額の資本は、差し向きその用なきが故に、株金集まり次第不用の金をもって金札公債証書を買い入れ、結局薄利の極《きわみ》は株主どもへ六朱の利子を授くるのみ。政府のためを謀れば、その株金の札をば焼き捨てて可なり。一挙両得というべし。また増株を募るにその期を急にする所以《ゆえん》は、今日まですべて諸銀行の評判甚だあしき者なしといえども、いずれの銀行か、一旦失敗する者あるときは、人民は直《すぐ》に銀行の名を恐れ、その性質いかんを問わずして、これを忌みこれを避るの勢に至るべし。かかる反動の時勢に及《および》ては、いかに正金銀行とても、やはり同一視せらるるの恐《おそれ》あればなり。故に増株を募るは、正に当年中に在る事と存じ候。

右は小泉へもとくと談論、同人も異論なきがごとし。何卒《なにとぞ》中村をお呼び寄せ、早々その支度に着手候よう、ご説諭成し下されたく。すべて大事をなすはその機あり。老台のご在職中、畢生《ひっせい》の一大事業として、断じてご施行相成りたき事にござ候。以上拝趨《はいすう》ご面話致したく候えども、本月初旬より頭痛に難渋、引き籠り居り候につき、詳を尽すに足らず候えども、書をもって陳述斯《かく》の如《ごと》くにござ候。早々頓首。

三月十六日　　　　福沢諭吉

大隈先生 侍史

参議大隈重信は前月末日をもって大蔵卿は退いていた。日本最初の外国為替銀行である横浜正金銀行は前月二月二十八日に設立された。福沢は、先を見越して増資による積極強化策をとるように献策しているが、けっきょく、実現しなかった。文中で「およそ三分の一は官金を交え」とあるように、一定の政府資金の導入の必要を論じているが、政府は単なる株主で、その立場以上の干渉を経営に加えるべきではないと福沢は主張していた。

Ⅲ 7 早矢仕有的《はやしゆうてき》　明治十六年一月五日

一月以来欠違《かけちが》い、なお未だ拝眉を得ず。本年は『新報』のため年始にも出《い》でず、日々繁忙旧年に異ならず、ご憐察願い奉る。さて過日は結構のお品ご恵投下され、誠に痛み入り候次第、家内よりも宜《よろ》しく御礼申し上げ候よう申し聞け候。

かねてご心配も下され候第六、明治会堂の負債一条、ようやく本日片付き、明日は私有公債証書返却の約束相整い候。拝顔お話し申すべく候えども、とりあえず右の始末申し上げ置き候。

右につきては、賛業会社の一条は、過日お話の通りにいたしたく、既に杉本氏よりは三千三百円の証書を送致相成り、なおその上のところ、然《しか》るべくご相談お取り計らい相願いたし。月賦の割合もただ私家の月費に適し候よういたしたく、大抵壱ヵ月四百円強にて間に合い申すべし。以前は、さようにもこれ無きところ、物価の変と子供の成長とにて、月費も次第に増加して、右の次第。ご三名にてお申し合せ宜しく願い奉り候。なお長き月日には、様々のご相談もでき申すべく候えども、一応はたしかに取り極《き》め置き、かねてお話のごとく金の事だけは、相成るべきだけ他人行儀に致したく存じ奉り候。右要用申し上げたく、この外に段々申し上げたき義もござ候えども、紙中詳を記すべからず。早々閣筆、頓首。

一月五日　　　　　　　　　　　　諭　吉

早矢仕様

早矢仕有的は、丸善商社社長、丸家銀行役員、貿易商会社長で、文中の「賛業会社」にも関係していた。この時期は、いわゆる松方デフレの影響により、福沢が関係していたいくつかの事業にかげりが見え、そうした諸問題の解決法が相談されている。なお、丸家銀行の経営は十七年四月には実質上破綻し、早矢仕を中心とする諸事業は挫折する。「明治会堂」は、福沢の主唱で十四年一月に木挽町に完成したが、経営が思わしくなかった。「杉本」正徳は、旧豊橋藩士で、第六銀行副頭取であり、賛業会社や貿易商会の経営に参加、明治会堂建設に協力、明治生命保険会社、時事新報社などに出資していた。賛業会社、横浜正金銀行、第六銀行、明治会堂の間には投資や貸借の関係があったようで、福沢は十五年九月頃に、所有の賛業会社の株券を杉本に譲り、かわりに明治会堂の負債を肩代りしてもらおうと考えていた。「賛業会社の一条」とあるのは、このことを指すのだろう。実業家としての福沢諭吉の松方デフレ下での苦労を示す一通である。

Ⅲ 8　村井保固《むらいやすかた》　明治十七年二月十二日

十七年一月八日の華翰《かかん》相達し拝見仕り候。時下余寒なお強く、益《ますます》ご清安拝賀奉る。過般森村豊氏帰京、御地の景況詳《つまび》らかに承《うけたまわ》り、次第にお盛《さかん》、商売も日本と違い景気宜《よろし》きよし、何よりの事に候。これに引き替え日本はただ不景気不景気の声のみ、聞くもうるさき次第なり。賤息ども今回はポーキープシーへ参り、接近の場所にて、万事ご添心《てんしん》も成らるべき義、安心仕り候。山妻よりもくれぐれお頼み申し上げ候よう申し出《い》で候。兄弟今後も同居致し候哉《や》、たとえ分かるるも、あまり遠隔せざるよういたしたく存じ候。今度世話致しくれ候シモンズと申すは、老生十数年来の知人にて、日本にては拙宅へ参りて泊りたる事もあると申すほどの間柄、賤息両人とも、幼少の時より見知る所に候。百事注意いたしくれ候義と安心は致し候えども、なおそこ森村組のご添心は別して願い奉り候。

十七年より改て活潑に進むようにとのご所望なれども、とてもむつかしき事ならん。商人一般に無商売、その金の用法に窮し、老生知る所の一商人、昨年来公債証書も買い入れ候えども、これも非常の騰貴にて見合せ、昨今はただその紙幣をそのままにて、戸棚の中に仕舞い込むもの十五万乃至《ないし》二十万円。毎日空しくこれを眺めて日を消するのみ。これは他人に語らず、老生は親からこれを聞き、その札も目撃いたし候。何と馬鹿気た話ならずや。一商家にてかくのごとく、隣家もまたかくのごとくならん。全国商家は休み、職工は手を空《むな》しうして、一年も二年も休息日なり。大いなる損毛と存じ候。

右ご返詞まで申し上げたく、余は次便に附し候。早々頓首。

二月十二日　　　　　　諭　吉

村　井　様　几下

村井保固は、伊予吉田藩士の家に生まれ、明治十年入塾の門下生。卒業後、森村組に入社し、当時は、ニューヨークに在勤、その後もニューヨーク支店長などとして在米は五十年以上に及んだ。森村組の創業者森村市太郎は、福沢に私淑しており、また、その弟「森村豊」は、明治四年入塾、義塾教員を経て渡米し、十一年に「森村ブラザーズ」アメリカ支店を開設していた。このような関係から、森村組は、アメリカにおける福沢の情報拠点のような役割も果たしていた。当時の経済を、資本が有効に投資されず仕事もない状況と伝えており、福沢の松方デフレ政策への見方がうかがえる。

Ⅲ9　神津《こうづ》国助《くにすけ》　明治十七年五月十九日

本月十五日の華翰拝見。時下薄暑の節、益《ますます》ご清安恭賀奉る。陳《のぶれ》ば丸家銀行の一条、誠に言語道断の始末、四月廿三、四日の頃、突然困難のよし申し出《だ》し、その前少しも様子を知らず。既に老生など、四月十六日にも八百円ばかり預け、十日内に入用のよしを申し聞かせ、直《すぐ》に用い候口約までいたし置き候ものを、そのままに取り押えられ、実にもって名状すべからざる有様なり。頭取は近藤孝行と申す者にて、この者は昨今一片の辞表を差し出し、法律上にも先ずいたし方なき次第。しかし、この銀行創立の本人は、早《は》矢仕有的《やしゆうてき》、中村道太の両人にて、すなわち銀行の精神とも申すべき者につき、株主より両人へ談じ、両人ももとより遁《のが》るるの意なしとて、近日は専《もっぱ》ら維持の方案最中と申す事なり。銀行が困難と申せば、いずれ金の足らぬ事にて、俗言いわゆる穴の明きたるに相違なし。ただその穴の深浅広狭いかんに由りて、維持の難易もあることとなれば、なおこの後も真実の模様相分り次第、お知らせ申すべし。老生などは十五株位に止《とど》まらず、なかなか容易ならざる災難なれども、今更《いまさら》腹を立ててもいたし方もなし。さりとて甚《はなは》だ面白からず、ただ事の成り行きを注意して、その終局を待つのみにござ候。右拝報まで、早々此《かく》の如《ごと》くにござ候。頓首。

五月十九日　　　　　　　　　　諭　吉

国　助　様　机下

神津国助は長野県佐久の豪農の家に生まれ、明治十一年卒業の福沢門下生。当時は郷里で農業に従事していた。神津一族は福沢と親密に交流しており、国助以外にも一族には慶應義塾で学んだ者が多い。国助は丸家銀行に十五株を投資していたが、同行は山形地方の殖産事業への貸付がこげつき、この四月に突然に支払い停止のやむなきに至った。国助からの問い合わせに対し、状況の厳しさを認め、成り行きに注目する以外にないと答えている。福沢も創立時には同行の筆頭株主であり、その破綻によって、多額の損失をこうむることになる。

Ⅲ 10　富田《とみた》鉄之助《てつのすけ》　　明治十七年七月一日

昨宵はご来訪下され有り難く存じ奉り候。その節お話の一条、今朝森村へ相談致し候ところ、同人も甚《はなは》だインテレスチングに聞き取り、安田なる者は随分《ずいぶん》むつかしき相手にて、とても手紙など投ずるも埒《らち》明き申すまじきにつき、森村自身にて明日伊香保へ参り、とくと談話致すべし。かつ子安某も先方へ取り合い候儀につき、この人も多少力に相成るべく、とにかくに十分に談ずるつもりなりとて、甚だ快く引き受けくれ候。この様子にては十中八、九安田の和議は成る事と存じ候。なおその上は他の株主にて、いささか精神あるべき者へは談論のいたし方もこれ有るべく、その人当は早矢仕《はやし》の知る所ならん。追々承《うけたま》わり申すべく存じ候。

右の次第につき、株主の方は先ずでき候ものと視做《みな》し、次いでご配慮を煩《わずら》わしたきは、丸家銀行の方に、何とかその筋より助力の一条なり。銀行にて取り立ての見込み五十万、四十万など申す由《よし》なれども、いずれも当局者よりの申し出にあらざれば、他の世話人、相成るべきだけ禍を軽少に取り成す者の調べならん。老生は素《もと》よりその詳《つまび》らかなるを知らず候えども、察する所とても申す通りに取り立てはできかね候義と断定すべきものなれば、無理を顧みず何とか助力を求めざるを得ず。この一条につき、何卒《なにとぞ》大蔵卿へご内談相願いたく、卿も五日頃は上方へ出発と申す事なれば、その前に大概胸算を洩れ聞きたし。あるいは老生直《じか》に参り候ても宜《よろ》しく、あるいはかねて小幡、阿部、お話のごとくご同道下され候えば、甚だ妙なり。大蔵卿の方寸人に明言すべきにはあらず候えども、徹頭徹尾何かその筋の助を得ざれば、成るべき事にあらざるや明らかなり。故に株主は先ず今日のところにて尽力し、出金し、あるいは抵当を出すなど、その端緒まさに開け、安田も右の通り森村の説諭公論にて帰順致すべき見込み、この際に当りただ窃《ひそか》に測り知りたきは大蔵卿の方寸なり。何卒この事ご配慮願い奉り候。事の成否、ただこの一点に在るのみと存じ候。いずれ拝眉万々お話し致すべく候えども、今朝よりの事情ご報告まで、早々此《かく》の如《ごと》くにござ候。頓首。

七月二日　　　　　　　　　　諭　吉

富　田　様　梧下

尚以《なおもって》、神鞭《こうむち》君へは別段手紙も差し上げず。本文の次第、憚《はばか》りながらご通知願い奉り候。以上。

富田鉄之助は旧仙台藩士。若くしてアメリカに留学した知米派の官吏で、この時は日銀副総裁、後に総裁。富田の結婚契約に福沢が立ち会うなど二人は親しかった。「丸家銀行」は、この年四月に支払い停止をせざるをえない状況になっていたが、福沢自身をはじめ、彼の知人や「小幡」篤次郎・「阿部」泰蔵らの門下生が株主となっており、また経営責任者も「早矢仕」有的や中村道太であった。この手紙で福沢は、富田をはじめ、貿易商社森村組の「森村」市太郎、安田銀行の「安田」善次郎、「大蔵卿」松方正義、大蔵省主税局員「神鞭」知常などに働きかけ、なんとか適正なかたちで同行の整理がすすむように努めている。

Ⅲ 11 金子《かねこ》弥平《やへい》 明治十七年十一月十五日

十月十日の郵書相達し拝見仕り候。時下日本は小春の好時節、貴境はいかが。益《ますます》ご清安拝賀奉る。ご出発後も日々耳にするはただ不景気の声のみ。しかのみならず先般は茨城の暴徒、本月初旬より埼玉の一揆。追々鎮定に帰し候えども、全国農民の困難は実に名状すべからず。田地を所有するはあたかも病人を抱くがごとく、既に東国の某県(旧会津領)にては、十余ヵ村申し合せ、地主が地券を官へ返上いたし候事あり。全国の地価十六億円、都会最上の地面を除くの外、今日地券を抵当するも一銭の借用でき申さず、未曾有《みぞう》の奇観と申すべし。

商社にて、三菱と運輸会社にて競争するよしなれども、ただ寥々《りょうりょう》たる商売を争うのみにて、いずれ双方ともに潰るる事と存じ候。いずれが先きに亡《ほろぶ》るか傍観いたし居り候。生糸の価はとんと騰貴の色を見ず、直輸会社もいかが相成るべき哉《や》、気の毒なる事に候。

右等の事態にて、政府にて進みて事をなさんなどとは思いも寄らず。辛《かろ》うじて十七年来の旧套《きゅうとう》を保守すれば、これに満足するのみ。

在野後進の学者有志者輩も、次第に困迫、実に気の毒千万。役人にならんと煩悶《はんもん》する者もあれども、一ツ穴を見つければ、これを窺う者十人も二十人も、皇々如《こうこうじょ》として、喪《そう》家《か》の狗《いぬ》のごとしとはこの事ならん。

この有様にて進行すれば、政府は至りて無事、民権家も飢て痕なく、大蔵省の財政も、倹約すれば立ち行き申すべし。目出たき次第なれども、日本国の財政は殖産日に衰え、職工の輩はただ手を空《むな》しうして力を用いる所なし。これまた気の毒千万なる有様にござ候。右ご返詞かたがた申し述べたく、早々此《かく》の如《ごと》くにござ候。頓首。

十七年十一月十五日　　諭　吉

金子賢契梧下

尚以《なおもって》、時下折角ご自重専一と存じ奉り候。十二月には月俸五ヵ月分四百八十円請《う》け取り候よし、牛場氏へ頼み置き候えども、未だその沙汰これ無く、いずれ近日の事と存じ候。

本文の次第なれば、先便仰せ越され候一条なども、先々見込みはこれ無く、お考えとはよほど時候の違う世の中にござ候。以上。

金子弥平は、明治六年入塾の門下生で、この時は大蔵省官吏として在米中。福沢は、加波山事件(「茨城の暴徒」)や秩父事件(「埼玉の一揆」)などの暴動の背景には、松方デフレ下の農民の困窮があると見ており、文中には、その状況を放置している政府への批判の語調が強い。当時の政策課題は不換紙幣の整理であったが、これを緊縮財政と増税によって行う松方正義の政策には福沢は反対で、むしろ外国からの借り入れで行うべきだと主張していた(「外債論」)。また、この主張は、「経済最上の目的」を完全雇用に置くべきだという福沢の経済政策観に基づくものでもあった(同「外債論」)。しかし、政府は「大蔵省の財政」の健全化のみを考え、「進みて事をなさん」という積極策などは全く考えないので、産業が衰え失業を放置する状態となっている、と述べられている。

Ⅲ
12 柏本《かしわもと》太《た》門《もん》　明治十八年十二月十一日

未だ拝眉の機を得ず候えども一書を呈し候。時下寒気に向い候ところ、益《ますます》ご清安拝賀奉る。陳《のぶれ》ば令息太内君御事、本年夏の頃より本塾ご入学ご勉強のところ、何かご都合により、あるいは近々ご帰国にも相成るべきよし、誠に残念の次第に存じ候。近年世間の様子もむかしに替り、たとい商業の人にても一通り学問の心掛けこれ無くてはとても立ち行き難《がた》きは申すまでもこれ無く、畢竟《ひっきょう》むかし流儀の儒者風にて、学問はかえって家業の妨《さまたげ》など申す恐れもでき候事なれども、今の学問は昔に異なり、学問は実学にして慰《なぐさみ》にあらず、また戯《たわむれ》にあらず。学問すなわち商売の資本とも申すべき時勢に相成り候からには、令息においても今後三ヵ年ばかりも、ご勉強ありて、数学、簿記法をはじめとして、外国の商売学一と通りは所得相成り候よういたしたく、今の日本の商人が古風に従いて商売するは、日本の帆前船をもって遠州洋を渡るに異ならず、夢中むやみに航海して、あるいは無事なることもあるべきなれども、さりとはまた危き事どもに存ぜられ候。何《なに》卒《とぞ》世上時勢の変遷にご注目、今暫《しばら》くのところ令息へお暇遣《いとまつかわ》されたく存じ候。もとより一家の私事、傍《かたわら》より喙《くちばし》を容《い》るべきにあらず候えども、ご当人が本塾に入りたるもまたこれ因縁《いんねん》と存じ、突然ながら書を呈してご注意を乞うのみ。なお本塾の学業ならびに学風の義は、世間にて大抵相分り居り候事と存じ、わざと略して申し上げず候。要用のみ、早々頓首。

十八年十二月十一日　　　　福沢諭吉

柏本太門様　几下

柏本太門は、滋賀県浅井郡六木村出身の塾生太内の父親。太内が家の都合により半年前後で退学することにつき、父親に、「今の学問」は昔の儒学とは異なり「実学」であり、それを修めずに、今後は「商売」すなわち経済活動をすることはできないと論じ、息子に学業をつづけさせるべきだと説いている。福沢の言う「実学」は、単に職業に役立つ実業学ではなく、ものごとを確かな根拠にもとづいて考える経験科学を広く指すと考えられているが、福沢は、しばしば世間の理解を得るために、この手紙のように実業学の面を表に出して説明をしている。柏本太内は、結局退学をせず二十二年に卒業し、営農を経て、のちに住友に勤務し、また生糸の仲買や米穀商を営んだ。

Ⅲ 13 中村《なかむら》道太《みちた》　明治十九年二月二十七日

昨日は参上、寛々《ゆるゆる》拝話を得、有り難く存じ奉り候。その節申し上げ候通り、小生もこの度《たび》旅行思い立ち候は、かねて宿志もこれ有り、いよいよ心事を閑《しずか》にして文思《ぶんし》を養うつもり、就ては平生の高意に従い、家計金銭の義は一切お差図《さしず》相願いたく、くれぐれもご依頼申し上げ候。毎々申し上げ候丸家損亡の義につきても、口頭は書記にしかず、私方の帳簿には別紙のごとく記しこれ有り候えば、ご面倒ながら、ご一見願い奉り候。その帳簿には他の口々も雑記致し有り候につき、要用の一口のみ写し取りご覧に入れ候義、何卒《なにとぞ》この帳簿の精神に従い、たとえ小生の死後にても、ご処分願い奉り候。すなわちこの写しは私方の元帳と符合するものにござ候。また、これ遺言の一法ならんと存じ奉り候。

小生の名義を附したる鉱山五十株の利をもって、丸家の損金すなわち破裂後出金の分を埋め、そのぬけがらを私方へお渡し下され候えば、その後の利益は別紙の例に倣《なら》い、次第次第に破裂前の損亡を償《つぐな》い終り、その上は株券を返上するか、あるいはご相談を経て他の贅沢に用い申すべく、すなわち今度の講堂普請も貴意に従い、その贅沢の取り越しにござ候。但しこれらのぜいたくたるや人事の急にあらず、事情に従て止《や》めに致し候ても差し支《つか》えはこれ無く、到底《とうてい》鉱山の利益は拙家の私利に属すべき性質のものにあらず、ただ既往の失う所を償うの財源たるに過ぎず。くれぐれもその際に行き違い誤解これ無きよう御含み、またおついでの節は杉本君へもご致意《ちい》願い奉り候。

私方私有の金円は鉱山を抵当の法にして全く他人行儀の成規に従い、ご使用相願いたく(他人行儀と申すは水臭きがごとくなれども、ご同前に死生は計るべからず、故に後日子孫の争を予防の趣意なり)、たとい鉱山を抵当にしても、これを占領するの意なき旨、確かに記して遺しおくときは、豚児《とんじ》もまさか破廉恥《はれんち》男子にはこれ無く、乃父《だいふ》の名を汚して非理の利を貪《むさぼ》るがごとき挙動は致さざる事と万々信じ居り候。

前言を要するに、私方の資産は、ただ今丸家の禍を免がれさえ致し候えば、他に余計の利を求めずして立派に立ち行き候義にて、その余に金がほしいと申すは、ただ芋虫に灸をすえるがごとき無益の殺生をいたしたしと申す戯《たわむれ》たるに過ぎず。この戯はご同案の事につき、小真木は無論、白根も湯沢も択ばず、思うさまに金を作るようご尽力下されたく、見事にその金を使用してご覧に入るべしと存じ候。

右要用のみ申し上げたく、早々頓首。

十九年二月廿七日　　　　　　　　　　諭　吉

中　村　様　梧下

追て、丸や損毛の償却も、わずかに一年を出でずして既に弐千余円に達したること別紙にて見るべし。このようにては皆済も遠からざる事と存じ候。

中村道太は、もと豊橋藩士で、維新後は早矢仕有的と丸屋の経営に当ったり、横浜正金銀行の初代頭取を務めるなど、福沢が関係したさまざまな事業を担っていた。また、「丸家」銀行の破綻後は、大株主として再建に努めている。福沢にとっては、二歳年下の実業面での盟友ともいえる存在であった。丸家銀行破綻の苦境のなかで、中村は、十七年八月に東北の古い「鉱山」である「小真木」銀山を買収し、福沢も中村の需めに応じてその「鉱山五十株」を所有していた。この手紙の頃には、同鉱山の再開発は成功し、株価が大きく上昇していた。福沢は、その利潤で丸家銀行破綻による損失を埋め合わせることを考え、家計一切の指図を中村に求めている。最終的に二十一年に小真木銀山は、三菱へ転売され、丸家銀行にかかわる福沢の損失も埋め合わされている。また、中村はこの転売で巨利を得て慶應義塾に一万円を寄付し、それにより煉瓦講堂が建設されるが、「今度の講堂普請」とあるように、すでに十九年時点で講堂建設のプランが語られていたことがわかる。なお、福沢は、投機性の強い鉱山投資で私利をえるべきではないという「宿説」(明治二十三年六月十五日付肥田昭作宛)を持っていた。この手紙でも、「鉱山の利益は拙家の私利に属すべき性質のものにあらず」と述べ、丸家銀行の損失を補えれば十分であると繰り返し述べている。

Ⅲ14　村《むら》井《い》保《やす》固《かた》　明治二十年八月二十六日

大暑堪《た》え難《がた》く候ところ、御地はいかが、同様の御事と存じ奉り候。御着後も相替らずご勉強と察し奉り候。岩橋氏はいかが致され候哉《や》、さぞさぞ愉快に消光の義とこの方にても毎度語り合い居り候。日本の商売は少し気を持ちたりなど申し候えども、つまり貧乏国、致し方はこれ無く、近日は谷大臣が辞職、引き続きて条約改正中止、井上が安からずなど申し、茶菓にも飯の菜にも政談のみ、面白くも何ともこれ無く、つまり政治繁昌の大日本国、十万の役人が色々にして自国を食い亡ぼすに相違これ無く、何卒《なにとぞ》他を顧みず商売勉強、一身独立の策、専一の御事と存じ候。別紙は倅《せがれ》どもの方へ遣《つかわ》したく候えども、暑中いずれへ出して宜《よろ》しき哉相分らず、当夏はセイレムに居るとも申し来り候。

そこ御店には必ず相分り居り候事ならん。何卒お届け方願い奉り候。右ご尋問かたがた願用まで此《かく》の如《ごと》くにござ候。頓首。

二十年八月廿六日　諭吉

村井保固様

尚以《なおもって》、豊君へは別に手紙さし出し申さず、宜《よろ》しくご伝声願い奉り、岩橋氏へも同様ご致意《ちい》下されたく願い奉り候。

ニューヨークにいる森村組の村井保固に、在米中の息子二人へ手紙を届けるように依頼し、また日本の状況を伝える。福沢は、松方デフレからの経済の回復を実感しつつも、官僚制が日本の癌となることを確信し、実業による「一身独立」の重要性を再論している。なお森村組ニューヨーク支店には、支店長の森村「豊」や「岩橋」謹次郎などの門下生が在勤していた。

Ⅲ 15 福沢捨次郎《ふくざわすてじろう》　明治二十年十二月七日

袴《はかま》入用のよしにつき、森村へ包にして頼み置き候。その節おさとより手製のくつ足袋二足、一太郎と貴様へ贈るとて、包の中にあり。いずれも落掌致されたく候。

山陽鉄道も追々纏《まとま》り、着手せんとするの場合に至り候ところ、政府より千種万様の干渉にて、中上川もほとんど当惑致し居り候。日本政府の歳入は、正租地方税を合して一億余円。既に民力を尽して難渋の上に、官吏の数は十二万に近く、官吏多くして仕事なければ困る訳《わけ》にて、しきりに事を煩雑にし、謂《いわ》れもなき事にまで手を出して、実に面倒に堪《た》えず。拙者などはただただ驚き入りて、近来は余り議論も致さず、ただ傍観して黙するのみ。

右の次第なれば、桃介が山陽鉄道会社のインフレンスを利用して、英国へ見習云々《うんぬん》の義も、とても会社の力には参らぬ事と存じ候。

それはさて置き、桃介の実父岩崎紀一義、かねて病気のところ、十一月十七日死去致し候。今便知らせ申し遣《つかわ》し、桃介もさぞさぞ愁傷の事ならん。紀一と申す人は本年四十八才、拙者よりも若《わか》し。人生の寿命は計られぬものに候。

右要用のみ。早々此《かく》の如《ごと》くに候なり。

十二月七日　　　　　　　　諭　吉

捨次郎殿

ミストルナップの家はしきりに詮索致し候。ただ今、三田の小山に一軒あり。しかし当人が一見せずしては借用を固く約するを得ず。今日まではただボンヤリ、噂のようにして、詮義致す事に候。

次男捨次郎は兄「一太郎」とともに十六年にアメリカへ留学し、十七年からはマサチューセッツ工科大学で鉄道工学を学んだ。「森村」組を介して袴と長女「おさと」手製のくつ下を送ることや、ボストン留学中の養子福沢「桃介」の実父岩崎紀一の死を伝えつつ、日本の状況に論評を加えている。二十一年一月に創設される山陽鉄道には、「中上川」彦次郎が社長として就任することが内定していたが、同社への政府の干渉を批判し、官僚制はつねに官吏の仕事を増やそうとして肥大化すると嘆いている。「ミストルナップ」Mr. Knapp は、一太郎・捨次郎がアメリカで知り合ったユニテリアンの宣教師。

Ⅲ16　村《むら》井《い》保《やす》固《かた》　明治二十一年五月二十八日

桃介徴兵証明書の義につきては、突然電信をもってお手数を煩《わずら》わし候ところ、意のごとく通達して、右の証明書は本月廿三日到来、大安心仕り候。くれぐれも御礼申し上げ候。一太郎、捨次郎義も、長々容易ならざるお世話に相成り、有り難く存じ奉り候。両人共六月二十日頃はその地出発、欧州へ廻り諸処見物、それより印度《インド》地方を見て、本年十一、十二月頃には帰国のつもりにござ候。跡に残るものは桃介壱名にて、これは相替らず、一、捨両人同様ご添心《てんしん》願い奉り候。差し向き手紙を差し出すに宿所不定の義、重々恐れ入り候えども、貴店へ当《あて》て差し出し候間《あいだ》、ご用繁中、申し上げかね候えども、お届け方願い奉り候。

日本には相替る義甚《はなは》だ多し。政府も何か定《さだ》まらざる様子なり。御用商人など、さぞさぞ心配の時節と察せられて気の毒なり。全国米価の安きには困り入る様子。百姓に購買力なければ、商人は坐して窮するのみ。地方日に衰えて東京月に盛なり。三田の慶應義塾門前の地面、壱坪の価十五、六円乃至《ないし》十七、八円。過日の焼跡に、土蔵作りの長屋を建るもあり、煉瓦にするもあり、店賃《たなちん》の高きこと際限なし。この店を借住して、売るものは荒物、木ノ葉せんべいにあらざれば、豆腐屋か氷屋ならん。割りに合うべきや。これを眺めてただ笑うべきのみ。少々発狂の沙汰なり。

過日浜町旧三河守《作州津山》の屋敷は十二万円にて売れ、近来神田淡路町の旧右京亮《うきょうのすけ》（豊後府内侯）の屋敷は、二十万円の買人あれども売らずという。三田塾邸も二十万円ならば即日売り渡したく、窃《ひそか》に心掛け居り候。

政府の銀貨は次第に消乏し、今後二年か三年□□皆無と相成るべし。民間窮すというといえども、政府の窮もまた甚しかるべし。今の世に当て、日本に財産を維持せんとするは、また難《かた》い哉《かな》。今日日本国中に、その生活財産に予算のでき候者は一人もこれ有るまじく。本人は何程堅固にても、時勢の変化は図るべからず。神田辺の一商人は、ただ地面の売買にて、五百円より六、七年の間に、四十万円を作りたる者ありといえば、去年までの素封家《そほうか》は、今日おこもの境界に陥るもあり。実に経済上の乱世なり。右御礼かたがたなお今後の事を相願いたく、早々此《かく》の如《ごと》くにござ候。頓首。

諭　吉

二十一年五月廿八日

村井保固様

尚以《なおもって》、岩橋氏へ宜《よろ》しくご致意《ちい》願い奉り候。何はさて置き、セルフプレセルウェーションが第一なり。くれぐれも油断はでき申さず候。以上。

留学中の養子福沢「桃介」が徴兵猶予を受けるための就学証明書を手配してもらったことや、息子二人が在米中に世話になったことの礼を述べ、経済状況を伝える。日本では明治十九年頃には松方デフレから脱却し、企業設立のブームが始まっていた。しかし、福沢は、この現象を基礎の堅いものと見ていなかったようで、農民に購買力が無く地方が衰える一方で、東京では、異常に不動産価格が高騰し、不健全な好況と考えていた。動き出した日本の資本主義は、必ずしも福沢の理想どおりではなく、「発狂の沙汰」「経済上の乱世」であり、また、それだけに、個人は、油断無く「セルフプレセルウェーション」(self-preservation 自己防衛)をしなければならなかった。

Ⅲ17　日原《ひのはら》昌造《しょうぞう》　明治二十一年八月十七日

毎々論説お遣《つかわ》し下され、紙上に光を生じ有り難く存じ奉り候。名は在ボーストン某生と記し置き候。

日本の有様は旧に異ならず。大隈入閣、井上も再入、何も変る事はこれ無し。つまり今の内閣員の寿命のあらん限りは今のままに参る事ならん。これまた至極の妙都合なるべし。但し年来の患《わずらい》は役人の数の次第に増して、その人の用事これ無く、俗にいうきまりのわるいと申すところより、様々に用事のあるように工風《くふう》を運《めぐ》らし、これがために官民の間柄は、次第にうるさく相成り候一事なり。窃《ひそか》に案ずるに、この患も到底除去すること難《かた》かるべし。いかんとなれば、役人を沙汰《さた》すれば、無芸無能の人物たちまち生計に窮するが故に、長上を怨む。長上は天下人望を収るよりも、政府中の人望こそ大切なれば、先ずもって免職などは致させざるのみならず、人を悦ばしむるは、役人にするより善きはなし。故に今日一名を用いて味方となし、明日二名を立身せしめて後楯を増し、この長上官も彼《か》の長官も同様の策に出るがゆえに、官途の繁昌は際限あるべからず。誠に賑々《にぎにぎ》しき事なり。いずれに致し候ても、日本の後進が金に眼を附けて、仕官のごときは、囲碁将棋同様、慰み半分と申す世の中に至らざれば、百事論ずるに足らざる事と存じ候。然《しか》るに日本の先生達は、金を視ること土芥のごとし。金のないくせに金を軽んじ、窮すればすなわちどうやらこうやらと申す奇妙不思議の腹案に依頼して、かつて憂る者なきがごとし。ただ驚くに足るのみ。

右時候のお見舞にかねて御礼まで、此《かく》の如《ごと》くにござ候。早々頓首。

八月十七日　　　　　　　　　　諭　吉

日原昌造様

日原昌造は、この時、横浜正金銀行サンフランシスコ支店支配人で、アメリカより『時事新報』の社説原稿をしばしば寄稿していた。その礼を述べがてら、この年の四月に組閣された黒田清隆内閣に大隈重信、井上馨が引き続き入閣した政局を醒めた目で伝え、つづいて、役人増加の弊害を論じている。官職を提供することが政府内で人望を得る手段となり、それ故に官職が増え、官職が増えると民間への干渉がうるさくなる。これからの人々が官職につくことなどを重視せず、実業を目指すようにならなければ、何を言っても始まらないと福沢は考えていた。

Ⅲ 18　福沢捨次郎《ふくざわすてじろう》　　明治二十三年六月十日

木原の易《えき》も頓《とん》と中《あた》り申さず、霖雨晴るるときなく、明日より梅雨のよし。のべつに続き候事ならん。米価はしきりに騰貴して昨日は十一円台に上り、定期米より正米の方高きよし。東京には六月中の飯米あるのみにて、地方より廻米更になし。あたかも戦時ブロッケードに逢うもののごとし。

北海道より高橋達氏来り、おふさの様子も承《うけたまわ》り候。ただ今元気は宜《よろ》しく、当人は帰えらぬつもりのよしなれども、何分《なにぶん》不安心。なお一考して、あるいは九月頃呼び返すべきやに相談致し居り候。

杖は今日通運会社へ托し差し送り候。傘は返すに及ばず、そのまま使用致されたく候。よめの詮索怠らず、北垣の口は甚《はなは》だ申し分あるよし。これは見合せの方ならん。なお八方へ頼み置き候。

右要用のみ。匆々《そうそう》不一。

六月十日　　　　諭　吉

捨次郎殿

米価騰貴、株式は下落。昨日などは非常の不味《ふみ》にて、山陽は十三円台に下り、府下の相場師連は大騒動なり。この様子にては三菱その外にても、そろそろ買い始める事ならん。拙者の考に、昨今の下落はただ人気にて、何も物の数を算したるにあらず。あたかも、兎、万年青《おもと》の直段《ねだん》の上下するものに異らず。但し空中楼閣の銀行、または諸会社はこの時に滅亡するもの多かるべし。その一変動を経て、正味収入の確《たしか》なる鉄道と、ほんとうに金の出る鉱山などが、上位を占る事に相成るべしと存じ候。

本年がいよいよ饑饉とあれば、塾も新聞社も大いに覚悟致さずては叶《かな》わず。教育も新聞紙も、日本にては人間の贅沢《ぜいたく》に属するものなれば、第一番に衰頽《すいたい》に陥り申すべくと存ぜられ候。以上。

山陽鉄道在勤中の次男への手紙。札幌にいる次女ふさの様子や、捨次郎の嫁さがしの状況を伝えるとともに、東京から見た経済情勢を論じる。十九年以来の好況を経て、この頃日本は、米穀投機と金融の逼迫を引き金に最初の恐慌(二十三年恐慌)に見舞われつつあった。福沢は、米価騰貴と株価下落を、投機による一時的な変動と見ているが、その中で基礎の弱い会社は滅亡して、「収入の確なる鉄道」と「金の出る鉱山」などが生き残ると予想している。二十三年恐慌についての福沢の見方がうかがえる手紙である。

Ⅲ 19 中上川《なかみがわ》彦次郎《ひこじろう》　明治二十四年六月二十四日

廿二日夕お認《したため》の手紙ただ今到来、直《すぐ》に電信差し出し置き候。さて三井一条、甚《はなは》だ妙なり。過日高橋へ面会の節、何となく改革の事情を尋ね候ところ、なお秘密の様子にて詳《つまび》らかに語りは致さず候えども、実際において決して困難とは相見えず。この大伽藍の掃除に高橋にて何の役に立つべきや、ただ一個の書記たるに過ぎず。また小泉の如来様にても間に合い申さず、さしずめ足下《そっか》にこそこれ有るべく、ただ一つの気遣いは、渋沢、益田の輩がいやに思いはせぬかと少々関心なれども、これは井上の方寸をもっていかようにも取り扱いでき申すべく、その外はただ内部の故老、若輩のみ、これを怒らせぬようにして御《ぎょ》すること甚だ易《やす》し。極意は誠実深切《しんせつ》に在るのみ。また業務においては方今《ほうこん》三井の信用をもってすれば、天下の金を左右するに足るべし。ただこれまでは世話をする人達に深切の心薄きと、また一方には政府の筋に対してむやみに恐れを抱き、随て種々様々のものを引き受くることとなり、漸《ようや》く不活潑の症に陥りたることと察せられ候。この辺の診察にして大いに違うことなくば、これに処して甚だ面白きことあるべし。とにかくいよいよ引き受けと決答して進退をお定め成られたく、山陽など顧るに足らざる義と存じ候。なお引き受け後の談はこれを他日に譲る。匆々《そうそう》拝答、此《かく》の如《ごと》くに候なり。頓首。

六月廿四日午後一時　　　諭吉

彦次郎様

尚以《なおもって》、中村道太さんもとうとつぶれたり。金の不足は四十万ばかりと申すなり。ただ今は中村を外にして、米商会社の存廃あたかも国家問題となり、中村は已《すで》に割腹したると同様、何事が起りても疼痛は覚えざることと存ぜられ候。中村の借用の総高はおよそ二百万円のよし。むかし後藤が百三十万円の負債にて古来未曾有《みぞう》と申し囃《はや》し居り候えども、今日は弐百万円の負債者を生じたり。またこれ文明開化の進歩か。

中上川彦次郎は福沢の甥で門下生。この時は山陽鉄道会社社長であったが、「井上」馨から、三井銀行の経営悪化を立て直すため、同社の理事に就任するように依頼されていた。福沢は、渋沢栄一や益田孝の反撥を考慮しながらも、三井を引き受けるように強くすすめている。この年の八月に中上川は三井に移り、以後、三井の家政と事業の分離など、経営の近代化をすすめる一方で、政府資金中心の金融路線をあらため、積極的に工業へ進出し、王子製紙、鐘淵紡績、芝浦製作所などの三井傘下企業を育成した。追伸では、中村道太が東京米商会所の経営に失敗し再起不能であることを、かつて後藤象二郎が高島炭鉱の破綻で作った負債額と比較しながら伝えている。明治十九年に福沢は、資産の運用を中村に託していたが(Ⅲ13)、この手紙の文面からは、すでに福沢と中村との間には、そのような関係はなかったようにも思われる。

Ⅲ20 中村《なかむら》道太《みちた》

明治二十五年七月二十二日

日々の炎熱、益《ますます》ご清安拝賀奉り候。陳《のぶれ》ば過日ご内談の一条、彦次郎へ面会、とくと申し聞け候ところ、同人においては、もとより老台に対し毫《ごう》も悪意あるにあらず。ただ大切なるはその任ずる所の三井家あるのみ。同家と老台との関係に就ては、彦次郎の知らざる所。ただ事理においてかくあるべしと認る所を決行致すまでの事に候えども、もしもそれ以前の関係につき、西村、三の村などの諸氏より十分の説明ありて、かくては相済まず、かようかように致して然《しか》るべしと、道理因縁事情を詳《つまび》らかにして、なるほどと思う所に至れば、いかようにも致すべし。彦次郎においては、三井家のために忠義を尽して眼中他なしとは申しながら、ただいたずらに金に吝《りん》にして、行うべからざる事を行わんとするに非《あら》ず。かの水産会社の一条にても、はたして三井が老台に対して、大いに徳とする所以《ゆえん》の理由ありて、その理由の事情を細々記して、西村、三野村などより申し立て、いかにももっとも至極なり、かかる場合には三井においてかくもせざるべからずと、中心に了解する上は、いかなる求にも応じ申すべし。ただ今日のところにては、その理由も見えず、またその証拠もなし。いわば三井は大富豪なるゆえに、道理の外にも金を出せというもののごとし。さりとは彦次郎の断じて聴かざる所なり。富者の金も貧者の金も、その貴きは一なり。理外には一銭金をも費すべからず。あるいは西村などは以前の失策あるゆえ、今更《いまさら》老台へは義理あれども、これを発言するには少しく憚《はばか》る所もあるべしなどの説もあらんなれども、人生鬼神にあらず。過誤失策はもってその人を軽重するに足らず。然るに今日に至るまで、西村氏などが、この一条につき中村へ対して、かように致さねばならぬと申す事は、かつて申し出したることなし。あるいは事実の根底より間違にはあらずやと、いささか疑なきにあらず云々《うんぬん》と申し聞け候。

右の次第につき、中上川の意は、決して故《こと》さらにこの事件に剛情を申し張るにあらず。ただ、今日ただ今の成跡《せいせき》に従て事を処せんとするまでの義なれば、この処は老台より直《じか》に、西村、三の村両氏へご面会、様々ご懇談の末にて、両氏がいよいよ老台に対して旧誼《きゅうぎ》を棄てず、よく老台の言を容《い》れて、陰に陽に三井にその意を発表して、中上川に説くにおいては、中上川は決して暴論をもってこれを拒絶するがごときものにあらず。必ず両氏の言を聞きて、温和に相談することとならんと存ぜられ候。されば今日となりては、中上川よりも西村、三の村両氏の意気込みいかんをご心配成られたき事にござ候。毎々伺い候老台のお説のごとくならんには、両氏とても以前の情誼《じょうぎ》を今さら空《むな》しうすることもこれ有るまじく。老生は何事も知らず、ただこれを右に聞きて左に伝え、左に承《うけたまわ》りて右に答うるのみ。宜《よろ》しきよう、ご処理成られたく、なおい才は拝眉の節、万々口頭にてお話し仕るべく候。匆々《そうそう》不一。

七月廿二日　　　　　諭吉

中村様几下

中村道太は東京米商会所の経営に失敗し、また、同会所の寄託金を第六国立銀行が流用した疑いにより裁判中であった。中村はかつて三井のために尽力したことがあったので、同会所問題で三井に資金援助をもとめていた。この仲介に福沢が当っていたが、三井銀行副長の中上川彦次郎は、過去の事情は福沢の話だけでは確認できないとして、援助要請を断っている。これに対して、福沢は、かつて三井の大番頭格であった「西村」(西邑虎四郎)や「三の村」(三野村利助)から事情を中上川に説明させてはとすすめている。結局、この調停は不調であったようで、中村は全財産を放棄して、米商会所問題の道義的責任を取る。福沢、中上川、三井、中村という人間関係と同時に、中村のようなパイオニア型起業家から中上川のような近代経営者への時代の推移もうかがえる。

Ⅲ21　荘田平五郎《しょうだへいごろう》　明治二十六年十一月十五日

秋色深く相成り候ところ、益《ますます》ご清安拝賀奉り候。この人はかねてご承知もござ有るべく、手塚猛昌氏なり。過日来、一案を案じたるは、府下に新たに劇場を設けて、一切の旧弊を除去し、芝居をもって学者士君子の業に帰せしめんとするの企《くわだて》にて、下村善右衛門氏へも相談致し候ところ、役者を手に入るる事は、下村氏にて屹《きっ》と引き受け申すべく、ただ必要はその劇場の地を択び、場を建築する事なれども、その事甚《はなは》だ易《やす》からず。旧劇場のある処には、茶屋その外の有形物ともに、無形の旧弊風を存して、とても意のごとくならず。依て丸ノ内の一区をもってこれに用いたく、これに就ては百事試《こころみ》にお話し致したき旨、手塚氏の所望に任せ、わざと一書を呈し候。ご都合次第ちょっとお逢い下され、い才同氏の申すところ、お聞き取り願い奉り候。茶屋、出方《でかた》などの悪風を払うて、ほんとうの芝居を催し、演芸と観客と直接せしめ、客の費は少なくして、役者の利を豊にするなどの説は、年来人の言う所なりしかども、あるいは最早《もはや》その時節に到着したるかとも思われ候。何卒《なにとぞ》ご一考下さるべく候。右突然ながら、手塚氏の所望《しょもう》かたがた申し上げ候。匆々《そうそう》頓首。

二十六年十一月十五朝　　諭吉

荘田様 几下

荘田平五郎は、明治三年入塾、慶應義塾教員や塾長を務めた後、九年に三菱商会に入社、後に三菱合資会社支配人、三菱造船所支配人を務めるなど、三菱を代表する経営者となった。福沢は、明治二十二年卒業の門下生手塚猛昌の発案、前橋の生糸商下村善右衛門の協力のもと、演劇興行の近代化を計画していた。その実現に当っては、芝居を取り巻く悪弊を一掃するために、旧来の歓楽地とは全く別の場所に劇場を建設しようと考え、当時、三菱が開発を始めた丸の内を候補地とし、手塚を荘田に紹介して相談させようとしている。福沢は、若い頃は芝居小屋に出入りすることに批判的であったが、二十年に新富座で歌舞伎を観て以来、演劇の価値を認めるようになっていた。この計画はすぐに三菱に取り上げられ、J・コンドルによる設計図もできたが、日清戦争のためか、この時は実現しなかった。しかし、福沢没後の四十四年に、別の設計で帝国劇場として落成した。手塚は、すでに三十九年には東洋印刷を創業していたが、四十年からは帝国劇場専務もかねて企画を指導し、また荘田は発起人に名をつらねている。

Ⅲ 22　森《もり》村《むら》明《めい》六《ろく》　明治二十八年二月四日

一月七日の華翰拝誦《はいしょう》仕り候。時下酷寒、益《ますます》ご清安ご起居成られ賀し奉り候。日本は都鄙《とひ》の別なく、ただただ戦争の話のみにて、誠に賑々《にぎにぎ》しく、戦地より報知は一報また一報、何時も勝利ならざるはなし。威海衛も昨今進撃最中、日ならず落城の事にこれ有るべく、媾和《こうわ》使も広島まで参りちょっと談緒を開き候ところ、その全権に欠く所ありとて謝絶せられ、空《むな》しく帰ることに相成り候。老大国の施設、一として成るものなし。これぞいわゆる国運のひだりまえならん。敵ながらも気の毒なることに候。今度我国の戦勝は他なし、文明開化の賜《たまもの》にして、軍事一切の計画、実学の主義に基き、時の遅速と数の多少と物の強弱と、この三者を数等上に活用したるが故のみ。しかし戦争は百年の戦争にあらず。兵戦終るも工戦商戦は止むときあるべからず。どこまでも文明実学の旨を忘れず、工商上にご勉強成られたく、くれぐれも祈る所に候。そこ御地村井氏をはじめ、皆々様元気宜《よろ》しきことならん。老生も幸に今日までは無病、身体は至極達者にござ候。当年一月一日も三、五の友人来訪。ただ今より箱根へ参りてはいかがとの発議即決、そのまま出門。その夜は湯本に一泊、翌早朝出立、箱根の旧街道を徒歩にて越し、沼津まで歩行して一泊。翌日汽車にて帰宅致し候えども、さまで疲れも致さず。その節

　またこれ書生物外の情
屠蘇酔に乗じて京城を出ず
踏み来る八里函山の雪
　うらない得たり一年の行楽の清きを

ご一笑下さるべく候。

右申し上げたく、実はそこお店の諸彦《しよげん》へ、折々は手紙差し上げたく存じ候えども、何か多事に取り紛れその義能《あた》わず。偶《たま》ま来書に接しご返詞かたがた一書認《したた》め候義、憚《はばか》りながらおついでの節この書をご披露、宜《よろ》しくご致意《ちい》願い奉り候。匆々《そうそう》頓首。

二十八年二月四日　　　　　　　　　　　諭　吉

森村明六様

〔同封〕

中外の風光歳とともに遷《うつ》る
往時を回顧すれば渺《びょう》としてかぎりなし
屠蘇《とそ》まず祝す乃翁《だいおう》の寿
六十二年は万年の如し

世情は歳として新を呈せざるなし
いわんや又文明の徳は必ず隣りあるをや
万里同風旭日鮮やかに
燕山渤海手中の春
　乙未元旦

これもお笑種《わらいぐさ》、諸彦へお示し下さるべく候。

森村明六は、森村組の創業者市太郎（世襲名は市左衛門）の長男で、明治二十五年に慶應義塾を卒業し、森村組ニューヨーク支店で商売を学んでいた。福沢は日清戦争の勝因を客観的に物事を見て計画を行う「実学の主義」と断定して、今後はその「文明実学の旨」を経済に生かすように求めている。日清戦争後の福沢は、国民が軍事に熱狂することを警戒し、より重要なことは実業商売すなわち経済の充実であるとしきりに説くが、この手紙は戦争終結を見越して、あらためて経済への努力を需めたものである。本文中の漢詩の原文は「亦是書生物外情／屠蘇乗酔出京城／踏来八里函山雪／卜得一年行楽清」。同封別紙の二編は次の通り。「中外風光与歳遷／往時回顧渺無辺／屠蘇先祝乃翁寿／六十二年如万年」「世情無歳不呈新／矧又文明徳必隣／万里同風鮮旭日／燕山渤海手中春」。

Ⅲ 23 森《もり》村《むら》明《めい》六《ろく》　明治二十九年一月十一日

新年目出たく申し納め候。相替らずご勉強の御事、欣喜これに過ぎず。随て老生も幸に瓦全《がぜん》消光候条、憚《はばか》りながらご放念下さるべく候。日本の商界は近来しきりに繁昌のよし。まさにこれ後進有為《ゆうい》の時なり。老人は漸《ようや》く老却し去り、恃《たの》む所はただ来者あるのみ。何卒《なにとぞ》油断なくお考え成られたき事にござ候。富豪の子はとかく役に立たずというといえども、その富豪なるものは何を標準にしてこの名を下すか。日本の商家にいわゆる大金持と称する者も、米国などの大商人に較べたらば、個の貧寒のみ。この事実を知る者は、海外に在ること君がごとき人に限ることなり。ただ須《すべか》らく志を大にして、世界の大富豪になるようお心掛け成られたく候。

右年始のご祝儀にかねて、いやみなる忠言、ご海容《かいよう》下さるべく候。匆々《そうそう》頓首。

二十九年一月十一日　　　　諭　吉

森村明六様　几下

児戯　戯れ来る六十年
一身の苦楽　天然に附す
痴心《ちしん》　みずから笑うなお去り難《がた》きを
枉《ま》げて摂生を学んで瓦全を祈る

還暦

昨年老生が還暦の時に賦したるものなり。ご一笑下さるべく候。

森村明六は、森村組の創業者市太郎(世襲名は市左衛門)の長男で、森村組ニューヨーク支店在勤中の門下生。戦時景気から「戦後経営」と呼ばれる積極財政政策へとつらなる時期であり、一時的な景気の後退はあるものの、概して経済は好況であった。福沢も、「日本の商界は近来しきりに繁昌のよし」とあるように、経済の好調に一応の満足を示していたが、同時に日本の経営者の資産などはアメリカに比べれば取るに足らないものと考え、森村に世界的な水準を目指すように激励している。漢詩の原文は次の通り。「児戯と来六十年／一身苦楽附天然／痴心自笑尚難去／枉学摂生祈瓦全」。

Ⅲ24　沢《さわ》　茂《も》　吉《きち》　明治二十九年一月二十五日

一月三日の華翰拝誦《はいしょう》。新年のお慶び申し納め候。相替らずご勉強、事業も次第に進歩の由、何よりの御事に存じ奉り候。人生の独立、口に言うは易《やす》くして、実際に難《かた》し。二十年の久しき、ご辛抱一日のごとし。敬服の外ござ無く候。今回は北海の名産ご恵与下され候よし、品物着の上は、いただき申すべし。遠方のところ、特にご心頭に掛けられ、芳情謝す所を知らず、有り難く御礼申し上げ候のみにござ候。右御礼まで匆々《そうそう》一筆、余は後便に附し候。頓首。

二十九年一月廿五日　　　　　諭　吉

沢　茂吉様　梧下

尚以《なおもって》、寒地の冬、折角ご自重専一と存じ奉り候。老生も次第に老却致し候えども、幸に無病、憚《はばか》りながらご放念下さるべく候。

日出の東　日没の西
春風万里五雲斉し
帝京の朝賀　人《ひと》已《すで》に散ずるも
台北台南は鶏いまだ啼《な》かず
　丙申元旦
右ご一笑下さるべく候。

沢茂吉は、旧三田《さんだ》藩士の家の出で、慶應義塾で学んだ門下生。旧三田藩士などからなるキリスト教開拓結社赤心社に入社、八十三名の移民を率いて北海道浦河地区に入植し、北寒の原野での困苦や松方デフレ下での苦境に耐えて、事業をようやく軌道に乗せていた。二十九年当時は、福沢に言わせれば「商界はあたかも狂するがごとし」(二十九年一月十一日付村井保固宛)という好況であったが、その中で、経済人が、毎晩宴席をもうけて「紳士にあるまじき」醜態を演じていた(二十九年八月六日付『時事新報』)。この手紙はこのような醜態に対比して、長年にわたり禁欲的に開拓に従事している沢への、心からの「敬服」を表している。漢詩の原文は次の通り。「日出之東日没西／春風万里五雲斉／帝京朝賀人已散／台北台南鶏未啼」。

Ⅲ
25 村井保固《むらいやすかた》　明治二十九年六月十四日

五月十四日の華翰拝誦《はいしょう》。時下向暑の候、益《ますます》ご清適賀し奉り候。陳《のぶれ》ば朴泳孝帰国差し止《と》めの電信その他につき、色々お手数を煩《わずらわ》し、ご用繁の御中恐縮に堪《た》えず。同人義もお遣《つか》わしの返電通り、先月二十一日横浜着。さて帰来して見れば差したる妨《さまたげ》もこれ無く、近日は神戸の方へ参り、朝鮮へ帰国は先ず先ず急に行われまじき様子にござ候。

そこ御地マッキンレー当撰は間違なきことならん。しかしこれがために金貨云々《うんぬん》、到底《とうてい》むつかしからんとのご所見、いかにもさようならんと、日本にても語り合い居り候。

木村八十太郎《やそたろう》退社帰国のよし、面白からぬ事に存じ候。帰来拙宅へも参り申さず、いささか遠慮の意味ならん。羽翼《うよく》未だ成らずして早すでに飛揚を試む、余り利益にもこれ有るまじく存ぜられ候。

日本は一般に大景気、種々の会社ならびに鉄道、銀行の設計にて、人心狂するがごとし。老生などは何も知らず、近日は百事すべて勉めずして、養生一偏《ひとえ》に面白く消光致し居り候。憚《はばか》りながらご放念下さるべく候。

明六君、開作君は勉強の事ならん。何卒《なにとぞ》私徳を厳重にして、商業に活潑ならんことを祈るのみ。おついでの節宜《よろ》しくご致意《ちい》願い奉り候。

右ご返詞にかねて御礼まで申し上げたく、匆々此《そうそうかく》の如《ごと》くにござ候。頓首。

二十九年六月十四日　　　　　　　　　　　　　　諭　吉

村井賢契　梧下

尚以《なおもって》、末筆ながらご令閨様へ宜しくご致意下されたく、老妻よりもご伝言くれぐれ申し聞け候。以上。

村井保固は、森村組ニューヨーク支店に幹部として勤務中の門下生。冒頭の話題は、朝鮮開化派の政客でアメリカに亡命していた朴泳孝が、日本にまで戻り、帰国の機会をうかがっているとの情報を伝える。つづいて、金本位論者「マッキンレー」がアメリカ大統領に当選する見込みが取り上げられている。当時は、世界的に金高傾向であり、銀本位制の日米は輸出において有利であった。このためアメリカも、マッキンレーが当選しても直ぐには金本位制に移行できないだろうという予想が語られている。福沢は、このように経済に関心を持ちながらも、一方で「人心狂するがごとし。老生などは何も知らず」と日本の好景気にやや醒めた目を向け、他方で在米中の森村明六、開作兄弟に、「私徳」と「商業」の両立を願っている。確立し始めた日本資本主義を支えるべきモラルに、福沢の関心はこの時期いっそう強く向けられるようになっていた。

Ⅲ 26 飯《いい》田《だ》広《ひろ》助《すけ》　明治三十年一月六日

新年目出たく申し納め候。

一月一日縷々《るる》の来示、去年中は色々ご心配の事のみ、兵役の方ご免除なれども、その後地方の水害、かたがたもってご出京もむつかしきよし。これは致し方これ無く、また退いて考うれば勉学必ずしも学問にあらず、近時交通便利の世の中、閑を偸《ぬすみ》て折々ご出京然るべし、随分利する所あるべしと存じ候。

学問は方便なり、独立独行の生活は目的なり。勇を鼓して独立を謀り、これを謀り得て安心の境遇に至る上は、すなわち地方の改良に志し、人民一般の気品を高尚にするよう致したく、これに就ては色々お話し申したき事にござ候。

拙家は先ず無事安寧、本年元旦

家を成してより三十七回の春
九子九孫寿を献ずるの人
歳酒妨げず杯を挙ぐることの晩《おそ》きを
却って誇る老健の一番新たなるを

ご一笑下さるべく候。妻を娶《めと》りて三十七年、四男五女を産み、今は九人の孫を得たり。

老生年六十四、老妻五十三歳、先ず無事に暮し居り候。憚《はばか》りながらご安意願い奉り候。右拝報まで匆々《そうそう》此《かく》の如《ごと》くにござ候。頓首。

三十年一月六日　　　　　　　　諭　吉

飯田広助様　几下

老生書は甚《はなは》だ拙なれども一葉認《したた》め候間《あいだ》、差し上げ申し候。

「学問」により独立した生活を図り、それを基盤に地方の改良を志し、さらに「人民一般の気品を高尚にする」ことを、地方の資産家・名望家に期待している。飯田広助は福井の豪農。まがりなりにも国の独立基盤が固まったこの時期には、「一身独立」の精神的な側面である「気品を高尚にする」ことが、残された課題として先鋭に表にでてきている。漢詩の原文は次の通り。「成家三十七回春／九子九孫献寿人／歳酒不妨挙杯晩／却誇老健一番新」。

Ⅲ 27　石河《いしかわ》幹明《みきあき》・北川《きたがわ》礼弼《れいすけ》　明治三十一年三月八日

日本鉄道会社の不始末は、重役どもの怠慢に相違なけれども、この際一筋に重役輩を責むるのみにして、同盟者を歓迎するは、甚《はなは》だ面白からず。筆端は痛快なるに似て、洒落《しゃれ》には宜《よろ》しけれども、日本全国工業の利害を考れば、同盟罷工決して恕《ゆる》すべからず。

要はただ諸会社を警《いまし》めて、事を未発に防ぐの法を講ぜしむるに在り。かりそめにも世間の青年書生に倣《なら》い、罷工を見て拍手称快の愚をなさざるよう、ご注意下さるべく候。匆々《そうそう》頓首。

三月八日　　　　　　　　　　諭吉

石河様

北川様

石河幹明、北川礼弼は、共に『時事新報』記者。日本鉄道は上野・青森間の民営鉄道。この会社で、三十一年二月に機関部を中心として待遇改善要求が起こり、会社側が首謀者十名を解雇したことに端を発して、機関方火夫らがストライキに突入。ストは待遇改善要求を貫徹して収束した。労働運動や社会主義の問題は、晩年の福沢が最後に気にかけることになった新たな問題で、日原昌造宛書簡(Ⅱ28)でも将来は「コンムニズム」(communism)の議論が拡大することを予想している。この手紙では労使対立を煽ることを避けて、両者の協調を促す社説を望んでいる。

Ⅳ　民権と国権——ことばを武器として

自由民権運動は、板垣退助らが民撰議院設立建白書を左院に提出した明治七年にはじまるが、福沢は九年から十一年まで、土佐立志社の付属教育機関立志学舎に門下生を英学教師として派遣する(Ⅳ2)など、この運動に一定の期待を寄せていた。しかし長沼村事件で村民を支援し(Ⅳ1)、また春日井郡の地租改正反対運動では農民を支援し(Ⅳ3)、真の民権論者を自負していた福沢は、その後の自由民権運動が国会開設要求のみに終始し、私権や地方の権利など「民権」そのものの拡張に不熱心だったことに大きな不満を抱いていた。すなわち福沢は、『通俗民権論』や『通俗国権論』を執筆した十一年夏頃までは国会開設よりも地方民会の充実と分権の実現こそ優先事項と考えていたし、また「民権」と「国権」は車の両輪であり、「国権」を無視した「民権」などありえないと考えていたのである。

しかし十一年秋頃になると、福沢は「人心」がすでに国会開設へ向かっていることを認識し、国会を開設せざるをえない状況が早晩訪れるであろうことを確信する。そして福沢は自由民権運動の潮流にあわせるかのように早期国会開設論を提唱し、翌十二年にはイギリス流の議院内閣制の採用を提唱する『国会論』(八月刊)と『民情一新』(九月刊)をあいついで刊行するにいたった。手紙によれば福沢はこの頃、交詢社への入社勧誘を盛んにおこなったり(Ⅳ5)、後藤象二郎の高島炭鉱の買収を岩崎弥太郎に依頼する(Ⅳ

6)など、表面にあらわれない活動が目立つが、国会開設運動が昂揚した十三年に入ると、この年が「国会年」になると予測し模擬国会を開催したり(Ⅳ7)、かつての門下生の依頼に応えて「国会開設ノ儀ニ付建言」を代筆したり、演説討論の場として明治会堂の建設を計画したり(Ⅳ8)、年末には大隈重信、伊藤博文、井上馨の三参議より政府機関紙発兌の依頼をうけるなど、身辺はあわただしさを増した。

明治十四年の政変後、福沢は新聞発兌が立ち消えとなった理由を詰問する手紙を伊藤博文・井上馨宛に送っているが、この手紙は本書のなかで最も重要な手紙の一つである(Ⅳ11)。福沢はこの手紙のなかで、イギリス流の議院内閣制採用を支持してくれた大隈重信・伊藤博文・井上馨の三参議から一層の理解を得るため、『時事小言』(十四年十月刊)を贈った旨を述べているが、福沢がこの時期国権論の色彩が強い『時事小言』を刊行した背後には、『民情一新』や『国会論』で提唱したイギリス流の議院内閣制の導入をなんとしても実現させようとする福沢なりの計算と強い願望があったのである。

その後の朝鮮改革運動、条約改正、日清戦争など対外的な問題に言及した手紙(Ⅳ13)をみると、その後の政治思想が国権論的色彩を強めていったことは否めない。議院内閣制導入の挫折とともに、福沢の民権論は大幅に後退し、かわって対外論としての国権論がより重要な地位を占めることになるからである。

(寺崎修)

Ⅳ
1　柴原《しばはら》和《やわら》　明治七年十二月二十五日

　未だ拝顔を得ず突然書を呈するは恐れ入り候えども、拠《よんどころ》無き次第ご海容《かいよう》下さるべく候。

　ご管下長沼村の者にかねて小生懇意の人これ有り、同村沼地の義につき、一昨年より紛紜《ふんうん》を生じ候よしにて、先月中、右の者拙宅へ参り色々談話の末、不文の村民、願書認《したた》め候も叶《かな》わぬにつき、代筆いたしくれ候よう、頼みに任せ、一友に託し執筆、別紙壱綴案文の通り村民の代筆いたし遣《つかわ》し候。本書はその筋へさし出し候由《よし》のところ、村民の疑惑はこの願書県令様のお手に達したるや否《いなや》とてしきりに掛念《けねん》、小生も実はその村に関係これ無く、いわんや沼の一条、楚越の事に候えども、ただ代筆の周旋いたし候訳《わけ》をもって、度々《たびたび》苦情を聞くに立ち至り、ほとんど当惑の次第なり。もとより事の由来を詳《つまび》らかにせず、その利害に関するにあらず候えども、その書面のお手許《てもと》に達したると否とを証するの義はでき申さざる哉《や》と存じ、すなわち念のため草稿相添えご様子伺い奉り候。決して長沼村のために理を述べて事の成敗につき、内願いたし候筋にもあらず、県庁のご内意を伺うにもあらず、また伺うべき理もあらず、ただ小生の周旋にて村民のため代筆を頼み、その書果してお手許に達したるや否を内々伺い奉りたきのみにござ候。ご繁用の御中恐れ入り候えども、わずかに一行のご返書下されたく願い奉り候。右の段申し上げたく、早々頓首。

廿五日　　　　　　　　福沢諭吉

柴原県令様

尚以《なおもって》、本文の次第、私の身をもって決して公事に関するに非《あら》ず。村民一方の言を聞けば、あるいはお上のご無理、お叱り、捕縛などとて苦情は沢山に候えども、小生において上郷と長沼といずれか是非申す見込みは毫《いささか》もこれ無く、申し上げ候までもこれ無く候えども、事の理非曲直につきては小生はまったく路傍の人にござ候。その辺あしからずご承知下さるべく候。以上。

柴原和は旧竜野藩士で、この頃千葉県令。訪ねてきた千葉県埴生郡長沼村(現成田市長沼)の村民小川武平らから「長沼」の入会権をめぐる紛争を知った福沢は、長沼村民の窮状に同情し、県令宛に提出する「願書」を牛場卓蔵に代筆させるなど、様々な形で援助をおこない、支援は三十三年三月無償下戻しの許可が得られるまで二十五年以上続いた。この手紙は、紛争初期段階のもので、村民が提出した「願書」が柴原県令のもとに確かに届いているかを直接問い合わせたもの。

Ⅳ 2 板《いた》垣《がき》退《たい》助《すけ》　明治十一年二月八日

去年来ご様子は詳《つまび》らかに伝承仕り候えども、久しくご尋問も申し上げず、怠慢の段諒恕《りょうじょ》これ祈り候。時下寒気甚《はなは》だしく候ところ、益《ますます》ご清安ご起居成られ、拝賀奉り候。随て生《せい》義、旧に依《よ》り恙《つつが》なく消日罷《まか》り在り候。憚《はばか》りながらご省念下さるべく候。当府下《ふか》相替る事もこれ無く、太平無事なり。立志学舎も次第に盛《さかん》なるよし、先日二教師より勤怠表贈り参り、近況を詳らかにいたし候。土陽民間の模様は次第に進歩、議論も追々着実相成り候よし、何よりの義、まったく先生のご尽力に依り、この面目に至りし事、窃《ひそか》に欣喜に堪《た》えず候。就てここに一事申し上げ候義は、先生御事、久しくそこ御地へご滞留、地方の諸件それぞれ緒に就くは、誠に祝すべし。なお次第に進歩を祈る所に候えども、都会の地と脈絡を通ぜずしては往々不都合の次第もなきにあらず。この脈絡を通ずるには、文通をもって足らず、代人をもって足らず、必ず先生のご入京なきを得ず。ごく内々の事なれども、愚意を申し上げん。人物はすべてその身の在る所に勢力を得る者にて、地方に在れば地方に勢力を取り、都会に在れば都会に勢力を増す。社会自然の事相なり。今先生は地方に在って、既に地方の人望を得たり。宜《よろ》しく速《すみや》かに都会に来りて、また都会の旧面目を増すべき事、今日の急と存じ奉り候。今日先生都会に来るも、必ず面白き事はあるべからず。見るとして聞くとしてことごとく皆不快なるべしといえども、この不快なるもの、これを思えば益《ますます》不快なれども、これを思うは思わざるに若《し》かず。とにかく何事も放却して、暫く都会に御住居はいかが哉《や》に存じ奉り候。右はただ生の愚案のみ、なおご賢慮祈り奉り候。〇旧冬劣姪《れってつ》中上川彦次郎と申す者、小幡篤次郎同伴にて、英より帰国。色々考えもこれ有り、生も為《ため》に力を得て、本年よりは塾の仕組みも少し改正を加え、なおまた両人の勉強をもって、『民間雑誌』の発兌も盛にいたし候つもり。雑誌は既に立志社へ廻し候事にこれ有るべく、ご覧願い奉り候。先般拙著『民間経済録』も、立志学舎までさし出し置き候。これまたご高評願い奉り候。右内要申し上げたく、早々此《かく》の如《ごと》くにござ候。頓首。

明十一

二月八日　　　　　　　　　　　　福沢諭吉

板垣先生　侍史

尚以《なおもって》、民権論者も往々論を変じ、甚しきは裏切りを致すもの少なからず。これには閉口なりと生は敢て言わず。去るものは颯々《さっさつ》と放逐して可なり。天下に人口少なからず。ただ人口にあらず、人物あり、朋友あり、厘毫《りんごう》も憂うるに足らず。今後は小幡、中上川の力を得て、『民間雑誌』は毎日の発兌に致し候つもりにござ候。何卒《なにとぞ》その他へも広くご披露願い奉り候。

慶應義塾は明治九年一月から十一年七月までの間、土佐立志社の付属教育機関である立志学舎に英学教師を継続的に派遣しており、福沢と板垣退助は、派遣教師を通して親しい間柄にあった。この手紙は高知に引きこもっていた板垣に上京を勧めるもので、福沢の自由民権家板垣に対する期待が大きかったことを示している。文中「二教師」とあるのは、吉良亨・永田一二の両名、「勤怠表」は成績表のことである。『民間雑誌』は十一年三月一日より日刊。『民間経済録　初編』は十年十二月刊。

Ⅳ3　大隈《おおくま》重信《しげのぶ》　　明治十一年六月二十一日

益《ますます》ご清安ござ成られ拝賀奉る。昨今別《べつ》してご繁用察し奉り候。陳《のぶれ》ば両三月前より愛知県の百姓、地租改正の義につき様々の事を持ち参り候えども、小生も多忙、これに応ずるの余暇なく打ち払いいたし置き候ところ、近日に至りその様子を聞けばほとんど郡民破裂にも及ぶべき哉《や》の趣《おもむき》、実否は知らず候えども、さりとは面白からぬ話なり。いかなる訳《わけ》かと尋ね候えば、該県春日井郡百九十ヵ村、旧拾五万石ばかりの地にて、改正に順序なしとか、官吏圧制とか、定式の通り苦情の末、ついにこの度《たび》は闔県《こうけん》の平均を願わずして、ただ一部に限り改めて験査《けんさ》いたしたしとの事なり。この一事も今日となりては随分難《ずいぶんかた》き事にて、県官も好まざるところならんといえども、一郡に平均すれば、改正のために税を増すにあらず、また甚《はなはだ》減ずるにもあらず、結局郡中にて結構人の部類がこれまで増税の不幸に罹りしものを、他の部類に平均するまでの義、かつ一県の総体にさし響き候事もこれ無く、もしもできるものならばご勘考下されたく、小生はあえて出願人に左祖するにあらず、ただ官民に損ずる所なくして物論の沸騰を鎮静するの法あらばこれに従い、とかく全国内の無事を祈るまでの婆心《ばしん》にござ候。右ごく内要用申し上げたく早々斯《かく》の如《ごと》くにござ候。頓首。

六月廿一日　　　　　　　　　　　福沢諭吉

大隈先生　侍史

この頃、大蔵卿で地租改正事務局総裁でもあった大隈重信に対し、地価の査定をめぐり愛知県春日井郡で起こった農民の反対運動について善処を求めるもので、福沢は春日井郡農民林金兵衛らの依頼により明治十一年二月以降、この運動を支援していた。この事件は十二年二月、徳川慶勝が救済金三万五千円を下賜し、十四年から地租を改定する確約書を県庁が出すことで決着した。

Ⅳ4　田中不二麿《たなかふじまろ》　明治十一年十二月十八日

先日学士院の話に、書記幾名を命ずる云々《うんぬん》の事あり。右は誰の撰挙に係るべきや、いずれ来月十五日の集会にて、その辺も決する事ならんと存じ候えども、一体この度《たび》の一条につき、愚按は先にも大略申し述べ候通り、該院にて急に有形の事をなさんとするは甚《はなはだ》面白からず。すべからく人員を少なくして、一両年は真実茶話同様のものにて進歩致したく。就ては、右書記か幹事を撰ぶにも、本省にて大抵その人を定めてはいかが。あるいはお儀式ならば、定めたる上にて会員に可否を決しむるも可ならん。到底《とうてい》本省は亭主役にて、会員は客なり。幹事書記の人物に必ずお心当りもござ有るべく候えども、小生思うに旧広島師範校長吉村寅太郎なども随分宜《よろ》しからんと存じ候。お考え置き願い奉り候。また跡の七名の会員、これもお考え置き、おおよそお見込み相伺いたく、生は相成るべきだけ役人らしき役人はこれを除き、年齢と品行とを第一として採りたく、医師には杉田玄端などその人ならん。神田氏のごときは文部の役人なれども、この人はたとい野に居り、ツブシにしても、この度の撰挙には必ず当るべき人物ならん。このほど独りにてちょっと考え候ところにては、

杉田玄端
モールス
中村栗園？
坊主
皇学者
杉亨二
小幡篤次郎

？印は疑なり。学問の深浅は知らず候えども、この人七十一、二歳なり。儒者は世に沢山、いずれ年齢をもって定るより外に方便これ有るまじく。いずれそのうち拝趨《はいすう》万々お話し仕るべく候えども、すべて会議は下《し》た話を緊要とす。念のため愚意申し上げ置き候。他見はもとよりご無用、ご覧後火中を願う。早々頓首。

十二月十八日　　福沢諭吉

田中先生　侍史

この頃文部大輔の田中不二麿に、まもなく発足予定の東京学士会院の書記候補および会員候補の名を挙げるもの。東京学士会院は、明治十二年一月、西周・加藤弘之・神田孝平・津田真道・中村正直・福沢諭吉・箕作秋坪の七名の学者の協議を経て発足。当初は右記七名を含む二十一名の会員で構成され、福沢は初代会長に選ばれた。「杉田玄端」は共立病院の創設者、「モールス」は十年に東京大学に招聘された動物学者モース(Morse, Edward Sylveste)、「中村栗園」は儒学者、「杉亨二」は統計学者、「小幡篤次郎」は慶應義塾教員。しかし、このうち「モールス」と「中村栗園」については、会員となった形跡がない。

Ⅳ5 大石《おおいし》勉吉《べんきち》　明治十二年十月十二日

秋冷深く相成り候。益《ますます》ご清安拝賀奉る。陳《のぶれ》ば先達《せんだつて》ご出京の節もちょっとお話し申し上げ候社中結合の義、このほど小幡外《ほか》旧友三十名ばかりの発起にて様々相談の上、必ずしも当塾の旧生徒に限らず、同志の向《むき》は一切これを集合せんとて、すなわち交詢社と名づけ、仮に社則もでき候につき、附言共数部お廻し申し上げ候。ご一覧の上ご入社下されたく、またかねて相伺い候その地方に有志者も甚《はなはだ》少なからず、お申し合せの上、伝え又伝えて加入相成り候ようご周旋下されたく願い奉り候。右要用申し上げたく、早々此《かく》の如《ごと》くにござ候。頓首。

十月十二日　　福沢諭吉

大石勉吉様

尚以《なおもって》、時下国家のためご自重専一と存じ奉り候。江川様もご帰朝の由《よし》、未だお目に掛らず、憚《はばか》りながら宜《よろ》しくご致意《ちい》願い奉り候。

大石勉吉は韮山県大参事柏木忠俊の家従で、この頃韮山学校教員。「知識を交換し世務を諮詢する」ことを目的とする交詢社は、明治十三年一月二十五日正式に発足するが、仮社則は前年九月三十日に完成、十月九日には印刷が完了していた。この手紙は、出来たばかりの交詢社仮社則を同封の上、入社を勧め、地元有志者の加入の周旋を依頼するもの。福沢は交詢社設立準備の会合に全く姿をみせなかったが、手紙の上では、各方面に入社勧誘をするなど、積極的であった。

Ⅳ6　岩崎弥太郎《いわさきやたろう》　明治十二年十月二十九日

拝啓

昨日は早朝より拝趨《はいすう》、ご用繁のところ御妨《さまた》げ仕り、恐縮に堪《た》えず。その節お話し申し上げ候一条は、ご熟考にも相成るべき由《よし》、有り難く存じ奉り候。実はこの一事極めて困難、あるいは小生よりお話し致し候ても、一言の下《もと》にご謝絶もあらんかと、疑懼《ぎく》致し居り候ところ、その儀無く、旧を懐《おも》い今を察して、ご勘考にも相成るべきとは、小生においても望外の仕合《しあわせ》、別《べつ》して感佩《かんぱい》仕り候。くれぐれも申し上げ候通り、また相伺い候通り、第一既に已《すで》に御大業に従事の上、更にこれに加うるに他の一大業をもってす。事務のご繁多、人物の欠乏は申すまでもこれ無く、また第二には、彼の苦々《にがにが》しき俗論の嫌疑(ナメルノ一条)をもお引受け相成らずては叶《かな》わざる次第。これに堪え、これを忍び、なお断然ご負担相成り候義は、実にご迷惑この上無き次第、あくまで御察し申し上げ候えども、いかんせん今日に至り、後藤君の後藤君たる体面を全《まっとう》して、今の社会に求めて得《う》べからず、作りて造るべからざる一人物を保存するの路は、他に求むべからず、ただ老台の一諾に存するのみ。小生は窃《ひそか》に謂《おもえ》らく、天未だ後藤を空《むな》しうせざるか、三菱会社の存するありと。実を申せば、この一事既に時に後《おく》れたり。ただに後れたるのみならず、最初よりこの事なきに若《し》かず。いかにも堪え難《がた》き次第なれども、人間万事意のごとくならず。既往はこれに瞑目して将来を思えば、一年は一年の困難を増し、一月は一月の不都合を生じて、遂にいかんともすべからざるに至るや必せり。かくのごときはすなわち、天地間に一個の後藤君を消滅するのみ。さりとてはまた世のため人のために惜しむべし。同君の天稟《てんぴん》、商業には不適当なれども、人品の清貴磊落《らいらく》にして、正に今の社会の大事に適すべきは、朝野の評して疑いを容《い》れざる所、惜しむべきに非《あら》ずや。小生などは君と積年の交際あるに非ず候えども、なおかつ国を思えば、入《い》らざる事に厚顔を忍びて、今回のお話も致し候次第。いわんや老台においては同郷同志、かねて金蘭のご交誼も在らせられ候御事、かつその交誼、あるいは中間に人の風雨に妨げられたるもあらんといえども、その本体の確然動揺するなきは明らかに知るべし(小生は特にこれを明知せり)。何《なに》卒《とぞ》私のため公のために、ご英断願い奉り候。この義につき小生は人に語らず、また人の言を聞かず。ただ一個の中心に出たるものにして、もとより名利の外に在るは、憚《はばか》りながら老台にもご涼察の事ならん。言少しく愚痴に近しといえども、もしも今回の一事ご謝絶相成り、他にご名案のお示しもなくして、後日に至り小生が臆測に違わず、後藤君の地位体面を失う事もあらば、その時には少しく怨望せざるを得ず。けだしこの怨は私怨にあらずして公怨なり。その時には小生の心事に謂らく、今年今月後藤消滅したり、誠に惜しむべし。明治十二年の早きに在らば、なおこれを救うの路もありしものを。三菱社の事業洪大なりといえども、炭礦社の事五月蠅《うるさし》といえども、礦を菱に引受けて菱の興廃に関するにあらず。これを合併したらば、両社長の友誼を全うするのみならず、天下国家の一大美事。嗚呼《ああ》明治十二年冬の時に、三菱社長の一諾を得たらば、かかる苦しき事態を目撃することもあらまじものをと、直《じか》に老台に向て怨言を呈せざるも、窃《ひそか》に公のために不平を抱かざるを得ず。

右失敬を顧みず、昨日の御内話に続き、なお念のため重ねて鄙言《ひげん》を呈し候。何卒ご尊案願い奉り候なり。拝具。

十二年十月廿九日　　　　福沢諭吉

岩崎先生梧下

岩崎弥太郎は海運会社三菱商会の創始者でのちの三菱財閥の基礎を築いた人物。この手紙は経営危機に陥っていた後藤象二郎の高島炭鉱の買収を依頼するもので、福沢は、岩崎以外に後藤を救えるものがいないことを告げ、もしも岩崎が依頼を拒絶して後藤の政治生命が危うくなるようなことになれば、「怨望」せざるをえないとまで述べている。岩崎は翌十三年七月に至り、高島炭鉱の引受けを決意した。

Ⅳ7　岩井《いわい》　諦《あきら》　明治十三年三月十七日

一月十六日の華翰《かかん》拝見。その前にも毎度お手紙下され候えども、何か多事に取り紛《まぎ》れ誠にご無音《ぶいん》、怠慢の罪ご海容下さるべく候。当地相替る事もこれ無く、一月以来塾にて議事演習の事を始め、大人生《たいじんせい》百四、五十名にて、式のごとく議場を開き討論いたし居り候。これは当節柄必要の事と存じ候。和田の幼稚舎は次第に多人数に相成り、昨今は普請致さずては叶《かな》わざる勢いにござ候。畢竟《ひっきょう》世間多事の父兄、その子供を托するがために便利を覚えたる事ならん。

旧冬より諸方の有志者なる者が続々出京、国会開設の願とて、なかなか賑々《にぎにぎ》しき事なり。去年はコレラ、今年は交代して国会年ならん。仙台よりも出《いで》たるよし。紀州は児玉仲児の一統出府、浜口儀兵衛も出掛けたり。老生輩はただただ見物いたし候つもり。コレラは掛念《けねん》に候えども、国会の見物は安心なり。若き者は騒ぐがよし、年寄は沈着然《しか》るべし。憚《はばか》りながら松倉君へも宜《よろ》しくご致意《ちい》願い奉り候。右延引ながら貴答申し進めたく、早々斯《かく》の如《ごと》くにござ候。頓首。

三月十七日　　　　　　　　　　福沢諭吉

岩井諦様

尚以《なおもつて》、時下ご自重専一と存じ奉り候。和久君そのほか諸君へ、宜しくご伝声願い奉り候。先達《せんだつて》は御地銀行の遠藤敬止君来訪、最早《もはや》帰県相成り候由《よし》、おついでに宜しくご致意願い奉り候。以上。

この年一月に、陸羽日日新聞印刷長として仙台に赴任した岩井諦に、模擬国会の開催、幼稚舎の盛況など、慶應義塾の近況を述べ、国会開設請願者のあいつぐ上京を伝えている。福沢は

「去年はコレラ、今年は交代して国会年ならん」と述べ、明治十三年が国会年となると予測していた。「和田」は幼稚舎長和田義郎、「児玉仲児」は和歌山の自由民権運動家、「浜口儀兵衛」は和歌山県会議長、「和久君」は宮城県立師範学校長和久正辰、「遠藤敬止」は仙台銀行員。

Ⅳ 8 馬場《ばば》辰猪《たつい》　明治十三年六月二十九日

益《ますます》ご清安拝賀奉る。陳《のぶれ》ば過日来ほぼご承知もこれ有るべき哉《や》、会堂建築の事につきご相談いたしたく、社中七、八名へ案内いたし置き候につき、来月二日午後五時、拙宅へご来会下されたく、この節ご多忙の御中には候えども、何卒《なにとぞ》お差し繰り願い奉り候。この段ご案内申し上げ、お差し支《つか》えの有無伺い奉り候。早々頓首。

六月廿九日　　福沢諭吉

馬場辰猪様　梧下

演説討論の場を慶應義塾外にも設ける必要があると考えた福沢は、明治十三年七月二日に明治会堂建築相談会を自邸で開催することを計画、馬場辰猪をはじめ、荘田平五郎、森下岩楠ら社中の有力者に案内状が配られた。明治会堂建設の方針はほぼこの会議で固まり、このあと京橋区木挽町(現中央区銀座三丁目)を建設地と決定、九月には工事がはじまり、収容人員千余名の会堂は翌十四年一月完成した。

Ⅳ9　鎌《かま》田《た》栄《えい》吉《きち》・市来《いちき》七《しち》之《の》助《すけ》・藤《ふじ》野《の》近《ちか》昌《まさ》　明治十四年九月十九日

秋冷の節、各位益《ますます》御清寧拝賀奉る。随て老生異無く消光罷《まか》り在り候条、憚《はばか》りながらご放念下さるべく候。御地学校はいかが相成り候哉《や》。定めて諸君の御尽力にて、十分に行き届き候義にこれ有るべく、幾重にもただご勉強専一と存じ奉り候。地方の人心いかが。追々新聞紙演説もまた流行の世の中に相成るべく、一両年のご辛抱にござ候。

当地本塾も旧のごとく入社は相替らず多く、既に本月も十五日まで六十二名の入社なり。塾中も至りて静かに勉強致し居り候。ご安意下さるべく候。

交詢社も近来は退社、入社比較して、入の方多しと申す事にござ候。

一昨夜坂田氏の部屋に盗難、氏は身代限《しんだいかぎり》に取り尽されたり。盗は外来、稲荷様の山まで何もかも持出し、山にて荷を拵《こしら》え、立ち去りたる事と相見え候。塾のドロボーには誠に閉口の次第にござ候。

本月十三日は暴風雨、外囲などなかなか損所多し。しかし三階は当夏中段々大いに手入れいたし、ためにこの暴風にビクトモ致さず候。

本月十三日より老生は塾の座舗《ざしき》にて、拙著『時事小言』の演義致し、午後三時より塾中一同出席いたし候。小幡氏は本月七日乗船、大坂へ参り、次で阿部氏も同行。上方もなかなか賑々《にぎにぎ》しき由《よし》にござ候。阿部は生命保険会社のためなり。この会社も至極繁昌にて、資本は十万円。昨今被保人に約したる金高は、既に三十余万円と申す事にござ候。

近来東京は、開拓使御払下げの一条にて、誠に物論の喧《やかま》しき事なり。その事柄はあまり正しき仕方にもこれ有るまじく候えども、今の政府の仕組みなれば、何も珍しからぬ挙動ならん。必ずしも黒田と五代を、この度《たび》に限り咎《とが》むるにも及ばざる事なり。これを咎むれば、十三年間政府の全体を咎めて可なり。但しこの度は麑島《かごしま》人が傍若無人の挙動とて、いやしくも麑島の名ある人物は皆その党類のごとくに言做《いいな》さるるは、在県の人のためには少々気の毒のように存じ候。

右ご尋問かたがた申し上げたく、早々斯《かく》の如《ごと》くにござ候。拝具。

九月十九日　　　　福沢諭吉

鎌田栄吉様
市来七之助様
藤野近昌様

尚以《なおもって》、時下折角ご自重専一と存じ奉り候。高木喜一郎、矢田績は、過日箱館へ参り、それより奥羽地方を演説して帰京のつもり。渡部久馬八も過日帰京。四、五日前、高橋正信、平賀敏同道にて、千葉県、水戸の近傍へ巡回いたし未だ帰らず。小泉信吉は帰朝の事に定まり、ちょうど昨日頃英国出船の筈にござ候。拙著『時事小言』は、本月中には発兌のつもり。

小窓汗を揮って稿初めて成る
十万言中無限の情
定論《ていろん》元より期す棺を闔《おお》うの後を
是非は今日人の評に任す
一微塵《いちみじんり》裡に幾多の群
国会漫言朋党に分ると
蛮触《ばんしょく》角頭《かくとう》に時に眼を転ずれば
西洋万里気は氛氳《ふんうん》たり
辛巳夏日　時事小言稿成

ご一笑下さるべく候。

追て、野村君始め諸君へ然《しか》るべくご致意《ちい》願い奉り候。以上。

鹿児島英学校に赴任した三名に、義塾や交詢社の現況、盗難や台風による被害、福沢並びに塾員の近況を伝え、北海道開拓使官有物払下問題についての感想などを述べるもの。文中の漢詩二編は、『時事小言』を書き上げた感懐を詠ったもので、十四年七月脱稿直後の作。漢詩の原文は次の通り。「小窓揮汗稿初成／十万言中無限情／定論元期闔棺後／是非今日任人評」「一微塵裏幾多群／国論漫言朋党分／蛮触角頭時転眼／西洋万里気氛氳」。「坂田氏」は坂田実。「阿部氏」は阿部泰蔵。「黒田」は黒田清隆。「五代」は五代友厚。「野村君」は野村彦四郎か。

Ⅳ 10 大隈《おおくま》重信《しげのぶ》　明治十四年十月一日

長々のご旅行、ご苦労に存じ奉り候。時下秋冷相成り候ところ、益《ますます》ご清適拝賀奉り候。陳《のぶれ》ばご出発前お約束、なおその後肥田昭作へご伝言も下され候拙著の書、大いに延引致し、実はよほどでき候ところに、娘病気に罹《かか》り、昼夜看護。百事放却致し候については、製本の差図《さしず》も行き届かず、昨夕仮綴のもの五冊でき候につき、とりあえずさし上げ候。献本は用紙も吟味、表紙も別に致し候よう申し付け、何分にも今回の間に合い申さず。いずれ還幸の上の事に仕るべく存じ奉り候間《あいだ》、右の五冊は、ただご同行の誰彼へご分与、お取り計らい下されたく存じ奉り候。

北門の一条は誠に騒然。最早二ヵ月にも相成り候えども、世論はなかなか止《や》み申さず。人の噂七十五日の類にこれ無く、近来一説あり。云《いわ》く、今回の一条、不正と申せば不正ならんなれども、明治政府には十四年間この類《たぐい》の事珍しからず。何ぞこの度《たび》に限りて喋々する訳《わけ》もあるまじ。然《しか》るにかくも喧《やかま》しきは、畢竟《ひっきょう》三菱と五代と利を争い、大隈と黒田と権を争うより生じたる者にして、云わば一場の私闘たるに過ぎず云々《うんぬん》とて、この作説は随分官海に流行して、或る人々の口実にも相成るべき模様なり。

世上の民権論は、全く顛覆論に性質を改めたるがごとし。この模様にては官民益《ますます》反離して、その極度あるいは流血の禍《わざわ》いかんと、心配の事にござ候。

後藤は先月初旬より有馬の温泉、それより西京へ参り、不日《ふじつ》帰京のつもり。これも少し思案致し居り候様子なり。

板垣は大坂より東京へ参り、また東北に向て出発。いずれ禁獄人の見舞にかねて、自身の古戦場一覧と申す、随分有心の趣向のよう察せられ候。

昨冬来御内話、彼《か》の新聞紙の事も、とても今日の勢にては役に立ち申さず、実は時機に後《おく》れたるものなり。今後は何とか方向を替えずしては叶《かな》わず、篤《とく》とお考え下されたく。当春以来、右の内情をもって様々に用意もいたし、ただ今と相成り候ては、壮年輩へ些《ち》と申し訳なき次第、困却この事にござ候。

何様の仕組みにするも、新聞紙発行と地方へ人員派出は必要の事にて、一日を後るれば一日の損失たる明らかなり。この義につき、過般岩崎へ談じ候ところ、同人ももとよりその意はある様子なれども、例のごとく千思万慮、今に決断でき申さず、結局いかが致すつもりなるや相分らず、もしも岩崎が決すること能《あた》わざるにおいては、それまでの事にて、以来は相談相手にするに足らず。同人をば外物にして、別に経営致すべしとて、昨今社友窃《ひそか》に協議致し居り候。実は老生の身において、世の中の事につき、いらざる世話に候えども、その正味を申せば、近来塾も誠に盛《さかん》にして、生徒の数もほとんど五百に近し。既に卒業して、故郷へ帰るも仕事なし。東京に居りても面白からず。あるいは商売、あるいは記者など、穴のあらん限りは模索し尽して侵入するも、なお無事に苦しむ者甚《はなは》だ多し。この輩が日々の請求、実にその煩《わずら》わしきに堪《た》えず。またその情を察すれば、随分役に立つべき人物にして、これを放却するも不本意と存じ、当惑致すのみにござ候。

中村も相替る義これ無く、勉強いたし居り候。筆不精の性質、定めてご無音《ぶいん》致し候義にこれ有るべし。正金銀行もその事務の実際に不都合はなき様子なれども、とかく大なる物には衆目これに属し、世上にもまた政府中にも、議論あるよし。井上氏なども随分異論家の一人と申す事なり。今後いかが相成るべき哉《や》、油断したらばこの銀行にも他人の侵入なしというべからず。中村もなかなか心配にござ候。それにも拘《かか》わらず、老生は毎度金の事につき心配を頼み、誠に気の毒に存じ居り候。

かねて中村の目論見《もくろみ》、真利宝会は、今日までのところにては、十二分のできと申す事にて、甚《はなはだ》得意のようにござ候。

右要用のみ申し上げたく、い才は不日《ふじつ》ご帰京の上お話し致すべく候。早々拝具。

十月一日

尚以《なおもって》、この度さし出し候使いの者は、伊東茂右衛門と申し、多年拙宅へ寄留いたし候者にて、い才本人へ申し含め置き候間、ご都合も然るべく候わば、お逢い願い奉り候。以上。

明治天皇の東北・北海道巡幸に随行中の大隈に、「拙著の書」すなわち『時事小言』を届け、あわせて北海道開拓使官有物払下問題、民権運動、新聞紙発行問題などについて近況を伝えるもの。明治十四年の政変で大隈が罷免されるのは、この手紙が書かれた十日後(十月十一日)だが、福沢は「い才は不日ご帰京の上」と述べるなど、この頃政変を全く予知していなかったことがわかる。文中、「東北に向て出発」「禁獄人の見舞」とあるのは、板垣退助が仙台監獄在監中の陸奥宗光を見舞うという意味。また「真利宝会」は、東本願寺の財政再建のため、中村道太が中心となって組織した貯蓄組合のこと。

Ⅳ 11 井上《いのうえ》馨《かおる》・伊藤博文《いとうひろぶみ》〔自筆控〕

明治十四年十月十四日

去年十二月初旬の頃、井上君より中上川彦次郎をもって内談に、政府にて『公布日誌』発兌の企てあり、すなわち新聞紙なり。今これを企てんとしてその人物に乏し。老生においてその引受けいかんとの話につき、新聞紙とあれば、直《すぐ》にこれを拒む訳《わけ》もなし。但しその発兌の趣旨を書き記したるものもあらば、これを一見して後に応否の返答に及ばんと答えたり。

然《しか》ればすなわち、一日を卜《ぼく》して某の場所に集会せんとて、十二月廿四、五日の頃と覚う、大隈参議の宅然るべく、老生も出張せよとの事につき、彦次郎の案内にて同宅へ行きたり。行けばすなわち主人大隈と、伊藤、井上の三参議の在るあり。これにおいて老生は、なるほどこのたびの企ては三参議の発意ならんと、先ず推量したり。坐定まりて、井上君発言して云《いわ》く。方今民間の有様を通覧するに、その教育は果していずれの辺にあるか。小学校はただ児童の教育に止《とど》まり、社会に影響を及ぼすこと、固《もと》より遅々として、目下の施政上に頼むに足らず。いやしくも児童以上の者を導くものは、新聞紙と演説とのみにして、今日その景況を見るに、誠に言語に絶えたる始末。今の新聞なり演説なり、ただ民心を煽動して社会の安寧を妨《さまたぐ》るの具たるに過ぎず。さりとては今の外国交際の困難なるこの時節に当りて、内に牆《かき》に鬩《せめ》ぎて外に侮《あなど》りを受くるの不始末、誠に憂うべきにあらずや。この憂いは民間の学者も在朝の官吏も、共《とも》に与《とも》にする所なれば、すなわち同憂同志にあらずや。就ては今回政府にて企る所の新聞紙は云々《うんぬん》の趣向なれば、これを引き受けよとて、ひと通りこれを述べられ、大隈、伊藤の二参議も異口同説、なにとぞこの席にて応否の返答あれかしと、しきりに勧められたれども、老生の一身に取りては随分小事ならざれば、応否を決答せずして別れを告げたり。

その後大隈参議より、人をもって催促もあり、また井上参議よりは、彦次郎へ伝言もあり。躊躇《ちゅうちょ》すべきにあらざれども、何分にも政府大体の主義を聞かざれば決すること能《あた》わず。今の政府の政体にて、今の内閣を今のままに維持するがために、政府の真意の在る所を江湖に知らしめんとするの新聞紙なれば、たといその意の誠なるにも拘《かか》わらず、漫然たる人民の意に適せざること必然にして、かえって無益ならん。たとえば今の政府を病者と視做《みな》して、新聞発兌もってこれに応援するは、あたかも芥子《からし》泥発泡膏《でいはっぽうこう》をもって一時の病勢を誘導して、軽快を覚えしむるものに異ならず。さりとてはただ幾万の金のために、今の内閣のお伽《とぎ》を相勤るものなれば、老生の屑《いさぎよし》とせざる所、断じてこれを謝絶せんと覚悟を定めて、

本年一月、日を忘れたり、一夜井上君の宅へ推参したり。けだし最前彦次郎より初め

て同君の言をもって照会したるが故に、特に君の宅へ行きてこれを断るつもりなりき。その夜君に面会して前記の次第を述べ、何分にも政府の主義を決するにあらざれば、折角のお談《はな》しなれどもお断り申すの外これ無く云々と述べたれば、井上君容《かたち》を改めて云く。然ればすなわち打ち明け申さん、政府は国会を開くの意なりと。老生はこれを聞て実は驚愕《きょうがい》したるほどの事にて、先ずもってその英断美挙を賛成し、次第にその趣意を叩けば、君の言に云く。国会は断然開かざるべからず。今をもって考うるに、明治の初年に五条の御誓文ありしも、決して偶然にあらず。すなわちその時の勢を表出したるものにして、爾後《じご》今日に至るまで、明治政府は会議の主義をもって成立し、先輩木戸、大久保の諸氏が国のために尽したるも、その旨はただこの一点に在るのみ。かつ余が宿説において、薩長の藩閥は最も心に慊《こころよ》しとせざる所にして、いつまでもこの閥を存すべきにあらず。もしも強《し》いてこれを存せんとすれば、遂には政府の交代に銃剣を要するの場合に陥るも計るべからず。最も歎かわしき次第なれば、この度《たび》我輩において国会開設と意を決したる上は、毫《ごう》も一身の地位を愛惜するの念あるなし。たといいかなる政党が進み出るも、民心の多数を得たる者へは、最も尋常に政府を譲り渡さんと覚悟を定めたり。何卒《なにとぞ》この主義をもってこの度の新聞紙も論を立て、公明正大に筆を振いたきものなり。そもそも国会を須《ま》たずして施政の方便あれば、必ずしも強いてこれを開くにも及ばざることなれども、今の政府の内情を見よ。事を企て事を行う者は我輩三名大伊井をいうにして、麑島《かごしま》参議のごときは傍観者に異ならず。ただの傍観者なればまた可なりといえども、自家の利害に関する事に至りては、すなわち踏み止まりて屹然《きつぜん》動かず。その勢力決して軽小ならず、もって施政の遅滞を致す、枚挙に遑あらず。国会開設論などは容易に合点すべきにあらず。某参議のごとき、国会は百年の後といい、また一参議は三十年の後というがごとき、誠に言語に絶えたる話なれども、朝に説き夕に談じて、ついにはその同意を得るの日に至るもまた遠きにあらざるべし。この辺に諭吉中言して云く。国会開設は麑島参議のためには不利なるがごとくなれども、その開設の後にも、決してこれを政府外に排出することなくして、その地位を保存するよう致したきことなり云々といいしに、井上君ももとよりの事なりとて、更に疑わざるがごとし。すべてこの度の事は伊藤、大隈の二氏と謀りて、固く契約したるものなれば、万々動くべきにあらず。かく大事を打ち明けて申すからには、三参議は決して福沢を売らず。福沢もまた三氏を欺《あざむ》くべからず。全く徳義上の約束にして、証書を認《したた》めたるよりも堅固なり。もしもこれに疑念あらば、大隈に面会してこれを叩け。益《ますます》その実を証するに足るべし。余は生来かかる大事に就て違約など致したることなし云々と。

老生は始終君の言を聞きて感に堪《た》えず。これまでの御決意とは露知らざりし。かくては明治政府の幸福、我日本国も万々歳なり。維新の大業始め有りて終り有るものというべし。諭吉ももとより国のために一臂《いっぴ》を振わんとて、即座に新聞紙発兌の事を諾し、その跡は雑談に亘《わた》り、仮に国会開設後の有様を想像して、政党はかく分かるるならん。その人物は誰彼ならん。もしその党が政府を得たらば、誰れが外務卿たらん、彼れが内務卿たらん。もし然るときは、井上君はすなわち一時落路の人なるぞ。その時には君は一個の国会議員にして、議場に罷《まか》り出で、外国交際の事につき、前《さ》きの外務卿たる本員においては云々の見込みなどと述べ立つるか、扨々《さてさて》面白き事ならん。諭吉はかねてご存知の通り政治に念なし。この時こそ遠方より活劇を見物致さんなどと、両人対話、歓を尽して告別。

一月十七、八日の頃、井上君福沢の宅へ来訪。明後日露国の軍艦に乗りて熱海へ参るつもり。過日の談はいよいよもって間違いなきことならん。これより熱海にて伊藤、大隈二氏へ面会、果して間違いなき旨を告るぞとのことにつき、もとより異議なしとてなお承諾の約を固くし、ついでながら諭吉より一問題を起して云く。目今は大伊井三君膠《こう》漆《しつ》の交のごとくに見ゆれども、権を争うと申すは人類に免がれざるの常情。もし今後一日国会開設のその時に、誰れか首相の位に昇りたるときに、仮にいわゆる役不足などの意味はこれ有るまじきや、随分掛念《けねん》なり。その辺に就て三君のお間柄いかんと尋ねたるに、井上君笑て云く。気遣《づか》いあるな福沢君、我輩三名は、すでにすでに誓って事を謀る者なるぞ。徹頭徹尾三名の間に苦情の起るべき気遣いなし。その誓いの固きは既にかくまでと申すは、経済の一点につきては、余は多年大隈と主義を殊《こと》にせり。よって過日両人差し向かいに語りて、この一点は双方向う所を別にするものと覚悟を定め、強いて相投ずるを勉《つと》めずして、他はすべて同説同意、終始易変なかるべしとまで特に約束したるほどの事なれば、我三名の間に何として不和の生ずべきや。いわんや彼《か》のいやらしき役不足などにおいてをや。余がごときは、壮年の時より鄙《ひ》事に多能なりともいうべき者なれば、何役にても相勤め申さん。それこそ大書記の事にても苦しからず。いやはやそれ所の話ではなし。この節は麑島連の説諭に忙《いそが》わしく、既に大晦日のその日にも、余はほとんど終日川村の宅に行って説法さ。政治家もまた多忙なる哉《かな》云々とて、実に磊落《らいらく》寛大の口気。これに加るに、井上君また言葉を副《そえ》て云く。この度新聞紙の事、またこれに関する様々の示談は、今後政府の参議中、特に我輩三名を相手にして談じくれよ云々の言もあり。諭吉は益《ますます》三君の同一心たるを信じたり。

二月何日、大隈君熱海より帰京の後、君の宅を訪《とぶら》うて様々内情を叩きしに、その説すべて井上君の所言に異ならず。談話懇々長しといえども、正《まさ》しく符節を合するがごとくなればここに略す。その後訪うて面会、語次右新聞紙の事は大隈君の奏議に係るとの事を始めて承《うけたまわ》り、依てその発兌の方法、時限、入費などの事につき、細目を談論して、すでにその奏議許可の写をも一見し、大隈君は鋭意その着手を急《せ》くがごとくなれども、官より私社へ嘱托の権限など、不都合と思う廉《かど》あるが故に、その改訂を乞うなどと、かくして二月、三月を打ち過ぎたり。

老生の本意は、元来新聞紙発兌をもって名を得るにもあらず、金を取るにもあらず。ただその発兌の主義の公明正大なるを悦び、この一発をもって、天下の駄民権論を圧倒し、政府真誠の美意を貫通せしめんとするの丹心なれば、大隈君に問うに国会開設の事をもってし、その方法いかん、その時限いかんと尋ぬれば、君はすなわち云く。なかなかもって大事なれば、明言し難し。今正に伊井二氏と相談中にして、二氏もまた非常の尽力。麑島参議へもしきりに説得中なれば、漸次進むあるも退くなし。就ては彼《か》の新聞紙の一条も、おおよそ政府論勢の方向を定めたる上に発表する方然るべしとの事にて、日一日を消し、老生もまた随分多忙なれば、そのままに差し置きたり。

四月頃と覚う。諭吉伊藤君の宅を訪い、かねての新聞紙の事はいかがなりしやと尋ねたれば、君はかえって諭吉に向て、その事情成り行きを問うもののごとし。よって大隈参議へ談じたる有様は、これまで云々とて、彼の新紙嘱托の権限改訂などの情を語りたれども、この時の談勢あたかも主客相反するがごとくにして、諭吉の胸中には少しく不審を起したり。されども毛頭猜疑《さいぎ》の念なし。しかのみならず、爾後ある日伊藤君拙宅へ来訪、熊本の旧藩士某氏の事を内談せられ、諭吉はよくその情を詳《つまび》らかにして、数日の後その人にも面会。懇々時勢を論じ専ら内安外競の主義を語りて本人熊本へ帰りし後も、今に至るまで毎度文通、互いに最初の主義を変ずることなし。

五、六月の頃と覚う。矢野文雄拙宅へ参り、様々時勢談の語次、ごく内々に大隈参議と伊藤参議は国会開設の事を奏して、その旨大同小異なり云々と耳語《じご》して、固く他言を禁じたり。これに由て始て、同志三君の決意公然たるを証し、されば麑島参議へ説諭も、大抵行き届きたることならんと臆測したれども、矢野が厳しく他言を禁じたるが故に、正直にこれを守り、その後大隈君へは新紙の談につき度々《たびたび》面会したれども、特にその奏議の事に限りて、聞きもせずまた語りもせざりし。

三、四月の頃と覚う。諭吉一日大隈君の宅へ参り雑話の語次に、例の国会開設も容易なる事にこれ有るまじく、最早《もはや》花も散らんとするの時節、春去秋来なかなかもって遅々たることならんといいしかば、君もまた云く。然り、なかなか容易ならざる事なり。されども幾年も幾年も待つべきにあらず。もとよりその開門の日は期すべからざるも、政府議定の日は必ずしも秋風の起るを待たざるべし云々と。また本年一月中旬、井上君が拙宅へ来訪の時、諭吉の言に、国会を開くとておよそ今より何ヵ年何ヵ月の後を期するや、そのお見込みはいかにと云いしに、君の云く。容易にはできず、先ず三年さと答えたるその趣きは、必ずしも三年三十六ヵ月を計《かぞ》えたるにあらず。ただその用意の難《かた》きを表するもののごとし。諭吉は首を傾け、成程《なるほど》さようなるべし。しかしこの三年の日月は随分喧《やかま》しき日月ならん。その遅速はともかくも、事の大体さえ定れば、跡は跡の謀《はかりごと》あらんのみと談を終たることあり。また伊藤君が拙宅へ来訪のときに、国会開設の前に、元老院を改革して士族を云々するの言あり。これらを前後照し合して見るときは、大隈君の考えと伊藤、井上二君の考えとは、少しく緩急の別あるがごとくに覚えたれども、畢竟《ひっきょう》同志固結の三参議、大同論中の小異議と思うて、軽々これを看過したることなり。

以上は去十二月より近日に至るまで、ご内談の新聞発兌ならびに政府の主義につき、老生がご同志と信じたる三君より承わり、また申し述べたる関係の直筆記なれば、ご両所においても必ずご記憶あらん。然るに昨日大隈参議は免職せられたり。これに由て見れば、大隈君と伊井二君との間に、政治上の交際は破れたること明らかなり。老生はその破れたる所以《ゆえん》の原因を知らず。ただ今日に在りては過去十ヵ月の有様を想起し、昔日は三君膠漆《こうしつ》の交際彼のごとく、今日はすなわちその政敵たることかくのごとし。何ぞそれ変化の速《すみやか》なるや。神出鬼没は政治家の常態、とても我々老朽書生の測るべき所にあらずとして、漫然これを無頓着に附すといえども、ここに無頓着に附すべからずして、至極迷惑なりと申すは、当春来新聞紙発兌の事につき、他人へはもとより語られず、親友へも二、三の外は、これを秘密にして告げざりしことなれども、さりとてこれを発兌す

るには人物も入用、また間接には、永遠の方向をも知らず識《し》らずの際に指示致し置かず
しては叶《かな》わず。かたがたもって平常には無用なりと思う人員をも集め置きたるに、今日
に至りてはその人物の適する所を失い、甚だ困却致す事に候。

なおこれよりも迷惑なることあり。近日世間の噂に、福沢は大隈と連絡を通じて民間
を教唆し、政府の主義に戻《もと》りて妄《みだ》りに国会開設論を唱《とな》うる者なりといい、なお無稽の極《きわみ》に至
りては、福沢は土佐の立志社などと応援して、遂には顚覆論に陥るも計るべからずとい
う者あり。この流言いわゆる愚俗民間の流言なれば、犬の吠るに異ならず、頓着なしと
いえども、なかなかもって官海にも流行する由《よし》にて、昨今は八方より拙宅へ書を投ずる
者あり。また井上君がご存知の事につき一証を挙《あ》ぐれば、外務省出仕の津田純一が、一昨
日上野大輔の前に呼ばれ、前記流言の通りの旨を諭して、辞表を呈せしめんとしたるに
つき、老生はこれを聞き、それは間違いならん、今一度上野の宅へ参りてとくと承われ
と申し、昨朝純一はまた参りたる所、上野の申すに、大隈と連絡云々は間違いなり。た
だ純一は福沢の一類にして、その福沢は近来何か訝《いぶか》しき挙動あるが故に、純一をも官よ
り擯《しりぞ》けるなりと明言したり。そもそも上野は何の実証を押えて、福沢の心事挙動を訝し
というか。その国会論を唱るをもっての故か。もしもその故ならば、本年一月以来福沢
が伊藤、井上との関係を語らん。これを語りたらば伊藤、井上の挙動も訝しと申すか。

実に捧腹《ほうふく》に堪えざる次第なり。然りといえども上野は外務大輔なり。その言はすなわち外務省の言なりとすれば、省においても何か探偵して、果して福沢の挙動に就《つ》き、訝しと認むべき証拠を得たるか。憚《はばか》りながら一点の事跡もこれ有るまじく、本来政治社会に厘毫《りんごう》の私慾を抱かず、従来政治の壇上を避け、今後も断じてこの壇に上ること無かるべしとて、自から誓いたる福沢の一身に就き、何として訝しくまた腥《なまぐさ》き事跡あるべきや。もしこれありというものあらば、すなわち攫空捕風《かっくうほふう》の妄想たるに過ぎず。論弁は闇《さしお》き、近くこの方より実証をご覧に入れん。著書と申すは学者の最も重んずる所、書中の一字一句も著者の精神にして、一説一論もその責に任ずるものなり。過般発兌の拙著『時事小言』は、去年来の腹稿を本年記載して、その論あるいは時事に亘るもの多し。この書は先日彦次郎に附して、一本ずつ呈上致したるはずなるが、ご多忙中未だご覧の暇もなきことならんといえども、一夕の閑をもってご一読相願いたく、著者の心事は、今なお一月以来の伊井二君と主義を同じうする者なりとの事をご発明相成るべし。もしあるいはこの書をご覧の上、この書中の所論をもって訝しとお認めならば、老生の弁護も最早《もはや》これ切りにて、一月以来二君とのお話も、一場の夢に帰せんのみ。

あるいは弊塾より出《いで》たる者が、新聞雑誌にまた演説に、随分詭激なることを唱る者もあらん。この一事に就てはとくとご勘考下されたし。塾の生徒内外五百名もあり、そのうちに卒業してあるいは官に就き、あるいは商工に帰し、またあるいは東京に地方に出没奔走して、何か喋々する者も多からん。そのうち善良の君子もあらん、また言語道断なる者もあらんといえども、逐一この輩の言行につき、その責を諭吉の一身に帰せんとするは、甚しき無理にあらずや。たとえば今の毛利公にても、旧山口藩の衆士族が、銘々に何事を行うも、何言をいうも、その責に任ずることは難《かた》かるべし。毛利公には旧主人の権あるもなおかつかくのごとし。いわんや福沢の学塾にて烏合《うごう》の生徒を教育したればとて、何としてその者などが諭吉の意のごとくなるべきや。本塾創業二十余年、生徒を育すること四千名に近しといえども、今日共に心事を語てやや信任すべき者とては、五十名か百名に過ぎず。わずかにこの人数にても、先ず今日までに大いなる方向を誤らざるは良き手際《てぎわ》なりと、自から誇り居るほどのことなり。然るを此処《ここ》に演説あり、彼処《かしこ》に雑誌あり。これも福沢の書生なり、それも福沢の生徒なりとて、一切その責任を老生の身に来たすとは、誠に困却ならずや、お察し下されたく。これも前にいえる尋常の流言なれば苦しからずといえども、いやしくも在朝の貴顕と称する者にして、あるいはこれを信ずるとは、余り探偵の不行き届きと存ずるなり。

右に陳述する次第なるにつき、今後朝野の別なく、いやしくも福沢縁故の者とあれば、必ずその人を擯《しりぞ》け、その事業を妨るの風潮流行する事ならん。老生の一身においては苦しからず候えども、この交際の広き諭吉が縁故の者といえば、官途は無論、新聞社もあり、商社もあり、学校教師もあれば、商売工業の者もあり。この者らに罪なし。ただ諭吉を知るの故をもって、その事を妨げられ、その業を奪われては、諭吉はあたかも人のために罪を作る者にして、自から快からず。他に対して誠に気の毒千万なる次第なれば、何卒《なにとぞ》玉石を混淆せしめず、事実擯くべき者は、ただその一個人の挙動品行いかんに就きてご進退下され、諭吉の縁故なるをもってすることなきよう、くれぐれもご注意を願うのみならず、広くその筋の朝野へご説諭をもって、穎敏《えいびん》のご保護相願いたく、かくご依頼申して、

第一、その依頼のごとく急度《きっと》ご承知下さるべき哉《か》、最も妙なり。

第二、この依頼には応ずる能《あた》わずとて急度《きっと》謝絶せられんか、拠《よんどころ》無き次第なれば、それにても苦しからず。

第三、依頼に応ずるとも応ぜざるとも申し難し、政治上の事はたとい懇意の間柄にても、深意を洩らすべからずとの事か、これまた拠《よんどころ》無き次第。

右三様の内、いずれにてもご紙面にてご回答下されたし。そのご回答のいずれに出《いず》るかを見て、老生もまた何とか工風《くふう》致さずては叶わず。浮説流言のために知己朋友の利害を変動するは、見るに忍びざる義につき、ご用繁の中をも憚らず、ご懇談申し上げ候な

り。

明治十四年十月十四日　　福　沢

井　上
伊　藤　宛

依頼された政府機関紙『公布日誌』発兌が明治十四年の政変によって立消えとなった理由を尋ねるもの。福沢はこの手紙のなかで、十三年十二月大隈重信邸で大隈・伊藤博文・井上馨の三参議より発行計画中の政府機関紙の編集を引き受けるよう依頼されたものの政府の方針が不分明なことを理由に謝絶したこと、しかし翌十四年一月井上馨より三参議がすでに国会開設の意思を固め、多数を得た政党に政権を譲り渡す覚悟であることを聞かされ、福沢は考え直して政府機関紙の編集を引き受けたこと、ところが大隈参議が突然罷免となり、機関紙発行計画は井上・伊藤から全く説明もないまま頓挫したことなど、前年末以来の経緯を述べ、さらにこのことによって福沢が被った被害、また福沢周辺の人々が官界から追放されるなど現に起こりつつある理不尽な事態に対し、いかなる対応をするつもりがあるのか、厳しく回答を迫っている。この手紙に対し井上馨は返書を寄せたが伊藤博文から返答はなかった。井上は返信のなかで「新聞紙設立一件のヒストリー御綴り御附与成られ一読仕り候。大略は右の通り」と福沢の指摘をほぼ認め、「紙中を以てその子細尽し能わず、近日閑日を得候て申し上ぐべく候間、御来杖下されたく」と福沢の来訪を求めている(明治十四年十月十六日付)。

Ⅳ 12 荘田平五郎《しょうだへいごろう》　明治十五年一月二十四日

毎日快晴ご同慶存じ奉り候。益《ますます》ご清寧拝賀奉る。陳《のぶれ》ば過日来度々《たびたび》ご来訪下され候由《よし》のところ、不在のみにて失敬仕り候。実は旧友人石井信義病死候後の始末まで、一切引き受けざりては叶《かな》わざる関係にて、誠に多事、遂に拝眉《はいび》の機を失いたる事なり。さてお話し申したきは、既に大略《おおよそ》諸友よりお聞き及びにも相成り居り候事ならん。昨年来世状様々にて、ついにあるいは本塾の本色を失うの恐れなきにあらず。塾の本色は元来独立の一義あるのみ。あえて世にいわゆる政党などを学ぶものにあらず。政党にあらず、商人にあらず、また官途熱心の者にもあらず。然《しか》るに我旧社中の多きその中には、各その事を異にし、方向もまた同じからず。もとより当然の成り行きにて、人々その進む所に進むこそ企望する所なれども、漫然たる江湖の目をもってこれを観れば、我義塾本部も、何か今の社会に対して求むる所ある者のごとくに思わるるは、俗にいわゆる割に合わぬ始末と存じ、この度《たび》は一種の新聞紙を発兌し、眼中無一物、唯《ただ》我精神の所在を明白に致し、友なくまた敵なく、颯々《さつさつ》と思う所を述べて、然る後に敵たる者は敵となれ、友たる者は友となれと申す趣向に致したきつもりにござ候。ただ、今さし向《むき》執筆の者も少なく候えども、これ以前『民間雑誌』発兌の時のごとく、壮年輩に打ち任せて顧みざればこそ、彼《か》の不始末をも来たし候義、今回は老生も少しく労して、筆を執るべきやに考え居り候事ゆえ、先々《まずまず》あまり困る事もこれ有るまじく存じ候。来る廿七日は塾の集会、必ずご来会の事ならん。その節お話し申すべく候えども、あるいはその前にもご閑暇ござ候わば、ご来訪待ち奉る。石井の方も先ず昨日切りにて、ひとまず片づき候につき、最早《もはや》外出も致さず、何時も在宿のつもりにござ候。右要用のみ申し述べたく、早々斯《かく》の如《ごと》くにござ候。拝具。

一月廿四日　　　　　　諭　吉

荘田堅契

荘田平五郎はこの頃、三菱会社に勤務、福沢の塾外における右腕であった。『時事新報』創刊の抱負を語り、一月二十七日の会合以前の来訪を希望している。福沢は一月二十七日の会合の席上、『時事新報』発行の決意を表明し、三月一日、同紙は日刊新聞として創刊された。明治十四年の政変によって『公布日誌』発兌が中止となって以来、自らの手で「独立不羈」の立場の新聞紙発刊をめざしていた。

Ⅳ13 井上角五郎《いのうえかくごろう》　明治十六年七月一日

毎便お手紙下され、そこ御地の事情詳《つまび》らかに相分り、有り難く存じ奉り候。この方は多事多事と申してご無音《ぶいん》のみ、不本意の至り、ご海容《かいよう》下さるべく候。

牛場氏帰去の後は、別してご心配の事も多からん。併《しか》し人間万事艱難《かんなん》のみ、これまたよき学校なれば、ご勉強成られたく候。

金玉氏到着、御地の様子を承り候えども、確かなる事は相分からず、ただ原田氏へお托しの貴書に拠り、大略を知るのみ。書中ご注意の件々は、能《よ》く心得居り候つもり、ご安心下さるべく候。

そこ御地ご滞在の義は、何の事情に拘《かか》わらず、ただ一身実学のためと思い、長く居すわり候方然《しか》るべく存じ候。在留の費用はいかようにも成られ、あるいは韓政府の筋へ直《じか》に雇わるるも可なり。あるいは朴氏に談じて何か事を求むるも可なり。またあるいは竹添氏へ話して、日本政府の筋の事に役するも可なり。それこれしても弥《いよいよ》さし支《つか》え候事ならば、かねて兪氏より受け取るべき貸金の差は、四百円余これ有り候間《あいだ》、これを受け取り少しずつご使用成られ苦しからず候。

その地に居て、朝鮮人の信を取るべきは無論の事なれども、元とこれ日本人なり。その政治上の方向も、もとより政府と同じからざるを得ず。殊《こと》に外国に居りては、同国人すなわち骨肉に異ならず。竹添氏へは別して世話にも相成る義、折々ご尋問、親しくご交際成られたき事に存じ候。

過般渡来の生徒十七名は本邸に居り、飯田三治氏の請《う》け持ちにて世話致し、追々上達の者も多く相見え候。

一太郎、捨次郎両人は米国へ遣《つかわ》し、六月十二日横浜出発、昨日か今日は桑港《サンフランシスコ》着のはずにござ候。一太郎は農学、捨次郎は何か理学の一課を勉めさせ候つもりにて、学校などの事は、在華盛頓《ワシントン》公使寺島氏と鮫島武之助へ頼み遣し置き候。

両人一時に留主《るす》に相成り、随分淋しく相成り候。その出発の節に、

努力せよ太郎よまた次郎

双々翼を展べて高く翔《と》ぶに任す

一言なお是れ行に餞《はなむけ》するの意は

自国と自身とただ忘る莫《な》かれ

また出発後、船中に在るを思うて、

月色水声夢辺を遶《めぐ》る

起きて窓外を看れば夜凄然《せいぜん》

烟波万里孤舟の裡《うち》に
　二子は今宵眠るや眠らざるや
親の愚痴、ご一笑下さるべく候。
右幸便に任せ申し述べたく、早々此《かく》の如《ごと》くにござ候。頓首。
　七月一日　　　　　　　　　　　　　諭　吉
　　角五郎様 几下
尚以《なおもって》、朝鮮寒暑共甚《はなはだ》しき地方のよし。幾重《いくえ》にもご用心成らるべく、功成るも身病みては役に立ち申さず。荊妻《けいさい》その他子供よりも宜しく。

井上角五郎は、明治十六年一月牛場卓蔵らと共に渡鮮、牛場らが朝鮮の政情に見切りをつけ帰国した後も独り残留し、この頃開化主義の国王(李太王)と金允植の支持を得て朝鮮政府の外衙門顧問に就任していた。この手紙のなかで福沢は、朝鮮滞在中の心構えを助言するとともに、金玉均の日本到着、牛場が連れ帰った朝鮮人留学生の様子、一太郎・捨次郎の米国留学出発など、日本側の近況を伝えている。文中の漢詩二編は一太郎・捨次郎の米国留学出発時並びに出発後に心境を詠んだもの。原文は次の通り。「努力太郎兼次郎／双々展翼任高翔／一言猶是餞行意／自国自身唯莫忘」「月色水声遶夢辺／起看窓外夜凄然／烟波万里孤舟裡／二子今宵眠不眠」。

Ⅳ 14　日原《ひのはら》昌造《しようぞう》　明治十七年十一月十九日

日本は小春の好時節、御地はいかが。益《ますます》ご清安拝賀奉り候。老生義も相替らず無事。昨年夏はちょっとレウマチスとか申し、二ヵ月ばかり半起《はんき》半臥《はんが》の事もこれ有り候えども、爾来《じらい》何ともこれ無く、憚《はばか》りながらご放念下さるべく候。

『時事新報』へ毎度ご通信下され、誠に有り難く、近来に到り、世上にても「竜動《ロンドン》通信」の事、実に適切なるを知りたる様子にて評判甚《はなはだよろ》宜しく、『時事新報』もこの通信のために重きを成すの次第。この事はあえて媚《こび》を献ずるにあらず、丸出しの実を申し上げ候事なり。

『時事新報』も今日に到りては府下第一流にして、これと鋒《ほこ》を争う者なし。日本にては甚だ宜しく候えども、実を申せば高の知れたる事にて、未だもって我輩の心を満足せしむるに足らず。老生も幸いにして甚だ健康なれば、何とぞ、この新聞を盛《さかん》にして、あるいは外国の人に語りても、愧《はず》かしからぬほどのものにいたしたく存じ居り候。就ては大兄の竜動ご滞在はこの新聞紙のためのみを謀れば、相成るべきだけ長く致したく、まただご帰朝の上は、新聞の事をも大兄と共に致したきように存じ居り候。人間万事金の世の中にて、今にも金さえあれば北米桑港《サンフランシスコ》に出掛けて、日本の事情を写す横文新聞を作りたしとも思う事なり。何分にも金に薄縁なる吾々は致し方これ無く、嘆息この事に候。

日本は不景気不景気と申して、毎日うるさき事なり。実に金の貸し手もなく、また借り手もなし。商売工業は二、三年来休眠の有様なり。よほどの国損と存じ候。既に福島県の旧会津領の田舎にては、十余の村申し合せ、地主どもが地券を官に返上致し候よし。人生地に主《ぬし》たるは病人を抱《かか》えたるがごとし。憂の種子は地面と申すも、未曾有《みぞう》の変相と存じ候。

右ご尋問かたがた申し上げたく、早々頓首。

十七年十一月十九日　諭吉

日原昌造様

日原昌造はこの頃横浜正金銀行ロンドン支店長。『時事新報』へのロンドンからの寄稿に感謝し、同紙の評判を維持するためにも引き続き寄稿を継続するよう要請している。日原のロンドンからの寄稿は「倫敦通信」の表題で掲載され、明治十六年十二月から十八年四月まで合計百八回に及ぶが、『時事新報』明治十七年十一月十一日・十三日・十四日付に連載された「日本ハ東洋国タルベカラズ」は、福沢の「脱亜論」(明治十八年三月十六日)の先駆をなすものとして注目に値する。この手紙は、この論説の連載終了後五日目に書かれている。

Ⅳ15　矢田《やだ》績《せき》　明治十八年ヵ七月十四日

その後は久々ご無沙汰仕り候、益《ますます》ご清安賀し奉り候。陳《のぶれ》ば過般来のご文通、金氏の義、帰京のために金を要するとて電信を通じたれども、同氏出発の節、金子《きんす》は相渡し置き候義につき、金はなくても帰京に支《つか》えはなきはずと存じ、そのままに致し来《きた》り候事なれども、そもそも金氏は今日まで神戸辺に何を致し居り候哉《や》。滞留の日一日を長くすれば金は次第に入用なるべし。あるいはその地方に何か有志者にてもありて、助力せんとする人へ出逢い候事もあるか。その人なれば小生は能《よ》く知る所にて、既に面会も致し、内々金氏の事も語り合うて心配致し居り候間《あいだ》、いずれにもただ今の通り上方に永《なが》滞留は不利ならん。就ては今日のところにて、会計のギリギリにて、何程金があれば帰京する事ができ候哉。とても従前のごとく豊かにする事はでき申さず候えども、実に拠る所なき身の上、老生はただただ気の毒に堪《た》えず、朝夕案じ居り候義につき、何卒《なにとぞ》情実お聞き糺《ただ》し、ご報知願い奉り候。右願用のみ申し上げたく、早々頓首。

七月十四日　　　　　　諭吉

矢田様梧下

尚以《なおもって》、金氏が大和地方にて面会致し候人物これ有るよし。その人より何か語りたる事もこれ有るよし。老生もその人には面会致し候。老生は素《もと》より一語の政談に及ばず、ただ今日のところにて、金氏一類の身の上を気の毒に思い、それこれと心配するのみ。その辺の意味もお通し下さるべく候。以上。

『神戸又新日報』主筆の矢田績に、関西各地方遊歴中の金玉均はどのような行動をとっているのか、金玉均に直接面会し、帰京のために必要な最小限度の費用を聞きただすよう依頼するもの。金が「大和地方にて面会致し候人物」とは、奈良県吉野郡大滝村の林業家土倉庄三郎か。

Ⅳ16　伊藤博文《いとうひろぶみ》　明治二十年四月十四日

本月廿日永田町尊邸において、フハンシボールお催しにつき、陪席致すべき旨《むね》仰せ下され、有り難く存じ奉り候。然《しか》るところ同日は家事の都合に由《よ》り拝趨《はいすう》仕りかね候。折角《せっかく》のご案内を空《むな》しうし恐縮に堪《た》えず候えども、拠《よんどころ》無き次第、この段お断り申し上げ候。敬具。

二十年四月十四日　　　　　　福沢諭吉

伊藤博文殿

伊藤博文首相が主催するファンシー・ボール（fancy ball　仮装舞踏会）への招待を「家事」を理由に断るもの。条約改正のため欧化政策の断行が不可欠と考えた政府は、鹿鳴館を拠点に政府高官や外国要人を招いて連日のように舞踏会を開催していたが、明治二十年四月二十日、永田町の首相官邸で開かれた仮装舞踏会は、規模と豪華さにおいてその頂点に立つものであった。伊藤首相がベネチア貴族に、井上馨外相が三河万歳に、山県有朋内相が奇兵隊長に扮し、出席者は四百名にのぼったという。

Ⅳ17　中上川彦次郎《なかみがわひこじろう》　明治二十年九月十七日

過日一書を呈し、本塾へ小泉氏の一条、已《すで》にお話し下され候哉《や》。この方にては社友内外異口同音の賛成、一日も早く取《と》り極《き》めたく、殊《こと》に肥田昭作氏などは熱心喋々致し居り候。就ては小泉氏の公用はいかが相成り候哉。七月十五日東京出立、四十日のつもり、本月廿五日帰京の筈なれば、何卒《なにとぞ》その期日通りに帰宅相成りたく、塾の事務は秋期後、ただ教場を開きたるのみ。何も手を着けずして氏の帰るを相待ち居り候次第につき、精々お勧め、速《すみ》やかに帰るようご相談下されたく候。

政変の模様は段々に迫り、ある人の説に是非九月中には埒《らち》明き申すべしなどいう者さえあり。井上はとても地位に安んずるを得ざる様子なれども、全体を申せば条約改正の不都合と称するものも井上一人の罪にあらず。内閣一同その責に任ずべき、もとより当然なるに、今更《いまさら》井上一人を咎《とが》むるは、下手人を一人出して同類どもはその罪を免がれんとするものに異ならず、その下手人になる井上は馬鹿らしく、同類どもは鉄面皮なり、故に井上も非常に立腹、昨今は磯部に引き籠り、帰京致さずとの事なり。

伊藤は最初より井上と同説にて、改正の事を共に誇り居り候ところ、近日に至り改正中止は自分の骨折りにてとうと井上を談じつけて中止に致したとて、吹聴致し居り候よし。政治家に真友なしとはこの事と存じ候。

井上を罷《や》むるにつきては西郷が力を出して保護せざるより、伊藤も落胆して、今は自身のみの身構え致す事と相見え候。

伊藤は井上を罷めて、その代りに大隈を入れんと口を開きたる様子なれども、大隈はその手を喰わずと申して不承知、ただ今大隈が政府に入れば第二の陸奥宗光なりとて、右の相談はほんとうの相談にもならずして止みたるよし。

松方は黒田にお詫びかたがたしきりに出入りし、かつ三池炭坑の事もにわかに手を入れて三井物産会社をいじめかけ、また正金銀行へもみだりに金を出さぬように致すよし。よほど恐れを抱きたるものと見え候。

大隈、後藤の門前市のごとし。大隈の言に、近来よほど評判がよくなりて来客多し、今日もし九鬼隆一などが在京ならば、ちょうど今頃は出入を始める時節ならんと笑い居り候。

右要用のみ、早々頓首。

九月十七日　　諭吉

彦次郎様

尚以《なおもって》、『報知新聞』が直下《ねさ》げ致し候えども、とてもお供はでき申さず、先ずこのままに参るつもり、ご意見承りたく候。秋期に相成り、何か売り捌きの新按はなきやと、しきりに語り合い居り候。妙工風《くふう》なきや、試みにもご報知下さるべく候。以上。

中上川彦次郎はこの頃、山陽鉄道会社社長。慶應義塾は大学部設置をにらみ、その準備のため大蔵省の小泉信吉を慶應義塾総長に迎えようと考えていた。この手紙は、小泉の総長就任を早急に打診するよう督促し、条約改正中止後の政局について、感想を述べるもの。条約改正の失敗により前日井上馨が外相を辞任、伊藤内閣打倒の動きが活発化するなかで、反政府運動の指導的立場にあった大隈重信と後藤象二郎の動向が注目されている。

Ⅳ 18　田《た》中《なか》不《ふ》二《じ》麿《まろ》　明治二十一年八月二十四日

その後は打ち絶てご無《ぶ》音《いん》、恐縮に堪《た》えず。時下残暑の時節、益《ますます》ご清安拝賀奉り候。さて過般賤息《せんそく》ども両人、御地滞留中は様々ご約介《やっかい》に相成り、望外のご待遇に預り候旨、本人どもより申し参り、誠に有り難き仕合《しあわせ》、老生よりも厚く御礼申し上げ候。不案内の欧州、知人とても少なく、いかがと案じ居り候ところ、右の次第。山妻よりもくれぐれも御礼申し上げ候よう申し聞け候。

日本には相替る義　甚《はなはだ》多く、しかしこれを概するに、お留《る》主《す》中商工に面目を改めたるものもこれ無く、各地方とも、随分貧乏の様子。近来はあたかもその貧に慣れて、余り噂致し候ものもなきに相成り候。

政府は大隈入閣。これもただただ目出たき拝命にて、別に奇変もこれ無く、至りて穏やかなる事に相見え候。

一昨年来は文明の盛事、随分盛《さかん》なる事にて、舞踏など流行のところ、近日は大いに下火に相成り候様子なり。

二十三年の国会は、ほんとうに開設する事と見え、幸橋内、モト三条邸の地面へ普請を致し居り候。田舎芝居にても、芝居はすなわち芝居なり。来年より世間は賑々《にぎにぎ》しく相成り候事と存ぜられ候。

日本の万事万物、相替らず西洋文明の流行にて、甚《はなはだ》妙なれども、ただ学ぶべからざるは西洋富実の一事のみにて、これには誰れも無説なる様子なり。

条約改正は中止、この度《たび》はみだりにこの方より改正を求めず、現存の条約を堅く守り、少しも仮さずして、その実は外人を困らせて、その成り行きを見るつもりとか申す事を伝聞致し候。真偽は知らず。

右の訳《わけ》か、近来は外人雇い入れ外、旅行など、甚だむつかしく窮屈に相成り候。

右御礼かたがた申し上げたく、早々此《かく》の如《ごと》くにござ候。末筆ながらご令閨様へ宜《よろ》しくご致意《ちい》、御礼願い奉り候。頓首。

二十一年八月廿四日　　　　　諭　吉

田中不二麿様　梧下

尚以《なおもって》、時下折角ご自重専一と存じ奉り候。当地相応のご用もござ候わば、ご遠慮なく仰せ聞かされ下されたく願い奉り候。以上。

この頃、駐仏公使の田中不二麿に、一太郎・捨次郎がヨーロッパで世話になった礼を述べ、大隈の入閣、国会開設の準備、条約改正問題など、日本政治の現況について、論評を加えている。「大隈入閣」は明治二十一年二月外相に就任したことを指し、「現存の条約を堅く守り」は、大隈外相が、安政の諸条約を遵守することで各国に改正の必要を認識させる条約励行主義の方針をとったことを指している。

Ⅳ 19 真《しん》浄《じょう》寺《じ》　明治二十七年四月十三日

昨日は久々にて拝顔、過日来のご容体を伺い、実は驚き入り候。それほどの御事とも知らずご病中ろくにお見舞も申し上げず、今更恐縮に堪《た》えず候。今後ともご養生専一くれぐれも祈り奉り候。さてここに一事相願いたきは、金玉均氏事、あの通りの始末、不幸とも不運とも言語に尽し難《がた》く、死すればすなわち無縁にて、一遍の回向《えこう》いたす者もこれ有るまじきについては、印《しるし》のため位牌を作り、かりに拙宅の仏壇中に安置し、朝夕お花にても供え、またそのうちに読経の供養をも致したく、家内と相談仕り候ところ、差し向き位牌を注文するにも何か法名なくしては叶《かな》わざる次第につき、ご病中恐れ入り候えども、何なりとも一紙片にお記しご郵送相願いたく存じ候。ゆくゆくこの位牌は弊宅の仏壇に置くか、あるいはお寺に頼むか、その辺は後日の談として、とにかくに供養の目的を早く作りたく相願い候義にござ候。右願用まで申し上げたく、余は拝顔の上万々申し述ぶべく候。匆々《そうそう》頓首。

二十七年四月十三日　　　　諭　吉

真浄寺様　梧右

尚以《なおもつて》、本文読経のお供養には、相成るべくはお出を願いたく、昨今のご容体もとより願うべきにあらず、五月二日は三十五日に相当するにつき、その日などはいかがと存じ居り候。この供養とてごくごく内輪の事にて、決して世人に知らせるにあらず、金氏の生前、殊《こと》に支那へ出立の時に関係したる三宅氏その外壱、弐名に沙汰致し、窃《ひそか》にお経を読んで無縁の霊を慰めんとするまでの事ゆえ、日限も必ずしも三十五日と限らず、ご病気の緩急に応じ、いつまで延ばしても苦しからず、とにかくに急に願いたきは法名の事なり。何卒宜《なにとぞよろ》しく願い奉り候。い上。

三月二十八日に上海で暗殺された金玉均の供養のため、法名をつけることを依頼し、三十五日忌(五七日忌)に読経を頼むもの。「五月二日は三十五日に相当」は福沢の計算違いで、正しくは五月一日が三十五日忌にあたる。真浄寺住職寺田福寿は、ただちに福沢の要請に応え「古筠院釈温香」という法名をつけている。実際の法要は、一週間繰り上げ四月二十四日の四七日忌に、東京朝鮮公使館付通訳官山崎英夫や朝鮮人留学生三名を福沢邸に招いて営んでいる。

IV 20　梅田《うめだ》才三郎《さいざぶろう》　明治二十七年八月八日

拝啓仕り候。酷暑凌ぎ難《がた》く候ところ、皆々様お揃い、益《ますます》ご清安ござ成られ拝賀奉る。陳《のぶれ》ば過日は態々《わざわざ》華翰《かかん》を辱《かたじけのう》し、この度《たび》お手製の絹にて御織立のよしにて、帯地三筋、老生ならびに悴《せがれ》ども両人へご恵贈下さるべき旨《むね》、縷々《るる》仰せ下され、一両日前お品物も到り、拝受仕り候。ご令閨様のお手に成り候ご丹精のお品、別して有り難く厚く御礼申し上げ候。

近来は日清交戦の沙汰にて、都下もただその話のみ。先ず今日までこのところにては、我が勝利なれども、この上いかが相成るべき哉《や》。最早《もはや》かくなる上は、ただ進むの一法あるのみ。国民一般、すべて私を忘れて国に報ずるの時と存ぜられ、人事に淡泊なる老生にても、この度《たび》は黙々に忍びず、身分相応に力を尽す覚悟にござ候。

右御礼かたがた申し上げたく、匆々《そうそうかく》此の如《ごと》くにござ候。頓首。

二十七年八月八日　　諭　吉

梅　田　様　梧下

尚以《なおもって》、末筆ながらご令閨様へ御礼ご致意《ちい》願い奉り候。悴どもよりもお礼状差し上ぐべく候えども、とりあえず老生より、代ってご挨拶申し上げ候。以上。

梅田才三郎は旧中津藩の士族。帯地三筋の恵贈に感謝し、八月一日に宣戦布告をした日清戦争の支援について、自らの覚悟を述べる。福沢はまもなく『時事新報』紙上に「私金義捐に就いて」を発表(八月十四付)、日清戦争を「老大国儒流の腐敗を一掃」する「文明開進」のための戦争と位置づけ、義捐金募集運動の先頭に立った。自らも進んで一万円の大金を醵金している。

Ⅳ 21　牛場《うしば》卓蔵《たくぞう》　明治二十八年四月十一日

春暖の好時節、益《ますます》ご清安拝賀奉り候。さて過日そこ御地通行の節は、久々にてお目に掛り欣喜に堪えず。ご用繁の御中、態々《わざわざ》ご送迎に預り恐縮の至りに存じ奉り候。帰来直《すぐ》に御礼申し上ぐべきのところ、何か用事に取り紛れついに今日に至り候段、ご海容《かいよう》下さるべく候。

出立の砌《みぎり》は結構のお品いただき、汽車中の点心、妻女よりご令閨様へ厚く御礼申し上げ候よう申し聞け候。

馬関の談判成否いかが。東京は昨今ただその話のみにござ候。外国のヲップレッションも今日のところにては、さまでにこれ無きよし。目下の実際相手は、支那ならで西洋諸国なるがごとし。何分にも西洋を敵にすることはでき申さず、彼らもまた日本を失望せしむるは不利なり。その間のかけひきは実に微妙の辺に在り。外交官の最も苦心する所にして、また面白き事ならんと存ぜられ候。右延引ながら御礼まで申し上げたく、匆々《そうそう》此《かく》の如《ごと》くにござ候。頓首。

二十八年四月十一日　　　　　　　　諭　吉

牛　場　様

尚以《なおもって》、老妻よりも久しぶりにて奥様へお目に掛り、限りなく喜び居り候。おついでの節、くれぐれも宜《よろ》しくご致意《ちい》願い奉り候。以上。

三　白

在神《ざいしん》の諸友へ一々書を認《したた》むるをえず、何卒宜《なにとぞよろ》しくご伝声願い奉り候。以上。

牛場卓蔵はこの時、山陽鉄道会社の総支配人。福沢夫妻は三月十三日、三女俊《しゅん》を夫の清岡邦之助の許へ送り届けるため東京を出発、広島へ向かうが、途中神戸で牛場夫妻らの歓迎をうけた。この手紙は牛場ら在神の人々の送迎に礼を述べ、あわせて進展中の日清講和条約交渉について感想を述べたもの。日清講和条約は、賠償金以外はほぼ日本側の要求に沿う形で四月十七日に調印されたが、条約調印からわずか六日後の四月二十三日、ロシア・ドイツ・フランスの三国から遼東半島の放棄を勧告され(三国干渉)、日本政府はやむなく内外に遼東半島の全面返還を表明。日清戦争の勝利と講和会議の成功に酔っていた日本国民は冷水を浴びせられる結果となった。

Ⅳ22　岩崎弥之助《いわさきやのすけ》　明治二十九年七月二十三日

大暑に相成り候。益《ますます》ご清安拝賀奉る。陳《のぶれ》ば過日参上の節お約束申し上げ候趣意書、認《したた》めさせ候につき差し上げ候。金額はいかようにても、事の大小に従って増減すること易《やす》し。本来は小資本、あたかも赤手にても試みんとせしほどの事に候えば、何程にてもこれに呈すといえば、当人などは望外の思いをなすことなれども、老生の考えには、今の時節に、些少《さしょう》の補助にて奏効は難《かた》からんと存ぜられ候。いずれにしても、一年二、三万は必要なるべし。

時機は今正《まさ》に熟して、あるいはすでに後《おく》れたりというも可なり。何卒《なにとぞ》早々着手致させたく存じ候。

筆者の姓名は、過日ちょっとお耳に入れ候えども、これは秘中の秘なり。何卒誰れにもお洩らしこれ無きよう、くれぐれも願い奉り候。

資金はいずれより出るか、これを知るの必要なし。実を申せば、内々その出処を知るも、表面は知らざるごとくして、ただただその方様のお手許より出るものを、老生が内々お貰い申して、内々使用すると致して、折々出納の真面目を尊覧に供するよう致したく候。しかしその辺はご都合次第に任せ申すべく候。

資金の用意さえでき候えば、直《ただち》に創立に取り掛かり、場所は先ず府下築地を卜《ぼく》するつもり。印刷器などはちょうど不用の品これ有り、かつまた筆者の輩も、いよいよとなれば一身の支度《したく》致し候事ゆえ、何分にもお含み、宜《よろ》しくお心添え願い奉り候。

本人の引くときは、もとより総理へも打ち明けて、理由を述べるつもりなれども、それまでは堅く秘密を守りたき事にござ候。

今度の資金はでき候上、一銭の浪費を許さず。その辺は屹《きっ》とお請《う》け合い申して、間違いこれ有るまじく存ぜられ候。

右の次第、参上お話し申し上げたく候ところ、両三日余儀なき用事にて、廿六日後にあらざれば寸暇を得ず。不本意ながら書をもって申し述べ候。余は廿六日以後、拝趨《はいすう》の時を期《ご》し候。匆々《そうそう》頓首。

二十九年七月廿三日　　諭　吉

岩　崎　様　梧下

ただ今より着手しても、実際の発兌は来年の春に相成るべく、その前に主任者をちょっとロンドンまで遣《つかわ》し、これにも三ヵ月余を費し申すべく、かたがた忙しき事にござ候。以上。

我が国最初の本格的英字新聞ジャパンタイムズ *The Japan Times* は、明治三十年三月二十二日に創刊された。初代社長は福沢の妻の従弟山田季治で、かねてから英字新聞の必要性を認識していた福沢は、物心両面の支援を惜しまなかった。この手紙は同紙発行準備段階のもので、資金援助を要請した岩崎弥之助に約束の「趣意書」(英字新聞発行に関する意見書)を同封し、必要な資金、場所、印刷器の手配など、福沢なりの見込みを述べるもの。

Ⅳ23　伊《い》東《とう》要《よう》蔵《ぞう》　明治三十一年二月二十五日

寒気未だ去らず、益《ますます》ご清安拝賀奉り候。陳《のぶれ》ばここに妙な事を申し上げ候。その事は、議員撰挙一条なり。その地方にてあるいは仁兄を推さんとする者甚《はなは》だ多くして、かつ甚だ有力なれども、前年老生が兄に書を寄せて、政熱狂者の愚を云々《うんぬん》したることあり。かたがたもって今日の政界に打って出るは面白からず。畢竟《ひつきよう》伊東氏は福沢の片言を信じて、ために動かざる者なりとて、過日来拙宅に参りて告ぐるものあり。さりとは老生において迷惑至極なり。と申すは、従前毎度手紙を差し上げたることもあらん、また拝面お話しいたしたることもあらん。その間には談笑自由、無責任なる説を吐きて、大言壮語したる事もあらんと存じ候えども、これはその時の事にして、直接に君の身に関係もなく、老生に利害もなく、漫然たる浮世談のみ。然《しか》るに今日撰挙区民の推す所となりて、実際にその進退を決するは、単に戯《たわむれ》にあらず。とくとお考えの上、いかようにもご決断相成りたく。老生には止《と》むるにも勧むるにも自から説あり。勧告の方より申せば、方今の議員三百名、満足なる教育を経てコンモンセンスある者は、三百中多くも五、六十に過ぎず、他の二百四、五十はいわゆる土《ど》百姓素《す》町人か、然らざれば儒流の陳腐論を聞きかじりたる鈍物のみ。実に取るに足らざる不文不明の群集にこそあれば、君が今このわからんやの群集中に飛び込み、縦横無尽に掻き廻したらば、これを私にして一身の愉快、遊猟垂釣《ゆうりょうすいちょう》よりも面白からん。加うるに政府も随分微力にして、議会を憚《はばか》り議会に媚《こび》ること甚だしければ、あるいは有志者が平生の所思《しょし》を伸ぶることもでき申すべし。故に撰挙につき馬鹿気《ばかげ》たモニを費さずに出られることならば、今春の花見の代りと思い、鼻唄を唄いながらお出掛けも然るべき哉《や》に存じ候。そのお出掛けと否とは姑《しばら》く擱《さしお》き、老生が頑固に忌《いま》わしがると申す事はお取り消し相成り候よう願い奉り候。右さしたる事にこれ無く候えども、過日来人の言を聞きて気に掛かり候間《あいだ》、わざと一書、匆々《そうそうかく》此の如《ごと》くにござ候。頓首。

三十一年二月廿五日　諭吉

伊東要蔵様　梧下

君の出身は、当方の社友一同極めて冀望《きぼう》いたしおり候間、出られることならば、旧友のため、その情を慰るためにも、ご苦労成られたき事に候。もしも君が当撰したらば、社友は一同拍手、ソリャ伊東氏が出たと申して悦ぶ事ならん。これまた少年の熱情、止《や》むを得ざる事に候。

明治三十年十二月二十五日、衆議院が解散され、三十一年三月十五日に第五回衆議院議員選挙が予定されていたが、有力候補の伊東が出馬しないのは、福沢の忠告によるとの噂を聞いて、真意を伝えたもの。福沢は自らの進退は自ら決断すべきことを説く一方、多額の選挙費用を費やさずに当選するならば、「一同拍手」するだろうと述べ、むしろ出馬を勧めているようにもみえる。しかし、伊東はこの時の選挙には出馬せず、福沢没後の四十二年六月の補欠選挙ではじめて衆議院議員に当選した。

V 人間交際

福沢は自らも言っているように、「若い時からドチラかと言えば出しゃばる方で」、「浮世のことを軽く視ると同時に一身の独立を重んじ、人間万事、停滞せぬように」、「交際を広くして愛憎の念を絶」(『福翁自伝』)つことを心がけて、六十八年の生涯を送った。その結果、文通、交際をした人は非常に多方面、多人数に及び、「この交際の広き諭吉」(Ⅳ11)と自認するほどであり、残存する手紙の名宛人の総数は約六三〇人に達する。その交際の範囲は、旧塾生は勿論のこと、その職業も「官途は無論、新聞社もあり、商社もあり、学校教師もあれば、商売工業の者もあり」(同前)という有様であった。一方で旧大名に対しても気軽に文通する(Ⅴ1・Ⅴ3)と共に、勿論手紙の名宛人にはならないが、晩年の日課であった朝の散歩の際には、道筋にいる顔なじみの乞食には土産を用意する(Ⅴ10)など、人間交際の範囲は、殿様から乞食にまで及んでいた。

広い交際は本人自身の性向のためばかりではなかった。福沢は文明の発達のためには、人々が広く交わり、互いに知見を交換することの必要性を感じており、第Ⅳ部であつかう交詢社の結成もその現れの一つであるが(Ⅳ5)、特に女性が社交の場に出ることが少なかった当時の風習を打破するために、立食形式の婦人だけの集会を開くなど(Ⅴ2)、意図的に人間交際の分野に新機軸を開くことに取り組んだのであった。

晩年の福沢が、「私の生涯の中に出来《でか》してみたいと思うところ」として挙げた三か条の内、「大いに金を投じて有形無形、高尚なる学理を研究させるようにすること」は、人間交際の側面では、例えば北里柴三郎に対する援助となって実現している。自身が緒方塾で学んだ経験もあり、医学については人並み以上の知識を持っていた福沢は、人間交際のマイナスの側面としての伝染病について強い関心を持っていた。特に当時コレラやインフルエンザなどの大流行があり、身近からも被害者が多く出たため、その思いは一層強いものになった(V8)。北里がドイツに留学し、コッホのもとで最新の細菌学を学び、血清療法で成果をあげて帰国したものの、国内の医学界から冷遇されていることを知ると、これを助けてその伝染病研究所の創立と発展のために惜しみない援助をあたえた背景には、このような事情があったのである。

北里に対する福沢の態度は、単に施設のための物的支援を惜しまなかったにとどまらず、その運営に欠点のあった場合には、時として厳しい愛の鞭となって現れている(V9)。また研究所の経営の将来についても深慮遠謀するところがあった。北里と彼を助けた田端重晟とは福沢の期待に積極的に応えて、病気の診断、治療は勿論、朝鮮の政客の保護、園遊会の際の賄いなど、さまざまな側面で協力を惜しまず、また将来の独立に備えて資金の蓄積も怠らなかった。

(坂井達朗)

V1 九鬼《くき》隆義《たかよし》　明治三年二月二十日

謹白。益《ますます》ご機嫌能《よ》くござ遊ばされ拝賀奉り候。先般御藩士陸路の便りに、書状差し上げ申し上げ候通り、ご注文の『国づくし』、製本でき候につき、弐百部相納め候。代金などの義は吏人の所関《しよかん》にて、御直《じか》に申し上げ候は旧習に戻《もと》り、礼を失するに似たれども、無益の手数を省き、有害の間違いを防がんため、わざと御直に勘定書をご覧に入れ奉り候。あしからずご承引成し下され候よう願い奉り候。この外先般ご注文の外国品も同様、その勘定書は御直にさし上げ候つもりにつき、ご面倒を厭《いと》わせられず、詳《つぶさ》にご覧下され、万事ご一覧を経て、金子《きんす》の出納ご命じ相成り候よう願い奉り候。先般も信州辺の一諸侯、横浜にて外国品相調《ととの》え候節、これより彼に命じ、甲より乙に托し、乙より丙に頼み、三手四手五手を経て、結局その物は粗にして、その価は原価一倍余に相成り候よし、たしかに承《うけたまわ》り及び候。大名の旧悪風習いかんともすべからず。かく申し上げ候も、決して御藩のご家来衆へ対し疑心を抱くにあらず。ただただ念の上にも念を入れたしと申すまでの義にござ候。

右要用申し上げたく、早々此《かく》の如《ごと》くにござ候。頓首再拝。

二月廿日　　　　　　　　　　　　福沢諭吉

三田《さんだ》知事様下執事

〔同封〕

覚

一　金弐百五拾両也『世かい国づくし』弐百部代　壱部につき金壱両壱分

内金三拾七両弐分　定価壱割半引

残正味

金弐百拾弐両弐歩也

右の通り相成り申し候間《あいだ》、代金は為替にてお遣《つかわ》し成し下され候よう願い奉り候。以上。

二月廿日　　　　　　　　　　福沢屋諭吉

三田様　お取次衆中様

尚以《なおもって》、本書壱割半引きと申すは、定価の代金百分の十五を減じ候義にて、たとえば百匁のものなれば、その内十五匁を引き、残りの正味八拾五匁なり。故にこの度《たび》の訳書代金弐百五拾両、すなわち金壱両六拾匁がえの相場にて、銀にすれば拾五貫目なり。

拾五貫目を百に割り、その一分は百五十匁なるゆえ、百五拾匁を十五合《がっ》して、弐貫弐百五拾匁なり。これを金にすれば三拾七両弐歩と相成り申し候。

一　運送の賃銀は、私方よりの売物につき、大坂表御蔵屋敷まで私方より運賃相弁じ、大坂よりお国許までは、その方様にてお請《う》け持ち成し下さるべく候。但し外国品のご注文は、運賃残らずその方様にてお請け持ち願い奉り候。以上。

摂津三田藩主九鬼隆義に、『世界国尽』を二〇〇部送り、その代金の勘定書を示して代金の一割半を割引く計算の仕方と運賃の負担方法とを説明して、藩主の経済感覚の覚醒を促している。代価は金で表示されており、四分が一両であった。四進法で一割五分を計算するのは難しいので、解りやすくするために十進法の銀に換算して割引金額を算出して、それを再び金に換算する方法を採っている。「福沢屋諭吉」はこの前年に書物問屋組合に加入した時の屋号である。

V2　福沢一太郎《ふくざわいちたろう》　明治十九年五月二日

初夏の長日いかが致され候哉《や》。定めて課業に忙しき事と存じ候。留主《るす》宅ぶじ、安心致されたく。拙者事は明朝出立、水戸の辺まで参り、四泊にて本月七日帰宅のつもりなり。小幡、浜野も同行致すべきよう申し居り候。

五月八日は順光院様十三回の忌日、中上川、朝吹などへ沙汰致し、石亀氏の読経にて、ご法事相勤め候つもりなり。

昨日は、婦人の客致し、およそ五十名ばかり、一々膳を備えず、テーブルに西洋と日本と両様の食物をならべ置き、客の銘々取るに任せて、先ず立食の風に致し、事新らしけれども、衆婦人実に歓を尽したるがごとし。取り持ちは内の娘どもと、外に社友中のバッチェロル八、九名を頼み、誠に優しくかつ賑《にぎやか》にこれ有り候。この様子にては婦女子も次第に交際の道に入る事難《かた》からずと、独り窃《ひそか》に喜び居り候。右さしたる事もこれ無く候えども、郵船出発の日限、一書早々此《かく》の如《ごと》くに候なり。

五月二日　　　　　　　　　　諭　吉

一太郎殿

尚以《なおもって》、母人より手紙認《したため》候つもりのところ、昨夜の来客かたがた混雑にて、その義能《あたわ》ずとの事なれども、無事に相違はこれ無く候。以上。

アメリカ留学中の長男に自宅の様子を伝えた手紙。特に「婦人の客」をしたのは、前々から福沢の念願であった婦人の交際の道を開くためであり、試験的に友人の妻や娘のみに限定して招待した(同年四月二十五日付荘田平五郎宛)立食のパーティの様子を述べ、日本の婦人の交際の前途に希望を持ったことを伝えている。この会については、福沢が代筆した福沢の妻錦《きん》、長女中村里《さと》、次女房《ふさ》の連名で出された招待状が残っている。「バッチェロル」は独身男子のこと。

V 3 奥平九八郎《おくだいらくはちろう》　明治二十一年五月十四日

この度《たび》中津へお出《いで》に相成り候えば、お附きの和田は申すまでもござ無く、朝夕お出入り致し候者は、いずれもご旧臣ばかりにて、すべてご丁寧にお取り扱い仕り候は必然の事に候えども、廃藩以後は最早君臣の間柄にこれ無く、表向きに申せばただ華族と士族との相違のみなれば、ご幼少とは申しながら、その辺の意味ご勘弁ありて、人に接するには、相成るべきだけ礼儀を正しく遊ばされ、例えば旧士族へ対し、その名を呼びすてなど必ずご無用に成られたく存じ奉り候。

中津と申すは旧ご城下にて、決して淋しきところにこれ無く、殊《こと》にご旧臣は沢山にて、東京よりもお友達は多く、また海山河のごほよう〔保養〕は自由自在、随分面白き御事ならんと存じ候えども、慣れぬ土地は何か不自由のように思われ、あるいは東京へお帰り成られたくなど、思《おぼ》し召す時もこれ有るべきなれども、これは人にして弱き事なり。この節の子供は、はるばる西洋へさえ参り、五年も十年もただ一人にて学問致す者も少なからず。それらと較《くらぶ》れば、東京と中津とは隣に異ならず。決してよわき事を御意《ぎょい》なされざるようお心掛け相成りたく、世間の笑われものに相成るべく候。

この度中津へお出は、奥平のお家を永く堅固に致して、ご成長の後、立派にご一家をご支配成られたくとの趣意にござ候。すなわちご先祖様へのご奉公に候間《あいだ》、決して御我儘は相成り申さず。ただ今にてもご先祖様と共に死生を与《とも》にして、奥平家を興したる功臣の末孫は沢山これ有り、奥平家の存亡とあれば、恐れながら今日の九八郎様に対し奉りても、決してご遠慮は致すまじき間、ゆめゆめご軽蔑はでき申さず候。とかくご旧臣どもの申すことをお聞き遊ばされたく、一言として深切《しんせつ》の外はござ無く候。

右は今日お話し申し上げ置き、この書付は島津万次郎殿へ渡し置き候。

明治二十一年五月十四日　福沢諭吉
殿　様

中津へ移転することになった旧藩主の長男奥平昌恭(この時数え十二歳)に対し、奥平家の跡取りとしての心得を諭す。福沢は自らは「藩に対しては甚だ淡泊、淡泊と言えば言葉が宜いけれども、同藩士族の眼から見れば不親切な薄情な奴と見えるのも道理」(『福翁自伝』「王制維新」)と述べているが、それは誇張を含んだ福沢流のレトリックにすぎない。「お附きの和田」は、和田基太郎。中津出身、明治十七年慶應義塾卒業、中津にもどり、和田商店を経営し、昌恭の教育係りを務め、その後大阪毎日新聞社員。島津万次郎は中津藩士復生の長男。明治三年から五年まで義塾に在籍、帰郷後は中津市学校の世話人を務めた。

V4 染《そめ》 井《い》 年未詳五月三十一日

過日参上の節ちょっとお話し置き候通り、明一日盲人ども参り、琴のしらべいたし候よし。小児の事に候えども、芳蓮院様もし思《おぼ》し召しも在らせられ候わば、お入《い》り願い奉りたく。然《しか》るに私方は近日無人の上に、明日雑客もこれ有り、かたがたお給事など、かならず不行き届きに相成るべきについては、何卒《なにとぞ》おそばの方々お召し連れ相成り候よう、お取り計らい下されたく願い奉り候。

右ご案内申し上げ、ご様子伺い奉り候。早々頓首。

五月三十一日　　　　　　　　　　諭　吉

染　井　様

自宅で催す琴の演奏会に芳蓮院を招待する。芳蓮院は一橋家から奥平家に嫁した由緒ある身分の貴婦人で、「一家無上の御方様」であった。同藩の元老島津祐太郎(I 3)が、福沢から聞いた西洋流の男女交際法を伝えたことから、福沢を近づけるようになり、次第に懇意になった(『福翁自伝』「品行家風」)。維新の際には一旦は中津に移住したが、明治五年藩主一家と共に上京し、一時は三田の福沢の屋敷に同居した。その後も福沢は珍しい到来物があると届けたりして礼を怠らず、芳蓮院も福沢の長男と次男が留学する際には送別のため晩餐に招くなど、家族ぐるみの交際が続いた。染井は芳蓮院付の侍女。

V5　福沢捨次郎《ふくざわすてじろう》　明治二十四年一月十四日

本月十一日のお手紙披見致し候。さて鉄道の危険、何とも恐ろしき次第、会社全体の幸不幸は姑《しばら》く擱《さしお》き、貴様一身の仕合《しあわせ》、実に歓び申し候。思い出せば先年静岡県令関口氏は、ちょうど同様の土汽車にて大怪我、数十日の苦痛を嘗《な》めて遂《つい》に一命を失い候。万々一も貴様の身に右ようの事もあらんには、父母兄弟はいかが致すべき哉《や》。昨夜より毎々申し出しては歓び居り候。余り歓びに堪《た》えず、今朝電信をもって祝意を申し送り候。また金子の義は七拾円入用のよし承知致し候。外に三拾円は今度の歓びにつき、ご祝儀として進上のつもり。すなわち合せて百円お請《う》け取り成らるべく、今度の危険こそ今となりては幸なれ、何卒爾後《なにとぞじご》を警《いまし》め、かりそめにも危きを冒さざるよう致されたく、くれぐれも祈る所に候。

インフルエンザの始末、拙者は先便申し進め候通り一月一日よりまったく無熱に相成り候えども、心身なお未だ常のごとくならず、家の外に出ることもできず、日々一室内に閉居致し候。乃母《だいぼ》も同様解熱は致し候えども、耳が鳴るなど、やはりぐずぐず致し居り候。おふさも産の前後純乎たるインフルエンザにて、特に心配するには及ばざれども、食物も旨《うま》からず、自然に肥立ちも遅く相成り候。しかしこれは一昨日より少々快方に赴《おもむ》き候。おしゅんも同様の次第、お滝は平生の壮強ゆえか、二日ばかり大熱にて直《ただち》に全快致し候。一太郎も長くなりしがいよいよ全癒にて、今日は試に外出と申し居り候。都下の千門万戸、その流行の盛《さかん》なるは名状すべからず。

昨日印東《いんどう》氏見舞に参りくれ、同氏などは夜眠の暇《いとま》なく、食事さえろくろくできず、印東自身の宅にも病人七名、隣家も然《しか》り、裏も同様。この様子にては、東京市中の諸商売も一時ストップ致すべきよう申し居り候。尾上菊五郎が歌舞伎座にて風船の一幕を催すとて色々問い合せに参り、風船の事は秀さんが最初より掛り合いにて、極々《ごくごく》くろうとゆえ、それこれと教えてやり、その節拙者の考えにて菊五郎にほんとうの英語にて演説することとスペンサーのごとくしてはいかがとの言に、菊五郎も是非やって見たしとて、それより英語を作り、ミストルマッコレーに直《なお》してもらい、またこれを日本語の口上に訳し、別紙の通りの広告にも記し、六、七日前より舞台に試し候ところ、英語も相応にでき候よし。すなわちそのお師匠様は秀さんにて、この方には『時事新報』広告のインテレストあるゆえ、秀さんは毎日のように楽屋に入り込み、英語教授その外の指図に忙しく致し居り候。他新聞などには思いも寄らぬ工風《くふう》、坂田氏も尽力致し候。但し風船に広告は、スペンサーならびにボードウィンの時に『新報』があたかも専売致したるにつき、今度その真似をする菊五郎もほんものに擬して、『時事新報』の広告を空中より撒き散らすという趣向なり。

右要用かたがた、貴様のため家内一同の歓喜を表し候。匆々《そうそう》不一。

二十四年一月十四日　　　　諭　吉

捨　次　郎　殿

尚以《なおもって》、本文ご祝儀の三拾円は実にご祝儀ゆえ、勝手に消費致されたく、この方より差図《さしず》は致さず。あるいはアクシデント同車中の人、またはその節特に機転ききたる機関方へ、酒をのませるなども一法ならんかと存じ候。実に昨日来家内一同の歓びは、筆紙に尽し難《がた》く候。また彼《か》の七拾円も必ずしも窮屈《きゅうくつ》に考るに及ばず、事実の入用ならば重ねて申し送り候よう致されたく、事柄に由りてはあえて金に嗇《けち》なるにあらず、ただプレセンスヲブマインドを要するのみ。

山陽鉄道の建設に従事していた捨次郎が事故を免れたことを喜び、インフルエンザの流行、菊五郎の芝居の評判など東京の様子を知らせる。この前後に世界的に流行したインフルエンザは、日本では二十三年の冬から翌年の春にかけて大流行した。その被害は福沢の周辺だけでも死者は、九鬼隆義、堀省三、奥平家の松齢院など十名以上にのぼったほどであり、福沢家でも全員罹患し、飯を炊く者もない始末(一月二十八日付山口広江宛)であった。スペンサーとボードゥィンはこの頃気球を揚げて、その上から『時事新報』の宣伝ビラを散布して評判になった。それを手伝ったのは『時事新報』の記者であった福沢の甥今泉秀太郎である。菊五郎はそれを「風船乗評判高閣《ふうせんのりうわさのたかどの》」という芝居で上演した。

V6 榎本武揚《えのもとたけあき》　明治二十五年二月五日

拝啓仕り候。陳《のぶれ》ば過日「瘠我慢之説《やせがまんのせつ》」と題したる草稿一冊を呈し、あるいはご一読も成し下され候哉《や》。その節申し上げ候通り、いずれこれは時節を見計らい、世に公にするつもりに候えども、なお熟考仕り候に、書中あるいは事実に間違いはこれ有るまじき哉。または立論の旨につき、ご意見はこれ有るまじき哉、もしこれあらば、ご伏臓《ふくぞう》無く仰せ聞かせ下されたく、小生の本心は、みだりに他を攻撃して楽しむものにあらず。ただ多年来、心に釈然たらざるもの記して輿論《よろん》に質《ただ》し、天下後世のためにせんとするまでの事なれば、当局のご本人において云々《うんぬん》のお説もあらば、拝承致したき義にござ候。何卒《なにとぞ》お洩し願い奉り候。要用のみ、重ねて匆々《そうそう》頓首。

二十五年二月五日　　　　　　　　　　　　諭　吉

榎本武揚様　梧下

尚以《なおもって》、彼の草稿は極秘に致し置き、今日に至るまで、二、三親友の外《ほか》、未だ誰れにも見せ申さず、これまたついでながら申し上げ候。以上。

榎本武揚は幕臣として五稜郭で最後まで明治政府軍に抵抗した一人であったが、維新後新政府に出仕し、文部大臣や外務大臣などを務めた。福沢は榎本と勝海舟の維新後の態度を批判し「瘠我慢之説」を記したが、公表前に一覧を乞うたもの。これに対して榎本は「昨今別《べつ》して多忙につきいずれそのうち愚見申し述ぶべし」と、また勝は「行蔵《こうぞう》は我に存す、毀誉《きよ》は他人の主張、我に与《あず》からず我に関せずと存じ候。各人へ御示しござ候とも毛頭異存これ無く候」と返信している。明治三十四年一月一日の『時事新報』に発表された。

V7　北里柴三郎《きたざとしばさぶろう》　　明治二十六年四月一日

芝区の物論穏かならざるよし、昨朝松山氏より承《うけたまわ》り候につき、渡辺洪基方へ手紙を遣《つかわ》し候ところ、事実は安心なれども、凡俗の感情いかんともすべからず云々《うんぬん》の旨、返詞申し参るにつき、最早《もはや》致し方これ無く、明日の『時事新報』へ、少々筆鋒を鋭くして一言致し候つもり。なお拝眉《はいび》万々お話し申し上ぐべく候えども、子供少々痛所にて外出を得ず。書をもって右の事情申し上げ候。この外にお聞き込みの義もござ候わば、早々ご報知下さるべく候。以上。

四月一日　　　　諭　吉

北　里　様

北里の伝染病研究所は福沢と森村市左衛門の援助により、この前年に芝公園内の福沢の借地に開設されたが、事業の拡大にともなって芝区愛宕町二丁目に移転しようとした。その時周辺の住民は「伝染病」という名称に恐れて反対運動を起こし、苦境に立った北里は一時は所長を辞任する決意を固めた。福沢は門下生中の有力者で芝区民として反対運動に名前を連ねていた渡辺洪基(この時衆議院議員)や東京府知事であった旧知の富田鉄之助を動かし、門下の医師松山棟庵を通じて、長谷川泰や石黒忠悳など医学界の大立者に働きかけ、また『時事新報』紙上で住民に対する啓蒙をおこない、反対運動をおさめることに成功した。

V8　清岡邦之助《きよおかくにのすけ》・清《きよ》岡《おか》　俊《しゅん》　明治二十八年四月二十八日

暖気と申すうちに、追々あつさに向い候。いよいよごきげん能《よ》く目出たく存じ候。さてコレラの一条につき、過日一筆差し上げ候ところ、その地の事情、来月なかばならではご帰京はむつかしきよし、是非なき次第。さ候えば、ご両人とも今暫くご辛抱と覚悟して、ただ大切なるは病毒防禦の一事のみ。今朝も松山氏へ面会、広島のコレラ云々《うんぬん》の談に及び候ところ、氏の申すにも、コレラの毒は防禦次第にて決して恐るるに足らず。その要は、

第一、一切水を呑まざる事。水を用れば必ず一度煎じたる水を用ゆるは勿論、ただに直《じか》に口に呑まぬのみならず、茶椀などすべて口につく物を洗うにも、一度沸騰したる水を用い、またこれを拭《ふ》くふきんをも、ただの水にて洗えば毒の恐あり。

第二、コレラは空気に伝えず、直に口より入るものゆえ、その病毒が何かに附着しおるものを、誤て口に入れれば危し。

第三、一切のたべものは、人の手に掛けずして自から製すべし。例えば邦さんが宇品に行きて、仕出屋の弁当など用い、その中の香の物が、ただの水で洗うたものなれば危し。故に面倒でも、お俊さんの手に製したる弁当を送るよう致したし。

およそ右などの趣意に基き、なお能々《よくよく》道理を考えてご処置成られたく存じ候。右用事のみ申し上げたく、匆々《そうそう》不一。

四月廿八日　諭　吉

邦之助様

お　俊　様

コレラの予防法について知らせる。この年、日清戦争が終結し、兵員が引き上げてくるにともなってコレラが発生し、兵站基地であった広島を中心に大流行した。清岡夫妻は邦之助が日本郵船に勤務し、輸送事務を担当していたため、広島に在住していた。医学について知識の深かった福沢は、非常に気遣い、その予防法についての連絡を繰り返している。

V9　田《た》端《ばた》重《しげ》晟《あき》　明治二十九年十月十五日

秋涼人に可なり。益《ますます》ご清安拝賀奉る。陳《のぶれ》ばかねてお手数を煩《わずら》わし候ミルク、今朝到来のうち一ビン、人をもって返却致し候間《あいだ》、ご一覧下さるべく候。その不潔なること何とも名状すべからず。かかる悪品の拙宅に来りしこそ幸なれ。もしもこれが喧《やかま》しき患者のもとに達したらばいかん。何と攻撃せられても、一言の弁解はでき申すまじく。細菌学の叢淵《そうえん》、消毒云々《うんぬん》とて、その注意の周密なるは、自家も信じまた世間をも信ぜしめたる養生園のミルクにして、かくのごとしとは、何らの怪事ぞや。畢竟《ひつきよう》病院事業の盛《さかん》なるに慣れて、百事を等閑に附し去るその結果の、偶然に現われたるものというの外なし。あるいはこれは小使どもの不注意なりなどいわんか、決して恕《ゆる》すべからず。ただの宿屋か何かにて、客に呈する食物に云々とあれば、ちょっと詫をいうて済むべきなれども、いやしくも学医の病院において、衆患者が生命を托する病院において、薬品同様のミルクがこのざまにては、たとい実際に無害にても、人のフヒーリングをいかんせん。事小なるに似て、決して小ならず。一ビンのミルクはもって病院中の百般を卜《ぼく》すべし。薬局の怠慢、料理場の等閑、医師診察法の不親切など、実に恐るべき事に存じ候。さればこの罪はミルク消毒場における下人のみに帰すべからず。第一に院長、医長、会計局員を始めとして、その責に任ぜざるを得ず。喉元通れば熱さを忘るるの諺に洩れず、今日わずかに養生園の盛なるを見て、皆々安心得意の情を催し、浮世の流風に浴して、本来の本務大目的を忘れたるか、さりとは頼み甲斐なき次第ならずや。例えばミルクの事にしても、

ミルクはどこの牛屋より入るるか、その牛屋は色々に諸方を吟味して、果して信ずべき者なるや否や。牛屋信ずべしと仮定しても油断はならず。時々医師を派出して

乳牛の性質を糺《ただ》し、またそのしぼりとりの方法、持ち込みの途中をも窃《ひそか》に視察を要することとなり。従前その辺の注意行き届き居るや否や。消毒場に到来の上、園員中何人《なんぴと》の監督する所なるや。因襲の久しき、単に下人どもに打ち任せ置くがごとき怠慢なきや否や。

右の事情とくと承知致したく、およそ大業に志す者は、畢生《ひっせい》の千辛万苦に成るものなり。細々《こまごま》百事に注意して、辛うじて目的の半《なかば》に達するの常なり。この一段に至りては、長与氏も北里氏も共に責を免がるべからず。何卒《なにとぞ》ご遠慮なくお話し下されたく、あるいはこの手紙をお示し下され候ても苦しからず。老生は明々白々に心事を申し述べ候義にござ候。いずれそのうち罷《まか》り出で苦情を語るべく存じ候。匆々《そうそう》頓首。

二十九年十月十五朝　　諭吉

田端賢契 梧下

追て、このビンは養生園の事業腐敗の記念として、口のところに何か毛のごとき汚物あるそのまま、ミルクのあるまま保存致したく、後日に至るまでも、好《よ》き小言の種と存じ候。

養生園から配達されたミルクが不潔であったことを叱り、事業が盛んになるにつれて、万事に注意が行き届かなくなることを戒める。養生園は北里柴三郎が園長を務めた結核専門の療養所で、長与専斎の発案で開設され、その後も長与が顧問の立場にあった。北里はこの手紙を扁額に仕立てて座右に掲げ、自戒したと伝えられている。田端は明治二十一年義塾別科を卒業、北海道炭鉱鉄道会社に勤務していたが、北里が伝染病研究所を設立する際に、福沢の要請で上京しその事務を担当し、養生園が開設されるとその事務も統括した。つねに福沢と北里とのパイプ役を務め、福沢の晩年には「養生園の潰るる迄坐して世話し呉れ」と依頼され、大正三年の伝染病研究所の官収に際しては、北里研究所としての独立を成功させ、よくその期待に応えた。

V 10　川《かわ》勝《かつ》貞《さだ》吉《きち》　明治三十年一月十三日

天気模様あしく候えども、明朝はたとい雨天にても、勇を鼓して散歩致すべし。帰来宅に雑煮を申し付け置き候間《あいだ》、お立ち寄り下されたく。雨と存じてわらじも用意致し置き候間、下駄にて困る人は、わらじをはくもまた面白からん。何卒《なにとぞ》散歩党一同へご致意《ちい》下され、相成るべきだけ人数の多からんことを祈り候。

おかまへのみやげに、ふかし芋もでき申し候。

右用事のみ、匆々《そうそう》不一。

諭吉

三十年一月十三夕

川勝様

晩年の福沢は毎朝散歩をすることを日課にし、塾生の中にも誘われてそれに参加する者が十余名から二十名くらいあり、「散歩党」と称していた。後出のⅥ14も散歩に関するものである。散歩中の福沢については、多くの逸話が残されているが、この手紙に登場する「おかま」という乞食についても、始終裸で暮らしていたので、衣類を与えたりなど、世話をしていたことが伝わっている(『福澤諭吉伝』第四十三編)。川勝貞吉は明治三十一年に別科を卒業した塾生。

Ⅵ 家庭と日常

手紙は、原則として私的な文書である。書かれている内容は、本来なら相手にだけ伝えたい、あるいは伝わればよいものである。それだけにごく親しい知人や家族にあてた手紙には、飾らない真情が吐露されていて、その人物の素顔に触れることができる。福沢の場合もまた、著作を通じて表われる自信に満ちた確固たる福沢とは異なった、子どもの病気や勉学の様子、孫の誕生に一喜一憂し、姉の老後を気遣い、就職その他門下生の世話をこまごまとやき、反面不誠実な者には心底怒るような、喜怒哀楽に満ちた姿が映し出される。

本書で取り上げることができた手紙は、そのごく一部である。返却したとばかり思っていた借用物を自宅で発見して「平身低頭恐れ入り候」と平謝りに謝った上で、もっと悪い人間なら謝ること嫌さに捨ててしまうのだから許して欲しいと言い訳したり(VI 4)、ふとしたはずみで刀で指を切り、家族の信用を失墜して「おとッさんの評判甚だ宜しからず」と嘆く姿(VI 9)は、手紙でこそ垣間見ることのできる福沢像といえよう。

手紙にはまた趣味や嗜好も表われる。文学的な面では、素養として学んだ漢詩は別として、短歌も俳句もほとんど嗜まず、機械で和歌を作ることに関心を示す(VI 6)ほどであるから、芸術的なセンスという点では怪しい。しかし、若いころには堕落の一歩であると考えていた観劇も一度その面白さに目覚めると、当時の人気俳優市川団十郎、尾上菊五郎、市川左団次を自宅に招いて芝居談義に花を咲かせるほどのめり込んだ(VI 10)。他にも福沢家では音楽会や落語会などを開催している。

また食べ物の話題もしばしば登場する。好物のひとつがバターであった。味にはうるさく、門下生であった神津国助の神津バターをことのほか気に入った(VI 12)。パンにバター、コーヒーか紅茶にミルクといった洋風の朝食も好んだようである。

『福翁自伝』によれば、福沢はアメリカ留学中の長男・次男に対し、五年余で三百通を超える手紙を出した。このときに限らず筆まめな福沢は、離れて暮らしている家族には何かにつけ、よく手紙を書いた。また三人の姉たち、姪甥たち、更にはその子どもたちの就職、結婚、出産なども気にかけている。幼い頃に父を亡くし、『福翁自伝』に書かれているような馴染めない中津での生活が、家族の結束を固くし、また家族というものの有り難さを福沢に知らしめたとも言えるし、『西洋事情外編』巻一で紹介した「凡そ世間に人情の厚くして交の睦きは家族に若《し》くものなし」という家族像を、福沢自身が作り出そうと努力したのだとも考えられる。

(西沢直子)

VI 1 東条利八《とうじょうりはち》・藤本元岱《ふじもとげんたい》・渡辺弥一《わたなべやいち》　明治二年二月二十二日

六、七日前御上屋敷よりある人参り、中津の異事記中に中村術平死と申す事これ有るよし承《うけたまわ》り、昨冬渡辺君より叔父様ご不快とのご紙面、前後暗合いたし候ようこれ有り、甚《はなはだ》関心をもって、日夜鬱々罷《まか》り在り候ところ、ただ今藤本、渡辺両君のお手紙到着、果して然《しか》り。ご容体の趣《おもむき》も逐一仰せ下され、天命致し方なき義には候えども、驚き入り候次第、皆々様にも厚くご看病成し下され候義、ご当人様もご満足、私においても有り難き仕合《しあわせ》にござ候。しかしながら実は私こそ独りご介抱申し上ぐべきはずのところ、遠方隔絶、ついにその義能《あた》わず、事勢時運の然らしむる所とは申しながら、残念この事のみにござ候。跡々《あとあと》のところは正五郎公も壮年の義、直《ただち》に公務差し支《つか》えこれ無く、英吉義はかねて叔父様へも申し上げ候義これ有り、好《よ》き折をもって当処へお遣《つかわ》し下されたく、私にて引き受け世話仕るべく存じ候。さ候えば先ず中村の家は叔母様、当主、これに妻《めと》を娶りて当分三人暮し、小禄にても押々《おしおし》立ち行き申すべく存じ候。

一　軽少の至りに候えども、御香典の印、金拾両呈上仕り候。ご法事の一助にも成し下されたく、私義も今日は竜源寺へ参詣、ご読経相頼み候つもりにござ候。次便ご霊名お知らせ下されたく願い奉り候。

一　叔父様ご死去についてもなおまた案ぜられ候は母の義にござ候。当年六十六歳、ご同年、かねて達者には候えども、不定の身、何分《なにぶん》にもお心添え願い奉り候。私義は何分田舎へ引き籠り候訳《わけ》に参り申さず、都会に住居いたし候につき、いささかながら母はじめ家族保護もでき候義、その辺はご憐察下さるべく候。

一　叔父様のご不幸につき申し上げ候にはござ無く候えども、各様方相成るべきだけ御酒はお謹み成られたく、かねてご承知の通り私義もすこぶる大酒相用い候生質《せいしつ》にこれ有り候ところ、近来、段々西洋の書物勉強いたし、彼《か》の説に依りつらつら人間在世の職分を相考え候に、修徳、開知、倹約の外、他事これ無く、大酒を用いれば起居すべて不行儀に相成り、ただに身体起居の不行儀のみならず、ついに精心《せいしん》をも不行儀に慣れしめ、不徳に陥り候ものにござ候。大酒を用いれば精心を乱り、人の言もよく分らず、書を読み候ても十分に解し申さず候。書を解すことでき申さざる節は、とても人に知識は生じ申さず、人に知識なきときは軽挙暴動、大いに世道を害し候ものにござ候。大酒を用いれば酒の価はわずかの事に候えども、それがため業を怠り、一身の不倹約のみならず、国家の大損を招き候義でき申し候。右の条々決して私の説にはこれ無く、西洋人の深く戒め候カ条にて、洋書中往々読み当り、いかにも慚愧《ざんき》の次第につき、私義は近来厳しく酒を謹み、決して大酒相用い申さず候。何らの事故これ有り候とも、夕刻または夜分ただ一度、一合か弐合ばかり、朝昼などは、たとい珍客来りあるいは他席へ参り盛饌《せいせん》これ有り候とも、一滴も嘗《な》め申さず、何卒《なにとぞ》各様方も酒を慎むは天に対してのご奉公と思《おぼ》し召され、厚くお心得下されたく、これも下戸より申し上げ候わば、自分勝手と思し召され候義もこれ有るべく候えども、かつて大酒暴飲の私より申し上げ候義、ご信仰下さるべく候。

右貴答かたがた申し上げたく、何分にもこの後ご法事その外宜《よろ》しくお取り計らい願い奉り候。余は次便申し上ぐべく候。恐惶謹言《きょうこうきんげん》。

福沢諭吉

二月廿二日昼時

東条利八様

藤本元岱様

渡辺弥一様

東条利八は福沢の叔父で、藤本と渡辺は福沢のいとこにあたる。幼時に養子となっていた中村術平の訃報を聞き、看病の礼などを述べたもの。福沢は生来の酒好きで大酒飲みであったが、ウェーランドの著作の影響か三十二、三歳のころから節酒に努めたという(『福翁自伝』「漸く酒を節す」)。この手紙では大酒は「国家の大損」を招くとまで言っている。

Ⅵ 2　九鬼《くき》隆義《たかよし》　明治三年十月十四日

謹白。時下寒冷相増し候ところ、益々《ますます》ご清安渡らせられ拝賀奉り候。随て私義異なく罷《まか》り在り候条、憚《はばか》りながら貴意易《やす》く思《おぼ》し召し成し下さるべく候。当夏中より毎度ご書翰下され置き、病中にもお見舞として種々頂戴仕り、有り難き仕合《しあわせ》に存じ奉り候。早速御礼申し上ぐべきのところ、病後何分《なにぶん》気力に乏しく、手紙認《したた》め候事もできかね、今日までもご無沙汰仕り候段、あしからずご承引願い奉り候。私義もご承知有らせられ候通り、当五月中旬より悪性の熱病に罹り、五月廿日頃より六月七、八日までの間は人事不省。五月晦日頃はとても生路《せいろ》もこれ無き模様にござ候ところ、医薬の功を奏し、幸に今日の全快に及び候次第にござ候。仮に三、四年前この大患に罹り候義もござ候わば、万々全快を望むべきにあらず候えども、今日この都下に居り、この良医の治療を蒙《こうむ》り、この良友の介抱を受け、はじめてこの全快を取り候義、謝す所は医師と社中の朋友にござ候。医師はアメリカ人セメンズ、英人ウェルス両人を頼み、療法すこぶる新奇。日本の医師は伊東玄伯、石井謙道、島村鼎甫、隈川宗悦。この外に横浜の友医早矢仕《はやし》有的《ゆうてき》、専《もっぱ》ら苦心いたしくれ、先ず日本にては最上の治療を施し候事にござ候。

先日川本氏出府、お目に掛り、そこ御地の景況詳《つまび》らかに拝承仕り候。思し召し立ちの学校も云々《うんぬん》の故障、思し召し通り行われかね候よし。ご残念の段、実にお察し申し上げ候。独り三田《さんだ》御藩のため惜むべきにあらず、天下の大不幸なり。しかし人事不如意《ふにょい》はかくのごときものか、ただ独りを守り朋友を待ちて、漸次に事を施し候わば、また開化の春に逢う事もこれ有るべく、いたずらに企望《きぼう》するのみ。ただただ難に遭うて失望自棄せざること、一大緊要と存じ奉り候。私方の塾も手狭《てぜま》に困り、然《しか》るべき山ノ手の地に転じたく、しきりに周旋仕り居り候えども、とかく埒《らち》明き申さず、困却にござ候。何分にも私塾は貧に苦しみ、不如意の事のみにござ候。

『西洋事情』二篇四冊、病気前既に脱稿。この節彫刻もでき、閏《うるう》十月中旬には製本でき申すべし。出来の上は壱部拝呈仕るべく、ご一覧願い奉り候。最早《もはや》、真《ま》カタカナの翻訳もこれきりにいたし、以後は通俗平仮名《ひらがな》か、または片仮名《かたかな》ばかりにて漢字を用いず、翻訳いたしたく存じ居り候。

私義発病より今日までちょうど百五十日に相成り候えども、今もって読書の気力ござ無く、未だ厳冬にも至らず早既《はやすで》に寒気に恐れ、フラネルに体を包み閉居仕り居り候位の次第、ご憐察成し下さるべく候。九月初旬のころ、一友医の説に従い、熱海の湯治思い立ち、家内一同召し連れ先方へ二週間滞留、当月十日帰府仕り候。旅行のため少しは壮健を覚え、手紙など認め候事は押々《おしおし》でき申し候。いずれ当年中も空に消日いたし申さずては、真の全快には至り申すまじく、毎日肉食牛乳など相用い、養生のみに心掛け居り候。病中より牛馬の会社としきりに懇意に相成り、その主人の需《もとめ》に応じ、「肉食の説」相認め遣《つかわ》し候。病後執筆極めて拙劣にござ候えども、数冊拝呈仕りご一笑に供し候。右御礼かたがた申し上げたく、爾余《じよ》は後便を期《ご》し候。頓首百拝。

十月十四日　　　　　　　　福沢諭吉

三田藩知事様　下執事

尚以《なおもって》、時候折角ご自重専一と存じ奉り候。近日あるいはご出府の御義もござ無く候哉《や》、拝謁《はいえつ》仕りたく企望仕り候。殊《こと》にこの節は読書もできず、日々無聊《ぶりょう》に消日仕り居り候。都下の文学も、相替らず盛《さかん》なる方にはござ候えども、私立の塾は貧にて致し方これ無く、官の学校はいたずらに金を費し、惜むべし惜むべし。

九鬼隆義は旧三田《さんだ》藩主。福沢はこの手紙にあるように、明治三年五月中旬から発疹チフスに罹って生死の間をさまよい、外国人医師や適塾同窓の石井謙道、島村鼎甫らの尽力により一命をとりとめた。文中に「私方の塾」が手狭になってきて引越したいとあるが、この病気も、慶應義塾が湿気の多い海岸沿いの芝新銭座から三田《みた》へ移転するきっかけとなった。また三田《さんだ》で蘭英塾を開いていた「川本」幸民から、三田藩が設立しようとしている洋学校の計画停滞を聞いて惜しんだり、『西洋事情二編』を近々発刊するにあたり、今後はわかりやすい漢字平仮名混り文か片仮名を使用したいと述べるなど、学問の普及に尽力する様子がうかがえる。文中熱海へ湯治とあるが、この帰路箱根に立ち寄り、以後しばしば箱根を訪れるようになった(Ⅱ7)。本文最後に「肉食の説」とあるのは、養生のため毎日肉を食べ牛乳を飲んでいた福沢が、築地中通りにあった牛馬会社の宣伝のために執筆したもの。

Ⅵ3 福見《ふくみ》常白《じょうはく》　明治十三年十一月二十日

富岡行きの工女一同、無事一昨十八日着京、弊邸中の一屋に止宿。昨日は芳蓮院様へお目見え、小生も一寸ご尋問、御孫様へもお目に掛り、なおまた貴翰拝誦《はいしょう》仕り候。一別二十余年、その後両三度中津へ参り候えども、拝眉の機を得ず。又書をもってお尋ねも申さず、怠慢の罪ご海容《かいよう》下さるべく候。相替らずお盛《きかん》の趣《おもむき》、何寄りの御事と恭賀奉り候。小生も本年既に四十七歳に相成り、老人の仲間に這入《はい》り候。今を去るほとんど三十年に近きか、留主居《るすい》町井口の細工部屋にて毎度お目に掛り、色々ご約介《やっかい》相成り候事にもこれ有り、今より考えれば茫として夢の如きのみ。しかしその節様々の手細工を心得、刀剣の小道具に金銀銅鉄の性質を知り、自宅にては下駄の内職などいたし、家用桶の輪替え、雪駄《せった》の直しまで甲斐甲斐しく働きたるは、生涯の一大所得にござ候。ただ今にても旧を忘れず、運動のため米をつき、または馬に騎し、身体は屈強にござ候。憚《はばか》りながらご安意下さるべく候。右拝答かたがた早々斯《かく》の如《ごと》くにござ候。頓首。

十三年十一月廿日　　　　福沢諭吉

福見常白様　几下

尚以《なおもって》、時下折角ご自重専一と存じ奉り候。今般工女の一列は、及ばずながらこの方にてもお世話申し候よう、友人どもの申し合せにござ候。ご安心下さるべく候。

鄙《ひ》事《じ》に多能なりき少年の日には
立身して自から笑う却って身をやぶるを
浴余閑《しずか》に坐せば肌は全く浄《きよ》し
曾てこれ綿糸もて瘃を縫いし人
旧作一首お笑種《わらいぐさ》に供し候。瘃はアカギレなり。都会の住居は便利のようなれども、身体のなまけるは大毒なり。都鄙《とひ》居家《きよか》の利害未だ知るべからず。

中津から製糸技術の伝習のために、群馬県の富岡製糸場へ派遣された子女の中に、福見の孫が加わっており、祖父の手紙を託されてきていたのに対する返信。手先が器用でマメな福沢は、少年時代には物の工夫をすることが得意であり、さまざまな細工を一人で工夫して行っていたが、成長するにしたがって、本格的に下駄作りや刀剣の細工などの内職をするようになった。晩年に「すべてコンナ事は近所に内職をする士族があって、その人に習いました」(『福翁自伝』「幼少の時」)と回想しているが、その一人が福見であった。そうして「甲斐甲斐しく働きたるは、生涯の一大所得」と回想しているのは、思想の深遠と心術の高尚正直に加えるに「小俗吏の才能」を以てするとした福沢の理想を良く表している。漢詩の原文は次の通り。「鄙事多能少年日/立耳自笑却壊身/浴余閑坐肌全浄/曾是綿糸縫掾人」。

VI 4 中《なか》島《じま》精《せい》一《いち》　年未詳八月三十一日

平身低頭恐れ入り候。先達《せんだつ》てより毎度御人下され、状箱のご催促、そんな物は知らず、中村英吉へ聞いて見よ、斎藤が知って居るだろうなどと勝手次第に放言いたし居りながら、ただ今箪子《たんす》の開きを開き見れば儼然《げんぜん》として箱の在る有り、誠に赤面の至り、すなわち返上仕り候。しかし諭吉をして今一層悪人ならしめなば、この箱を窃《ひそか》に焼き棄て、弥《いよいよ》宅になきものとして非を遂ぐべきはずなれども、それほどにも参らず、鉄面厚顔、恥を忍びてお返し申し上げ候。恥を忍ぶは非を遂ぐるに勝れるかなどと、申し訳《わけ》のみ此《かく》の如《ごと》くにござ候。頓首。

八月三十一日　　　福　沢

中　島　様

中島精一は慶應義塾出版社の事務の責任者で、使いの者が書状を運ぶための「状箱」の返却を再三福沢にもとめていたが、福沢はすっかり忘れており、そのことを詫びたもの。

VI 5　福沢一太郎《ふくざわいちたろう》・福沢捨次郎《ふくざわすてじろう》　明治十六年六月十九日

本月十二日朝九時横浜の本船にて告別してより、一同三菱会社の二階に休息、十時過ぎ遥《はるか》に船の出発するを見送り、十一時の汽車にて帰京致し候。出発後は毎日好天気、梅雨の時節、絶て雨もなし。海上はいかが哉《や》、必ず同様ならんと、強いて安心致し居り候。

船中には日本の芸人ども大勢乗り組み居り候よし、跡《あと》にて承《うけたまわ》り、これは好都合。永き航海の徒然《つれづれ》を慰《なぐさ》むるには、人物のいかんを問わず、同国人とあれば賑々《にぎにぎ》しく布ならんと、窃《ひそか》に歓び居り候事なり。

家属《かぞく》一同無事、ただ、とみに両人を減じて淋しきのみ。秀さんも壱人にてテーブルに食事も不都合ゆえ、今泉の方に眠食し、お里《さと》、お房《ふさ》、お俊《しゅん》の三人はこの方へ帰り、一処に食事致し候。

両人の机、文庫などは一切片づけ、不用なりと思う反故《ほご》類は焼き棄て、その外《ほか》の物は始末して開閉相成らざるよう致し置き候間《あいだ》、安心致さるべく候。

鳩は源太郎の保護にて無事なり。また庭に雀堂を作り、雀を集めて三八《さんぱち》、お光《みつ》の楽しみに致すつもりにて、堂は今朝でき候えども、雀は容易に寄り付き申さず。

新聞紙は相替らず忙しく、両人出立の前後は自然に怠り居り候につき、両三日前よりまたまた執筆致し候。いずれこの労は貴様方帰国までも続く事ならん。折節《おりふし》は面白からぬ事もこれ有り候。

米国着の上は、かねて申し含め置き候通り、教育上の事は寺島、鮫島の両氏へ相談然《しか》るべし。金子《きんす》の事は森村組へ頼み置き候につき、不都合はなき事と存じ候えども、金の事は往々間違いを生ずるものなるゆえ、何月何日何のために、森村組の何人《なんぴと》より何程の金を請《う》け取りたりとの事は、厘毫《りんごう》も間違いなきように、この方へ報道致せらるべし。かつまた、かねて申し含め置き候通り、何らの事情あるも森村組の外は何人へも金を借用すること相成らず、また貸すことも相成らず。ただ現金を貸すべからざるのみならず、福沢一太郎、捨次郎と申す名前を貸すことも無用なり。名前を貸し、請人《うけ》に立ち、またはかかる事情あるがゆえに、ちょっと内々に含み置きくれよなど申すは、すなわち現金を手離すに異ならず。くれぐれも慎しむべきものなり。

学問は決して速成を要せず。急進して体を損するがごときはもっての外の事なり。捨次郎が先年文部校を止《や》めにしたるも、全く身体摂養のためなりし、忘却致さざる事と存じ候。一太郎の農学のごとき、拙者の目的は理論学者に仕立つるのつもりにあらず。ただ一通りの理を知り、その上はプラクチス専一なれば、何卒《なにとぞ》一身の品行を慎み、朋友との交際を広く親しくまた活潑にして、シャイネスの譏《そしり》を免がるるよう勉むべきのみ。その外に何もむつかしき注文は致さず候。

追々暑気に相成り、行水などもその国の風として不自由なれば、初年は困る事ならん。併《しか》し孔明は五月雲南を渡るとさえあれば、男児が事を成さんとするに、寒暑のごときは恐るるに足らず、ただ智恵をもってこれを凌ぐの工夫専一なるのみ。欧米の人々が今も万里外に往来して、生を営む様子を見ても、いささか自ら奮うべき事なり。

右は、出発後今日まで無事安全の報知のみ申し入れたく、早々以上。

十六年六月十九日　　諭　吉

一太郎殿

捨次郎殿

尚以《なおもって》、『時事新報』両人へ一葉ずつ、さし送り候よういたし置き候。もっとも宿所定り候までは、森村組へ当《あて》さし遣《つかわ》し候えども、なお居住の地相分り次第、直《すぐ》にそのところに替え申すべく候。

村井氏へは別して約介《やっかい》に相成り候事ならん。礼状もさし出し候えども、なお宜《よろ》しくご致意《ちい》下さるべく候。森村豊氏へも同様の事。

留学に出発した長男・次男への第一信。船旅を気遣うとともに、福沢家の様子を伝えている。文中の「秀さん」は甥の今泉秀太郎、「お里」「お房」「お俊」は福沢の長女・次女・三女、坂本「源太郎」は福沢家の玄関番、「三八」「お光」は三男・五女、「新聞紙」は『時事新報』のこと。また留学中の心得として、学問上のことは「寺島」宗則駐米公使「鮫島」武之助駐米書記生に、金銭のことは森村組に相談し、人に金や名前を貸さない、健康に気を遣う、友達と積極的に交際する、日本の習慣と異なるところは知恵をもって工夫することなどを告げている。「村井氏」はのちに日本の陶磁器類の輸出に尽力した村井保固。

VI 6 安《やす》永《なが》義《よし》章《あき》　明治十六年十二月二十六日

華翰拝誦。月迫相成り候ところ、益《ますます》ご清安賀し奉り候。陳《のぶれ》ば過日の一条、もとより怠る訳《わけ》にあらず。なおこれを新聞紙面に記するには、少々文体もあり、また本塾の者へも、一度は拝見致させ候後の事ならでは叶《かな》わざる次第。実は両三日前より、小生執筆趣向いたし居り候えども、歳末の多事言うべからず、追々延引相成り候事なり。しかし右校正はでき候とも、新紙に掲ぐるは来一月、世上正《まさ》に歌かるたなどに忙《いそがわ》しき時節に投じ、世人のアッテンションを引くの心組みにござ候。昨日も新聞局へ参り、フォルミューラに用いるタイプなどの用意も申し付け置き候次第、万々忘却など申す訳《わ》け柄《がら》にはこれ無く、ただただ多事に取り紛《まぎ》れ、ご無沙汰に相成り候義、あしからずご承引下さるべく候。いずれ拝眉《はいび》万々お話し申すべく候えども、とりあえずご返詞のみ、早々頓首。

十二月廿六日　　　　　　　　　　　　　諭　吉

安　永　様

安永義章は佐賀出身で工科大学校卒。大阪高等工業学校長などを務めた人物。和歌について、四十七音の三十一文字分の組み合わせゆえ数に限りがあり、四十七枚の歯をもつ三十一個の歯車を組み合わせれば、和歌の製造機すら作ることができるという持論があり、福沢はそれに賛同して『時事新報』の社説を執筆した。この手紙は安永の問い合わせに対し、社説は現在執筆中で、人々が百人一首を楽しんでいる正月に掲載すれば世間の注目を集めるだろうと述べたも

(数式) の印刷に使う活字の種類のこと。「フォルミューラに用いるタイプ」は formula の。社説は一月十一日、十二日に掲載された。

VI 7 福沢一太郎《ふくざわいちたろう》　明治十八年十月二日

八月四日附にて、捨次郎の手紙は昨日到来致し候えども、貴様より来状なし。但し無事の趣《おもむき》は捨の書面にて明白なり。過日高橋氏へ送り来り候「日本婦人論を読む」の文章は甚《はなはだ》妙なり。これは一日の社説に用い候つもりなり。婦人論一編は大いに昨今日本人心を動かし、束髪《そくはつ》、洋衣、その他婚礼法など様々の影響あることと存じ候。しかし何事にても、最初は熱に乗じてその中を得ざる事にこれ有るべく、これはもとよりエキスペクト致す所にて、強いて憂《うれう》るに足らざる事と存じ候。

貴様の学業の方向は、この度《たび》捨次郎と会合、色々相談致し候義と存じ候。烟草《たばこ》は果して可なるか、いよいよこれを可なりとして、その耕作と製作とは全く別の事にして、また甚だ直接の関係あり。一を知りて一を知らずしては不都合ならん。その辺も能《よ》く思案然《しか》るべく存じ候。またあるいは仕事は烟草とのみ限らず、その外《ほか》にも思い付きの事あらば、シモンズ氏ならびに捨次郎と、とくと相談致さるべく候。日本はいよいよ英語英文の世の中に相成り候間《あいだ》、これだけはいずれの道に向うとも怠らざるよう、屹度《きっと》手に入れ候よう致したく候。

従前、後進生の地位はただ官途ばかりのようにて、しきりにその途に押し込みたれども、最早《もはや》政府にルームこれ無く、今後は商売工業の方向に転ずるの外これ無く、万事万端金これ権力と申す風潮は甚だ強し。我輩の知人の間にも、近来は大いに発明して金と申す声、日に喧《やかま》しきがごとし。追々は米国風に相成るべく、勿論それにつき、様々の弊はこれ有るべく候えども、これまた致し方なし。何卒《なにとぞ》貴様もこの一義は忘れずして、生計の心掛け然《しか》るべし。拙者がかねて一度は商法学校へ入るも然るべしと申したるはこれがためなり。半年位の事なれば、何時《いつ》か一度は入学卒業致されたく候。

近来は日本にて専門学者の評判宜《よろ》しからず。その故は、例えば法律専門を卒業したりとて、これを判事に用いれば、何の役にも立たず。甚しきは罪人宣告の文言さえろくにできず、文は悪しく文字は金釘を打ち枉《ま》げたるがごときざまにて、とても実用に適せず。ただ上手なるは理窟《りくつ》のみにて、何か喋々すれどもとんと致し方これ無し。実地の錬磨大切なりとて、先ず一年を試み三年をがまんして使用すれども、相替らず初めのごとし。去りとては、学者は役に立たず、畢竟《ひつきよう》学問を過当に評して今日まで欺《あざむ》かれたるものなりなど、専門学士に向いて不平の談少なからず。つまりその学者が学事に明らかにして世事に暗く、独り自から得意たるの罪ならん。その辺の義も貴様の身に引き請《う》けて案考し、人間世界はただ学問のみにあらず、近浅の交際、近浅の芸能、かえって能く立身の方便たるを知るべし。

拙者は毎日接客に時を費し困却につき、この度交詢社へ少々普請致し、日を定めて客を待つ事に致し候。いずれかへ西洋風の家を求めんかと存じ候えども、いずれ貴様方が帰国したらば、必ず西洋流に家に居る事と存じ候えば、その節はそのために家を作り、拙者は折々貴様方の家の一室を借用して接客に供しても宜しき事と存じ、先ず留主《るす》中は家作の事に手を着け申さず。拙者は生涯夫婦同居、狭き住居にて苦しからず。第二世の貴様達が各《それぞれ》力に応じて分れ分れに家を構うれば、老人は時々お客に参り申すべし、すなわち老余の楽事なり。

ただし、ただ今の家計甚あしからず。丸家の損亡も自から別に償《つぐな》うものあり。決して貧乏にはこれ無く、貴様達が帰国しても、その翌日より銭に窮して不本意なる職業を求め、ために醜体を現わすごとき憂はこれ無きゆえ、その辺は安心致されたく、これだけは乃父母《だいふぼ》が子供に対していささか誇る所なり。一笑。

右平安の一報、早々斯《かく》の如《ごと》くに候なり。

十八年十月二日　　　　　　　　　　諭　吉

一太郎殿

このほどは兄弟相分れたる事と存じ、捨次郎へは別に手紙さし出し候。

留学中の長男に学問の方向性について、いずれにせよ英語力が大切であることや専門性にとらわれず実用に適するものを学ぶべきであると説く。冒頭の婦人論云々からは、自らの「日本婦人論」に対する自信の程が窺え、一太郎の「日本婦人論を読む」は十月六日に社説として『時事新報』に掲載された。また面接日を限定しなければならない程、接客に忙しい日常が知れる。

Ⅵ 8　福沢捨次郎《ふくざわすてじろう》　明治二十二年九月七日

過日お申し越しの夜具は一昨日郵船会社へ頼み差し出し、本月十一日にはその地へ届き候はずなり。

家内一統の上方行きはいずれ四、五日中に出発のつもり、ただ今支度《したく》最中なり。道順の義、色々語り合い、とても一日中に直達はでき申さざるのみならず、二日にてもむつかしく候間《あいだ》、朝東京発、静岡へ一泊、久能山《くのうざん》などへ参り、翌朝静岡発にて名古屋へ一泊、金のしゃちほこ、熱田の宮などへ参り、翌朝出発、直《じか》に神戸と思いしかども、これもむつかしきゆえ、京都へ参り、二、三夜ばかり泊り、京都中を見物して大津へ行き、近江八景を見物し終り、それより京都を発して奈良へ参り、春日大仏など名所を見物し同処へ一泊、大阪へ出て、大阪に二、三夜逗留中住吉、堺へ参り、それより神戸へ行き、姫路の帰途に須磨《すま》、舞子《まいこ》、一の谷などを見ておよそ二夜泊り、神戸を発し草津にて汽車を下り、旧東海道にて四日市より津に出《い》で、太神宮参詣、引返して四日市に戻り、同港より船にて帰京と、およそ胸算はでき候えども、実地に臨んで変わることあるべし。同勢はおよそ十六人の内、子供はお光《みつ》以下四人なり。

この度《たび》は家族の旅行、名所旧跡を探るため、また拙者は人の応接用談に飽き飽き致し候につき、半月か二十日ばかり一切知らぬ旅天に閑を偸《ぬす》むためなれば、旅中ただ至親《しん》の中上川へちょっと参るのみにて誰の家へも尋問致さず、また先方より来訪も断るつもりなれば、何卒《なにとぞ》物静かに致しおかれたく、当地にても今日に至るまで、まだ誰れにも旅行の事を語り申さず、いわゆるぬけ参りなり。くれぐれも静かに致したく存じ候。

いよいよ出発の節は電信差し出し候間、でき候事ならば京都まで来り、一両日にても同居同食致したく、中上川へ相談致されたく候。

一太郎は留主番《るすばん》のつもりに致し居り候えども、子供の全員を伴うに一人欠けては面白からずと存じ、議を変じて同行の事に致し、これに貴様を加うれば九人共揃い候事なり。

最初の趣向は先ず神戸へ参り、それより大阪、奈良、京都、大津、草津、伊勢と定めたれども、名古屋より神戸への時間永く、子供の難渋と存じ、道を逆にしたる事なり。なお日限時刻同行の人数もたしかに相分り次第、申し入るべく候。早々以上。

九月七日　　諭　吉

捨次郎殿

このころ次男捨次郎は山陽鉄道会社に勤務して神戸におり、福沢は妻や八人の子ども、孫などと共に東海・京阪地方をまわり、神戸で捨次郎を訪ねる旅を計画した。福沢は忙しい日常の中で明治十九年に視察旅行を思い立ち、東海・京阪地方、茨城などを訪れたが、行く先々で宴席となり閉口した。そこで今回は神戸にいる姉の中上川家のみに立ち寄り、あとは人々に告げず「ぬけ参り」(江戸時代無断で伊勢神宮参りにいくこと)を楽しみたいと告げている。

VI
9　福沢捨次郎《ふくざわすてじろう》　明治二十三年六月十九日

本月十六日附の来書披見。近日は忙《いそが》わしきよし。時下次第に暑気に相成り、随分ご用心成られたく候。

京都の一条は、とても自分にて参り候ことなどはでき申さざるにつき、写真にてもとの義、いずれ岡本氏へ談じ、いずれにか取り計らい申すべく、なおその外《ほか》にも心当りこれ有り、昨今しきりに周旋致し居り候。

　昨十八日は祖父様ご命日につき、祖母様十七回忌のご法事に合して供養致し、客は寺田、佐々木の外に、真宗信者にて有名なる米田治右衛門と申す人を、佐々木の案内にて招き、食事後仏を談じて夜十二時に至り、随分面白き人物にこれ有り候。この男は俗人にてありながら、各処へ真宗の会堂を設け、一流の信徒一万人もこれ有り、已《すで》に神戸にも同様会堂あるよし。真宗の米田と申せば誰れもその名を知り候事と存じ候。

　先日広助と申す脇差《わきざし》の身これ有り、いかにも切れそうな作《つくり》にて、ちょっと見たるところは村正の風あり。価はわずか二円と申すにつき、好事《すきごと》ながら買取り、両三日坐右に置き、真の村正と較《くら》べて見んと思い、手に取る拍子に、白鞘《しろざや》の鯉口ゆるくしてツイ鞘ばしり、小指に怪我を致し候。〔切疵〕疵口《きずぐち》巾五分《ぶ》、深さは一分の余これ有るべく、直《すぐ》に押えて血を出さず。松山のお弟子さんを呼んで洗い、ヨードフォルムを附けて切れにて巻き、謹みて様子を待ち居り候ところ、利刀の疵は自から癒るに易《やす》く、膿も持たず熱も発せず、疼痛《とうつう》なくしてそのまま癒着致し候。先ずご安心下さるべく候。但しこの度《たび》の一挙をもって、一家内へおとッさんの評判甚《はなは》だ宜《よろ》しからず、以来は刀剣をひねくること相成らずとて、すべて箱の中に隠され候。誠に面目なき次第、何と申されても一言の申し訳《わけ》けこれ無く、ただ願くはこの怪我の話は一週間限りとして、その間は十分に愚弄するも宜しけれども、その期日を過ぎたらば話は止めにしてもらいたし。生涯何かの話のついでに、あの怪我は怪我はと囃《はや》し立てられては誠に困ると、子供へ談判中なり。

右ご返事まで、匆々《そうそう》不一。

六月十九日　　　　　　　　　　諭　吉

捨次郎殿

尚以《なおもつて》、森常樹氏より金談の一条、これは拙者など不案内の事なれば、何とも返事はでき申さず、しかし公債証書など抵当あらば、東京にて金を貸す者はこれ有るべし。利子は何程なるべきや、世間の様子にては随分高きよし。日本銀行にては、年七分にて貸すよし。とにかくに遠方よりの談判にては、とても調《ととの》い申すまじく、またこの方にても金の貸借につきてはとんと考えのなき事ゆえ、気の毒ながら行き届きかねると返詞するより外にこれ有るまじく存じ候。以上。

神戸にいる次男捨次郎に、福沢の父百助および母順の法事の様子などを報告している。福沢家は浄土真宗西本願寺派だが、「寺田」福寿は真宗大谷派真浄寺の僧侶で、宗教に対する福沢の無頓着ぶりが知れる。「広助」「村正」は、製作者である刀鍛冶の名から転じ刀の銘。「松山」棟庵は福沢の門下生で、福沢家の主治医である。「ヨードフォルム」yodoform は皮膚消毒薬。追伸にある森常樹は門下生で、のちに慶應義塾幼稚舎長も務めた人物。「公債証書」はここでは金禄公債証書のことで、明治政府の財政難解消策のひとつとして、明治九年にそれまで華士族に支給されていた家禄および賞典禄が廃止される代わりに交付された。追伸の部分は、それを担保に借金する方法があることを示唆しながら、金策の仲介は断わっている。

VI 10 山口《やまぐち》広江《ひろえ》　明治二十三年七月八日

過日来、両度の華翰《かかん》拝見仕り候。実は小生義は六月二十二日より家内子供同伴、箱根の湯本へ湯治に参り居り、来書も留守宅より湯本へ届け参り候ことにござ候。甲斐の一条甚《はなは》だ面白からず、これに就《つ》き色々ご注意の次第、有り難く拝承仕り候。いずれ明後十日に帰宅のつもりにつき、小幡氏へ面会とくと話し致すべく候。甲斐の事業のことは先年相談もこれ有り候えども、小生は平《ひら》にご免、一切関係致さずして謝絶致し候。その節小幡、中上川らにて何か企て候様子なり。小生の宿説は、市校の金は本来奥平家より出《い》でたるものなれば、学校に用いて、残あらばこれを基本にお返し申す方然《しか》るべく、先ず自分より始めんとて、市校に関する勘定は書付を島津氏へ見せて、小生は一銭の貸も借もなきものに致し候。その他すべて清算して奥平様に納めたるはずにござ候。爾後《じご》甲斐の事業を聞けば随分《ずいぶん》むつかしきよし、今泉秀太郎《いまいずみひでたろう》などの話に候えども、しかし甲斐と申し、中上川と申し、壮年の盛《さかり》にて生来馬鹿にもあらざれば、まさかこれにて落城も致すまじく存じ候。当年は奇妙なる事にて饑饉の評判高く、米価上向き際限なき有様なりしが、近来はまた下向きと相成り候由《よし》、一方にて貧民救助など騒ぐうちには米は自然に下がり、慈善金を募集し了《おわ》りたるところにて安直《やすね》の米を買うて貧乏人に施すことにならん。類焼の見舞を贈りてその家は焼けざりしがごとし。慈善者早まったりというべし。しかし慈善はそれに拘《かかわ》らず好《よ》き事なれども、その慈善に名を売りて、かえって窃《ひそか》に自から利せんとする鄙劣《ひれつ》男子もあるよし。妙々奇々の世の中なり。右ご返詞かたがた申し上げたく、匆々此《そうそうかく》の如《ごと》くにござ候。頓首。

二十三年七月八日　箱根にて　諭吉

山口様　梧下

尚以《なおもって》、皆々様へ宜《よろ》しくご致意《ちい》願い奉る。家内も湯治に参り居り、くれぐれもご伝言申し上げ候よう申し聞け候。

東京は勿論、日本国中選挙の騒ぎ、実に小児の戯《たわむれ》か大人の発狂か、驚き入り候事どもなり。小生などはこんな事に心身を労するつもりもこれ無きのみならず、次第に年をとれば少しは閑を偸《ぬす》みたく、この節塾の方は小幡氏の引受となり、先《ま》ずこれにて安心、ただ新聞紙の記者に人物を得ずして、何分《なにぶん》にも小生の手を引く訳《わけ》に参らず、実にうるさき事にござ候。

　私方の次女ふさには武州川越の産、岩崎桃介《ももすけ》と申す者を養子に致し、同人先年より米国へ遊学致させ、昨冬帰朝にて婚儀を整え、炭礦《たんこう》鉄道の役員となりて、当年五月夫婦ともども札幌へ引越し、三女俊《しゅん》は土佐の清岡邦之助《きよおかくにのすけ》と申すへ縁談致し、これは養子にはこれ無く候えども、先ずこの方の家人同様に致し、先月上旬英国へ修業渡航致し、九人の子供追々に縁談の事起り、随分世話の多きには困り申し候。

　前後ながら近来ご起居はいかが哉《や》。相替らずご壮健の義拝賀奉り候。交通至極便なり、何卒《なにとぞ》折々はご出京待ち奉り候。小生も幸に異なく、ただ今にても米をつき、また少年の時中村庄兵衛先生に学び得たる居合《いあい》をもって運動致し、近来は少々上達のように覚え候えども、何分にも立身新流《たつみしんりゅう》の先生これ無くして、悪しきところを直してもらう方便を得ず残念に存じ候。これは運動の事なれども、この外に楽しみと申すは至りて少なく、書画骨董も世間には流行の様子なれども小生には面白からず、庭園なども手間潰しにて馬鹿らしく、普請をして人に誇るなどは性質の好まざる所なり。然るに四、五年前ふと芝居を見物致して面白く一日を消し候。実は今のご隠居様お初入の時、お城にて御前《ごぜん》芝居を拝見致し候のみにて、竜王《りゅうおう》の祇園芝居を見たることもなく、大阪江戸にても同断、何も知らずして五十余年を過ぎ、初て東京新富座《しんとみざ》へ参り候義にて、その後団十郎、菊五郎、左団次など申す者どもを拙宅に呼び、芝居の芸談に及び、随分味あるがごとし。何芸にても日本一と申す者は微妙に入るもの多し。

小生も一度中津へ参りたく存じ居り候。その用は墓参にかねて椎屋《しいや》の滝と羅漢寺《らかんじ》を一見致すつもりなり。羅漢寺へは六、七歳の時一度参り、帰路母におぶさり候事をかすかに記憶するのみ。他はすべて夢のごとし。毎度人に面会、邪馬渓《やばけい》の事を尋ねられ、何も不案内にて申し訳なし。中津地方には養蚕次第に上達のよし、何卒際限なく奨励致したく、今の世の中は学問も智識も政論も徳論も衣食足りての後の事なり、万般の議論はすべて止めにして、殖産の一方に尽力然るべく、なおこの上に余力あらば、旧士族中にて奥平様のために力にならずとも、せめてはご約介《やっかい》に相成らず、時としてはご加勢のでき候よう心掛けたき事にござ候。余は次便に附し候。

山口広江は中津藩の重臣だった人物。この手紙は、福沢が家族を伴ってよく湯治に出かけた箱根から出している。「甲斐」織衛、「小幡」篤次郎、「中上川」彦次郎、「島津」万次郎、「今泉秀太郎」らはいずれも中津藩奥平家の家臣の子息で、「市校」は福沢が設立に尽力した洋学校の中津市学校(Ⅲ4注)。追伸にある「椎屋の滝」や「羅漢寺」は中津近郊耶馬渓内の名所。この手紙には、『福翁自伝』で語られた故郷に足で砂をかけるような態度とは裏腹の、中津や奥平家に対する思い入れが表れている。また娘たちの結婚に際し先ず婿養子を考えていることや、健康維持のために米搗きや居合抜に精を出し、明治二十年に初めて観劇(Ⅱ22注)して以来九代目市川団十郎、五代目尾上菊五郎、初代市川左団次を自宅に招いて芝居談義に花を咲かすほど夢中になっている様子が知れる。

Ⅵ11 福島作次郎《ふくしまさくじろう》　明治二十五年十月十六日

昨十五日のお手紙拝見致し候。時下秋冷の節、益《ますます》ご清安賀し奉る。老生事も幸に異無く、憚《はばか》りながら、ご放念下さるべく候。陳《のぶれ》ば地方富豪処世の義云々《うんぬん》仰せ越され、右は老生も常に関心する所の問題にして、時々人にも語り、または『時事新報』紙上へも記して、公にしたることもあり。富豪衣食に不足なしといえども、人生は無為にして居るべからず。さればとて、目下の政熱に熱して奔走するがごときは徒労のみならず、往々祖先伝来の産を空《むな》しうするものさえなきにあらず。最も取らざる所なり。就ては富豪第一の務《つとめ》は、先ず家を治めて家族団欒のホームを成し、ホーム既に成る上は、進んでその地方民を教うるに在り。その方法は種々様々にて、いずれ面晤《めんご》ならでは尽すべからず。またこの外に宗教の事もあり、仁恵の事もあり。理財の事もあり。もしお閑もあらば一度ご出京相成りたく、お目に掛り縷々《るる》お話し致すべし。書は意を尽すに足らず、とりあえずご返詞まで、多用中匆々《そうそう》執筆、此《かく》の如《ごと》くにござ候。頓首。

二十五年十月十六日　　　　　　　　諭　吉

福島作次郎様　梧下

追て、一太郎、捨次郎の義お尋ね下され、有り難く存じ奉り候。両人とも無事、ただ今は新聞紙を事とし、時事新報社に勤め居り候。

埼玉県の地方資産家に身の処し方を問われ、政界を目指して政治活動に熱中し、財産を潰してしまうことの無意味さを指摘、まず健全な家庭を営み、その上で地方民衆を啓蒙し教化すべきだと説いている。健全な経済人の登場を近代社会の基礎と考えていた福沢だが、それを中央の新産業の担い手のみに期待していたわけではなく、地方資産家や名望家に期する所も大きかった。二十三年の第一回総選挙に続いてこの年の二月には第二回総選挙があり、地方資産家の間にも政治熱が高まっていた。こうした状況を、福沢は、例えば二十七年には「田舎議員」という漢詩で嘲笑批判している。

VI 12　神津《こうづ》国助《くにすけ》　明治二十六年五月十四日

本月十日の華翰《かかん》拝見仕り候。時下漸《ようや》く暖気を催し候ところ、益《ますます》ご清適《せいてき》賀し奉り候。

陳《のぶれ》ば地所の義、縷々《るる》仰せ下され、有り難く存じ奉り候。右は必ず好《よ》きものにござ有るべく、弊家もご承知の通り大勢の子供、後年の謀《はかりごと》も致さずては叶《かな》わざる次第、あるいは地面なども然《しか》るべき哉《や》に存じ候えども、何分《なにぶん》にも遠方の義、かつ老生も次第に老却して、家計の事は成るたけ簡単に致したく、かたがた折角ご親切に仰せ下され候義には候えども、進取の気なく、お断り申し上げ候。右ご返詞まで、匆々《そうそうかく》此の如《ごと》くにござ候。頓首。

二十六年五月十四日　　　　　　　諭　吉

神津国助様　梧下

尚以《なおもって》、時下折角ご自重専一と存じ奉り候。五、六日前箱根へ遊び、ちょっと山口仙之助方へ立ち寄り候ところ、神津バタの義、しきりに賞賛致し居り候。右はただに信州の産物のみならず、実に日本第一流にして、舶来品を圧倒するものなり。何卒《なにとぞ》力を尽して、盛大に至るよう祈り奉り候。

バタに作りても、その外にミルクの余りてお困りの義はこれ無き哉。もしこれに困ることあらば、爰《ここ》にミルクをそのまま保存して、何日も何ヵ月も腐敗せざる新工風《くふう》あり。この法は、バクテリヤ学士北里氏の伝授にて、拙家などは常にこの法に由り、ミルクの腐敗を朝夕に心配することなし。もし必要あらば伝授のご紹介致すべく候。お考え成らるべく候。

バクテリヤ学は実に面白く、老生は昨年より北里氏に親しみ、色々世話致し老余を楽しみ居り候。肺病も初期なれば屹《きっ》と全快致し候。その成跡《せいせき》を見れば実にただ驚くのみ。日新の学問底止《ていし》する所を知らざるなり。

毎度バタお遣《つかわ》し下され、有り難く存じ奉り候。これまで代価を差し上げたることなし。これにては相済まず、重ねて申し上げかね候次第なれば、爾来《じらい》は何卒代金ご収納下されたく、なおこの度《たび》も二ダースばかりご送付願い奉り候。実はこれを外国人など へ贈り、日本品の美を誇らんとするの好事なり。従前幾多の外人も、一度《ひとた》び神津バタを嘗《な》めて感心せざる者なし。実に愉快に堪《た》えざる次第にござ候。以上。

本文は勧められた土地を購入できないと告げたもの。追伸では神津バターを絶賛し、また「北里」柴三郎のバクテリア研究により、ミルクを腐らせずにすむ工夫ができることを述べている。

VI 13　日《ひの》原《はら》昌《しよう》造《ぞう》　明治二十九年三月三十一日

春暄《しゆんけん》の時節、益《ますます》ご清適《せいてき》拝賀奉り候。老生事は先月下旬より、少々念入の風邪に犯され、およそ二十日ばかりぶらぶら致し居り候ところ、この節は最早《もはや》全快、常の通りに相成り候。憚《はばか》りながらご放念下さるべく候。

過日一太郎へお手紙下され、老生も拝見仕り候。彼の「百話」ご覧下され候様子、誠に有り難く存じ奉り候。去年来、書きは書いたるものの、これを世に公にして、ほんとうに読んでくれる者は少なからんと存じ居り候ところに、わざわざ来書を辱《かたじけの》うし、殊《こと》にその原稿の反古《ほご》までご所望とは、望外の事に存じ候。老生の心事は千緒万端なるも、なかんずく俗界のモラルスタンドアルドの高からざること、終生の遺憾。何とかしてこれを高きに導くの方便もがなと存じ候て、暇《ひ》まさえあれば走筆したることにて、思い付き次第の書き流しなれば、時としては高きに過ぎ、時としては突出の立言、必ず世間の気に叶《かな》わざること多からんと、覚悟致し居り候。何卒《なにとぞ》人にお逢いの節、好機会もあらば、記者の筆の到らざるところを、好《よ》きように取捨してお話し願い奉り候。

さてまた原稿はこれ有り候えども、甚《はなは》だ穢《きたな》くして見悪《みにく》きのみならず、子供らがこの原稿は人手に渡さず、兄弟姉妹が分けて取ると申し居り候ことゆえ、第六の一編を老筆もって写し差し上げ候。記念としてお仕舞い置き下され候わば、幸甚の至りに存じ奉り候。右は「百話」ご愛読の御礼まで申し上げたく、匆々此《そうそうかく》の如《ごと》くにござ候。頓首。

二十九年三月三十一日　　諭　吉

日　原　様　梧下

日原は横浜正金銀行ロンドン出張所支配人などを務めた(II 23注)が、体調を崩し故郷山口で療養していた。この手紙によると福沢は、『時事新報』に連載された「福翁百話」を読んで原稿を所望した日原に、草稿は子どもたちに分ける約束だからと自ら第六編を筆写して贈呈した。福沢が人々の「モラルスタンドアルド」(moral standard　道徳の規範・水準)を何とか高めたいと願っていたことがこの手紙からもうかがわれ、のち日原は福沢の依頼を受けて、慶應義塾が示す道徳規範「修身要領」の作成に参加した。

VI 14　小山《こやま》完吾《かんご》　明治三十一年八月六日

過般はお手紙下され拝見仕り候。そこ御地は雨少なくお困りの由《よし》、しかし新聞を見れば爾後《じご》信州も潤雨のよしなれば、昨今は面目を改めたることと存じ候。老生どもは本月初より広尾に引移り、静かにいたし居り候。かねてお話しの軽井沢はいかが成られ候哉《や》。あるいは軽井沢よりも東京に御出《い》で、広尾の宅にご同居はいかん。毎朝例の通り散歩致し居り、実は同行者の乏しきに困り候。ご都合次第ご出府を待ち候。右延引ながらご返詞かたがた申し上げ候。匆々《そうそう》頓首。

三十一年八月六日　諭吉

小山完吾様

長野に戻っている門下生の小山完吾に、上京して朝の散歩に同行しないかと誘っている。散歩は福沢の健康維持法のひとつ。「散歩党」と称して塾生たちが同行し、三田から芝三光町、広尾、目黒あたり五、六キロを歩いた。散歩の様子は、V10にも記されている。

VI15 服《はっ》部《とり》 鐘《かね》　明治三十二年八月三日

大暑の時節に相成り候ところ、御あね様御事ますますごきげんござ遊《あそば》され、目出たく存じ奉り候。私事大病後次第によく相成り候ようござ候えども、人間百事知るがごとく忘るるがごとく、真に及ばざるものにござ候。今日病後はじめて筆にしるし申し上げ候次第にござ候。

明治三十二年八月三日　福沢諭吉

服部御姉様

服部鐘は福沢のすぐ上の姉。福沢には一兄三姉あり、兄三之助は長崎行きのきっかけを作ってくれた人物であるが、安政三年三十歳の若さで病死した。姉は小田部礼《れい》、中上川婉《えん》、服部鐘《かね》で、福沢とは非常に仲が良かった。明治三十年、相次いで礼と婉を亡くし、六月十九日付で鐘に送った手紙には「生来ただの一度も兄弟けんか致し候事もな」いのに、ついに二人となり淋しい、「今後ともおまえ様ご一身の事」は確かに引き受けるので、何でも遠慮なく「さっさっ」と言ってください、礼と婉の死は天命としてあきらめ、私は決して「くよくよ」しないから、鐘も悟って「さらりとお忘れ」ください、それにしても今まで礼様婉様と連名で出していた手紙が、このように一名宛になってしまった、愚痴を言えばきりがない、今日を限りに悲しいことは言わないことにしよう、鐘の方からもどうぞ面白い手紙をよこしてください、と切々と綴っている。明治三十一年九月二十六日、福沢は脳溢血を発症し、一時は危篤状態にまで陥るが、医師の松山棟庵や山根文策、家族らの懸命な看病により一命を取り留めた。この手紙は文中にあるように病後初筆である。発症から初めて手紙を記すまで、十ヵ月以上を要したことになる。そしてこの後、明治三十四年二月三日に没するまで、現在判明している自筆の手紙は一通のみである。最後の手紙は同じく服部鐘にあてた明治三十三年十月十四日付で、八月八日に一時人事不省に陥ったが回復したので安心するように伝えた、七十字強の短いものである。苦しい中でも自ら筆を執り姉に手紙を認めていることから、家族に対する深い思いが知れる。

福沢諭吉略年譜

天保五年(一八三四)
　十二月十二日(一八三五年一月十日)、大坂玉江橋北詰の中津藩蔵屋敷に生まれる。
天保七年(一八三六)
　六月、父百助が病死。母順、兄三之助、姉礼・婉・鐘と中津に帰る。
安政元年(一八五四)
　二月、蘭学を志し、長崎に出る。
安政二年(一八五五)
　三月、大坂で緒方洪庵の適塾に入塾。
安政三年(一八五六)
　九月、兄三之助の病死により福沢家の家督をつぐ。
安政四年(一八五七)
　適塾の塾長となる。
安政五年(一八五八)
　十月、江戸出府。築地鉄砲洲の中津藩中屋敷内に蘭学塾を開く(慶應義塾の起源)。

安政六年(一八五九)
二月、「ペル築城書」の翻訳成稿。開港直後の横浜での見聞を契機に英学への転換を決意。
万延元年(一八六〇)
一月、遣米使節に随行する咸臨丸軍艦奉行木村摂津守喜毅の従僕としてサンフランシスコに行く。ハワイに立ち寄り、五月帰国。幕府外国方に雇われ外交文書の翻訳に従事。この年、福沢最初の出版『増訂華英通語』(八月)刊。
文久元年(一八六一)
芝新銭座へ転居。江戸定府の中津藩士土岐太郎八の次女錦《きん》と結婚。
文久二年(一八六二)
遣欧使節に翻訳方として随行し約一年かけてフランス、イギリス、オランダ、プロシャ、ロシア、ポルトガル各国を巡る。
文久三年(一八六三)
六月、恩師緒方洪庵歿。秋、ふたたび鉄砲洲へ戻る。十月、長男一太郎誕生。この年、攘夷論が盛んになり夜間外出をさける。
元治元年(一八六四)
三月、六年ぶりに中津に帰郷。六月、小幡篤次郎ら六名の青年を伴い江戸に戻る。十月、外国奉行支配翻訳御用を命ぜられる。
慶応元年(一八六五)

閏五月、『唐人往来』成稿。外国方出仕のかたわら、横浜の英字新聞『ジャパン・ヘラルド』を翻訳し諸藩の江戸留守居役などに提供、報酬を得て塾生を養う。

慶応二年(一八六六)

九月、次男捨次郎誕生。この年、『雷銃操法　巻之一』、『西洋事情　初編』(十二月)刊。

慶応三年(一八六七)

一月、幕府の軍艦受取委員の一行に加わり、再度の渡米。六月、慶應義塾用の教科書のほか、多量の原書を購入して帰国。この年、『西洋旅案内』(十月)、『条約十一国記』(十一月)、『西洋衣食住』(十二月)刊。

慶応四年・明治元年(一八六八)

四月、塾を新銭座に移転、慶應義塾と命名。『慶應義塾之記』発表。長女里《さと》誕生。五月十五日、上野彰義隊の戦の最中もウェーランド経済書の講義を続ける。六月、幕府へ退身願提出。新政府からの出仕命令も辞退し、「読書渡世の一小民」(山口良蔵宛書簡)となる覚悟を告げる。この年、『西洋事情　外編』『雷銃操法　巻之二』『訓蒙窮理図解』『兵士懐中便覧』刊。福沢の著訳書の偽版横行。

明治二年(一八六九)

十一月、福沢屋諭吉の名で書物問屋組合に加入。この年、『洋兵明鑑』『掌中万国一覧』、『英国議事院談』(三月)、『清英交際始末』『世界国尽』刊。

明治三年(一八七〇)

五月中旬、悪性の熱病に罹患し一時危篤に陥るが回復。七月、次女房《ふさ》誕生。この年、『雷銃操法巻之三』、『西洋事情 二編』(閏十月)刊。

明治四年(一八七一)

一〜三月、慶應義塾が順次新銭座から三田へ移転する。この年、『啓蒙手習之文』刊。『学問のすゝめ 初編』執筆。

明治五年(一八七二)

五月、中津市学校視察。八月、慶應義塾出版局設立(七年に慶應義塾出版社と改称)。この年、『童蒙教草 初編』『同 二編』、『かたわ娘』(九月)刊。

明治六年(一八七三)

慶應義塾に医学所設置。福沢著訳書の偽版横行し、文部省、東京府など諸方面に取締りを働きかける。この年、『改暦弁』、『帳合之法 初編』(六月)、『日本地図草紙』(七月)、『文字之教』『学問のすゝめ 二編』(十一月)『同 三編』(十二月)刊。『会議弁』をまとめる。

明治七年(一八七四)

二月、荘田平五郎宛書簡で「当年は百事を止め読書勉強致し候」つもりと述べ、『文明論之概略』執筆に専念。六月、三田演説会創設。年末から長沼事件に関わる。この年、『民間雑誌』創刊(二月)。『学問のすゝめ 四編』(一月)から『同 十三編』(十二月)まで相次いで刊行、赤穂浪士不義士論、楠公権助論などが多くの議論を呼び起こす。

明治八年(一八七五)

五月、三田演説館開館。この年、『学問のすゝめ 十四編』(三月)、『文明論之概略』刊。

明治九年(一八七六)

三月、四女滝《たき》誕生。九月、『家庭叢談』創刊。この年、『学者安心論』(四月)、『学問のすゝめ 十五編』(七月)から『同 十七編』(十一月)まで刊。

明治十年(一八七七)

四月、『家庭叢談』を『民間雑誌』(再刊)と改称。三田演説会第百回記念大会開催。五月、「旧藩情」脱稿。九月、「丁丑公論」起草。この年、『分権論』(十一月)、『民間経済録 初編』(十二月)刊。

明治十一年(一八七八)

四月、春日井事件で地元民を支援。五月、大久保利通暗殺事件を論じた『民間雑誌』が警察当局より譴責され、同誌を廃刊。十月、講義所を設け、『文明論之概略』の講義を始める。十一月、大隈重信を訪ね、政府からの慶應義塾維持資金借用に尽力を求める。この年、『福沢文集』(一月)、『通貨論』(五月)、『通俗民権論』『通俗国権論』(九月)刊。

明治十二年(一八七九)

一月、東京学士会院初代会長に就任。三月、島津ら旧大名に慶應義塾維持資金の援助を要請する。五女光《みつ》誕生。六月、慶應義塾維持資金借用運動を中止。八月、福沢宅で交詢社創立のための相談会を開く。十二月、慶應義塾に夜間法律科を設置。またこの頃、支那語科も設置する。この年、『通俗国権論 二編』(三月)、『福沢文集 二編』『国会論』(八月)、『民情一新』(九月)刊。

明治十三年(一八八〇)

一月交詢社発会式、翌月『交詢雑誌』創刊。慶應義塾幼稚舎の名称が用いられるようになる。五月、慶應義塾同窓会(湯島昌平館)開催。六月、福沢が起草した「国会開設ノ儀ニ付建言」元老院に提出。十月、慶應義塾の存廃につき集会。十一月、慶應義塾維持法案が起草される。この年、『民間経済録 二編』(八月)刊。

明治十四年(一八八一)

一月、政府機関紙編集を引き受ける。明治会堂落成。交詢社創立一周年記念式典を開く。四月、交詢社「私擬憲法案」発表。六月、朝鮮より兪吉濬、柳定秀が最初の留学生として入塾する。七月、三男三八誕生。『時事小言』脱稿(十月刊)。十月、明治十四年政変。政府機関紙発行について、井上、伊藤の違約を詰問する書状発信。

明治十五年(一八八二)

三月、『時事新報』創刊。六月、「藩閥寡人政府論」掲載の『時事新報』が発売禁止処分を受ける。この年、『時事大勢論』(四月)、『帝室論』(五月)刊。

明治十六年(一八八三)

四月、「慶應義塾紀事」起草。六月、長男一太郎・次男捨次郎アメリカ留学に出発。七月、四男大四郎誕生。十一月、長女里、中村貞吉と結婚。

明治十七年(一八八四)

一月、慶應義塾生徒徴兵免役に関する「願書」起草。この頃より身体の運動のため馬を二頭とし、毎日の米搗《こめつ》きを欠かさぬようにする。四月、慶應義塾出版社、時事新報社と社名変更。十二月、甲申事変起こる。金玉均、朴泳孝ら日本に亡命、福沢の庇護を受ける。「京城変乱始末」記す。
この年、『全国徴兵論』(一月)、『通俗外交論』(六月)刊。

明治十八年(一八八五)

三月、『時事新報』社説「脱亜論」発表。四月、妻錦が主人役になり、七、八十名の婦人を招き懇親会を開催。六月、亡父百助五十回忌法要。この年、『日本婦人論 後編』(八月)、『士人処世論』『品行論』(十二月)刊。

明治十九年(一八八六)

三〜四月、全国巡遊を思い立ち東海道を旅行する。五月、茨城への巡遊に出発。この年、『男女交際論』(六月)刊。

明治二十年(一八八七)

一月、岩崎桃介福沢家へ養子として入籍。三月、新富座で初めて芝居を観る。四月、伊藤博文首相主催の仮装舞踏会を家事の都合を理由として欠席する。六月、治安妨害で『時事新報』発行停止処分。八月、義塾煉瓦講堂竣工。十月、小泉信吉、大学部新設のため大蔵主税官を辞して義塾総長に就任することを承諾。

明治二十一年(一八八八)

一月、甲申事変関与の疑いで逮捕された井上角五郎に関連して、警視庁の家宅捜査をうける。十一月、一太郎・捨次郎帰国。この年、『日本男子論』(三月)刊。

明治二十二年(一八八九)

九月～十月、京阪旅行。

明治二十三年(一八九〇)

一月、慶應義塾大学部(文学科・法律科・理財科)設置。四月、「蘭学事始再版の序」起草。十一月、義塾出身の貴衆両院議員の同窓会を開く。

明治二十四年(一八九一)

一月、前年暮より流行のインフルエンザに福沢家全員が罹患。十一月、「瘠我慢之説」脱稿。

明治二十五年(一八九二)

四月、京阪・山陽旅行。十月、北里柴三郎のために細菌学研究室を建設。十一月、大日本私立衛生会伝染病研究所設立。

明治二十六年(一八九三)

九月、麻布広尾土筆ヶ岡に結核専門病院養生園開設。この年、『実業論』(五月)刊。

明治二十七年(一八九四)

春、「福翁百話」脱稿。

明治二十八年(一八九五)

三月、金玉均一周忌法要(福沢宅)。五月、朝鮮留学生百余名入塾。十二月、戦時のため一年延期されていた還暦の祝宴を開く(義塾内および芝紅葉館)。

明治二十九年(一八九六)

四月、伊勢参宮、名古屋、静岡付近旅行。九月、徴兵に関する特典が義塾に適用。十月、「慶應義塾規約」改正、大学部および高等科卒業生を慶應義塾卒業生とする。十一月、慶應義塾懐旧会(芝紅葉館)席上で義塾の教育の本旨(「気品の泉源　智徳の模範」)を述べる。信越上州方面旅行。廃止が検討されていた大学部の存続を決定する。

明治三十年(一八九七)

三月、「福翁百余話」第一編起草(七月、最終編起草)。日本人による最初の日刊英字新聞、『ジャパンタイムズ』創刊。六月、長姉小田部礼《れい》歿。八月、社頭福沢、塾務総覧を受諾。九月、「福澤全集緒言」脱稿。大学卒業生の養成を目的とする学制改革を発表。京阪・山陽方面旅行。この年、『福翁百話』(七月)、『福澤全集緒言』(十二月)刊。

明治三十一年(一八九八)

五月、「福翁自伝」脱稿。鎌田栄吉の塾長就任園遊会。伊藤博文が出席し、十四年政変後はじめて顔を合わせる。学制を改革、一貫教育制度始まる。七月、「福翁自伝」『時事新報』連載開始。九月、脳溢血発症。十二月、病気快癒祝賀会に出席。この年、『福澤先生浮世談』(三月)、『修業立志論』(四月)、『福澤全集』最終第五巻(五月)刊。

明治三十二年(一八九九)

三月頃より再び揮毫の筆を執り、落款印「明治卅弐季後之福翁」を使いはじめる。この年、『福翁自伝』(六月)、『女大学評論・新女大学』(十一月)刊。

明治三十三年(一九〇〇)

二月、「修身要領」発表。三月、長沼事件解決。五月、多年の著訳、教育の功績に対し皇室から五万円下賜。これを慶應義塾基本金に組み入れる。六月、「修身要領」全文を揮毫。十月、末姉服部鐘《かね》に手紙を書く(現存最後の自筆書簡)。十二月、慶應義塾世紀送迎会に臨む。「独立自尊迎新世紀」揮毫。

明治三十四年(一九〇一)

一月、『時事新報』社説として「瘠我慢之説」公表。脳溢血症再発。二月、「丁丑公論」(明治十年執筆)公表。三日午後十時五十分長逝。享年六十八(満六十六年一ヵ月)。八日、麻布山善福寺においで葬儀執行。法名「大観院独立自尊居士」。東京府下大崎村の本願寺内(現、常光寺)に葬る。のち善福寺に改葬。この年、『福翁百余話』(四月)、『福澤先生哀悼録』『丁丑公論・瘠我慢之説』(五月)刊。六月、『時事新報』に「旧藩情」(明治十年五月執筆)発表。

あとがき

（一）

福沢諭吉没後百年の記念事業の一環として、慶應義塾が二〇〇一年一月から二〇〇三年一月にかけて刊行した『福澤諭吉書簡集』（岩波書店、以下『書簡集』と略称）は、四六版で全九巻、総ページ数三、四三四という浩瀚な規模を持ち、その時点までに発見もしくは内容が確認された福沢の手紙二、五六四点のすべてを網羅したものであった。

これは今後の研究の発展のための基礎史料として、できるだけ原文に忠実なテキストを用意することを第一の目標として編集されたものであり、手紙の原文を、印刷面ではあるが可能な限り正確に再現しようとした。したがって、ある意味で専門性の高いものにならざるを得なかったのは当然であるが、なお一般の読者の便宜に供するための努力も怠らず、手紙の各通にはその執筆の背景、名宛人、言及されている人物、出来事などに関する詳細な注釈を加え、さらに巻末には福沢の家系や周辺の主要な人脈、事件などについて、補足的な説明をつけるなどの努力が払われたのであったが、やはり取り付きにくいと言う印象を払拭しきれなかったことは否定できない。

したがって、その刊行の完了と同時に、関係者の間から『書簡集』全編の中から、福沢の生涯と思想の真骨頂を明らかにする手紙を選び出し、文字の使い方などを現在の読者が読みやすいように改めた、一冊の簡約版の刊行を求める声があがったのは、ある意味では当然と言えよう。本書は正にこの要求に応えるために編集されたものである。『書簡集』の場合と同様に、今回もまた竹田行之氏の絶大な御助力にあずかったことを改めてここに感謝したい。

(二)

編集にあたってまず第一に問題となったのは、一身にして二生を経たと言われる福沢の生涯を貫いた活動の主題として、何を選ぶかということであった。編集委員会は検討を重ねた結果、次の六項目を選択した。その第一は、福沢の学問と生活の「原点」がどこにあったか。次に、福沢の最大の遺業として今日に残る「慶應義塾」の運営の理念と実態。第三に独立自尊を貫いた六十八年の生涯を可能にした「理財と実業」の実状。さらに言葉を武器にした政治的主張としての「民権と国権」の本質。また文明社会の一員としての「人間交際」の主張。最後に、それらを支えた基盤としての「家庭と日常」の実情である。本書はこれに従って六章から構成されることとなった。

これに続く作業は、これらの主題のそれぞれを最もよく明らかにしている手紙を選出することである。ここで問題となるのは、福沢の手紙はいずれも、それぞれの時点における必要に応じた通信として書かれたものであり、我々がテーマとして選んだ諸問題についての意見や主張は、多くの場合それに付随したその時々の感想として漏らされるにとどまるということである。この点が、それぞれの主題に即して体系的に意見を述べた著作や論説とは基本的に異なっている。その結果、福沢思想の真面目を書簡から把握しようとする読者は、時としては隔靴《かっか》搔痒《そうよう》の感を禁じ得ず、また本書にゆるされた紙幅の関係もあり、選択は必ずしも満足のいくものにはならなかった。したがって、ここに示されているのは、編集委員会による一つの解釈と、造本上の制約との妥協の結果であると御理解頂きたい。

（三）

本書の「はじめに」においても述べたように、福沢は手紙を書く場合、一貫して候文を用いている。年齢を加えるにしたがって、漢字につける送りがなが多くなり、また漢文式の語順も減少していくのであるが、基本的に候文であるという点に変化はなかった。不特定多数の人々を対象とする著作の場合には、福沢は想定した読者層に合わせて文体を工夫したのであるが、手紙の場合には読者は最初から特定の個人に限定されているから、そうした配慮をする必要を感じず、使い慣れた伝統的な文体で、生涯押し通したものと推測される。

今日に比較して、漢文の教養の一般的なレヴェルが桁違いに高かった福沢の時代には、候文は、およそ文字の読める者であれば、誰でもが読むことができるごく平易な文章であったと想像される。しかし亡くなって百年以上を経過した今日となっては、これを一般の読者に読みやすい形に直すことは必ずしも簡単ではない。使用する文字はもちろん、文法も変っているため、相当の変更を加える必要が生ずるのである。

試行錯誤の末に編集委員会がおこなった変更は、以下のようなものであった。

(一) 漢字には送りがなを大幅に加え、今日使用頻度がやや低いと判断される場合は、かなに置き換えるか、ふりがなをつける。

(二) 候文独特の漢字の語順は、読み下して表記する。

(三) 福沢は、特に大切な手紙などでは、漢字・片かな混じりの文章を書く習慣があったが、ここでは、単語を強調するためなどに用いた場合を除き、すべて平かなに改める。

(四) かな遣いは現代かな遣いに統一する。

(五) 合字や変体がなは、現行の字体に改める。

(六) 福沢が誤って書き違えたと判断される箇所は、本来の文字に改めるが、福沢独特の宛字などは、もとの文字を残す。

(七) 以上の六点を一応の原則とし、なお前後関係などを考慮しつつ、読みやすくするために、この原則を弾力的に運用する。

上記の処理をするとしても、なお悩みは大きかった。例えば福沢がある漢字を「音」で読ませようとしたのか、「訓」で読ませようとしたのか等、判断のつかない場合も少なくない。また、送りがなのつけ方など、福沢自身に二通り以上の書き方が確認される場合などもあって、これらは結局、その都度適宜に判断して決定する以外にはなかった。したがって本書が示した読み方は、現時点において編集委員会がその責任において示した一つの案と言うにすぎず、決して福沢自身の読み方が、すべてこのようであったと主張するものではない。これに関連してここで読者諸氏に特にお願いしたいのは、福沢の手紙に関して何か立ち入った論議を試みられる場合の史料としては、できれば福沢の原本を、それが不可能な場合には、少なくとも『書簡集』を使用されたいという一事である。

(四)

手紙は、それを書いた人の、その時点における本来の姿、真実の意図を後世に伝えるものであると言われる。

大正七年、政友会の重鎮であった鈴木梅四郎が、『修養実訓　福澤先生の手紙』を刊行した際に、盟友であった犬養毅はこれに序文を贈って、「人の本来面目を賭《み》るは、日常の手紙が最もよい。譬えば著書は正装して客に接する様なものであるが、手紙は着流しで家人と談笑する如く、性情感興を赤裸々に露わすのである」と述べ、福沢の手紙は、「厳師」であると同時に「慈母」でもあった福沢の、「その性情両面の発露で、言々句々すべて愿愨真摯の誠より出でたるもので、これを読む毎に先師の面目躍々として紙上に浮び出る想がある」としている(なお鈴木の編纂になるこの書簡集については、服部禮次郎「福沢書簡の楽しみ――手紙は着流しで家人と談笑する如し――」(『書簡集』月報1)を参照されたい)。

編集委員会は、本書をきっかけとして読者諸氏が福沢の手紙に親しみ、その着流しの姿に接することによって、先人によって書かれた様々な伝記や、自身の晩年の回想録である『福翁自伝』とはひと味違う、それぞれの福沢像を形成されることを望んでやまない。

『福沢諭吉の手紙』編集委員会
小室正紀
坂井達朗
寺崎修
西沢直子
松崎欣一

名宛人別索引

「こと」と「ことば」

福沢の生涯にかかわる主要な事がら(「こと」)，折々の感慨や思想を端的に示すことば(「ことば」)を並べ，書簡番号を示して簡便な主題索引とした.

「こと」

I　原　点

II　慶應義塾

Ⅲ　理財と実業

Ⅳ　民権と国権

V　人間交際

VI　家庭と日常

著作，定期刊行物

「ことば」

福沢諭吉《ふくざわゆきち》の手紙《てがみ》

2004 年 4 月 16 日　第 1 刷発行
2021 年 7 月 13 日　第 5 刷発行

編　者　慶應義塾

発行者　坂本政謙

発行所　株式会社 岩波書店
〒101-8002 東京都千代田区一ツ橋 2-5-5

案内 03-5210-4000　営業部 03-5210-4111
文庫編集部 03-5210-4051
https://www.iwanami.co.jp/

印刷・精興社　製本・牧製本

ISBN 4-00-331026-8　Printed in Japan

読書子に寄す

――岩波文庫発刊に際して――

岩波茂雄

真理は万人によって求められることを自ら欲し、芸術は万人によって愛されることを自ら望む。かつては民を愚昧ならしめるために学芸が最も狭き堂宇に閉鎖されたことがあった。今や知識と美とを特権階級の独占より奪い返すことはつねに進取的なる民衆の切実なる要求である。岩波文庫はこの要求に応じそれに励まされて生まれた。それは生命ある不朽の書を少数者の書斎と研究室とより解放して街頭にくまなく立たしめ民衆に伍せしめるであろう。近時大量生産予約出版の流行を見る。その広告宣伝の狂態はしばらくおくも、後代にのこすと誇称する全集がその編集に万全の用意をなしたるか。千古の典籍の翻訳企図に敬虔の態度を欠かざりしか。さらに分売を許さず読者を繫縛して数十冊を強うるがごとき、はたしてその揚言する学芸解放のゆえんなりや。吾人は天下の名士の声に和してこれを推挙するに躊躇するものである。このときにあたって、岩波書店は自己の責務のいよいよ重大なるを思い、従来の方針の徹底を期するため、すでに十数年以前より志して来た計画を慎重審議この際断然実行することにした。吾人は範をかのレクラム文庫にとり、古今東西にわたって文芸・哲学・社会科学・自然科学等種類のいかんを問わず、いやしくも万人の必読すべき真に古典的価値ある書をきわめて簡易なる形式において逐次刊行し、あらゆる人間に須要なる生活向上の資料、生活批判の原理を提供せんと欲する。この文庫は予約出版の方法を排したるがゆえに、読者は自己の欲する時に自己の欲する書物を各個に自由に選択することができる。携帯に便にして価格の低きを最主とするがゆえに、外観を顧みざるも内容に至っては厳選最も力を尽くし、従来の岩波出版物の特色をますます発揮せしめようとする。この計画たるや世間の一時の投機的なるものと異なり、永遠の事業として吾人は微力を傾倒し、あらゆる犠牲を忍んで今後永久に継続発展せしめ、もって文庫の使命を遺憾なく果たさしめることを期する。芸術を愛し知識を求むる士の自ら進んでこの挙に参加し、希望と忠言とを寄せられることは吾人の熱望するところである。その性質上経済的には最も困難多きこの事業にあえて当たらんとする吾人の志を諒として、その達成のため世の読書子とのうるわしき共同を期待する。

昭和二年七月

《日本文学(古典)》〔黄〕

- 古事記　倉野憲司校注
- 日本書紀　全五冊　坂本太郎・家永三郎・井上光貞・大野晋校注
- 万葉集　全五冊　佐竹昭広・山田英雄・工藤力男・大谷雅夫・山崎福之校注
- 原文万葉集　全二冊　佐竹昭広・山田英雄・工藤力男・大谷雅夫・山崎福之校注
- 竹取物語　阪倉篤義校訂
- 伊勢物語　大津有一校注
- 玉造小町子壮衰書 —小野小町物語　杤尾武校注
- 古今和歌集　佐伯梅友校注
- 土左日記　紀貫之　鈴木知太郎校注
- 蜻蛉日記　今西祐一郎校注
- 紫式部日記　池田亀鑑・秋山虔校注
- 源氏物語　全九冊(既刊八冊)　柳井滋・室伏信助・大朝雄二・鈴木日出男・藤井貞和・今西祐一郎校注
- 枕草子　池田亀鑑校訂
- 更級日記　西下経一校注
- 今昔物語集　全四冊　池上洵一編
- 三条西家本栄花物語　全三冊　三条西公正校訂

- 堤中納言物語　大槻修校注
- 西行全歌集　久保田淳・吉野朋美校注
- 梅沢本古本説話集　川口久雄校訂
- 後拾遺和歌集　久保田淳・平田喜信校注
- 詞花和歌集　工藤重矩校注
- 古語拾遺　斎部広成撰　西宮一民校注
- 王朝漢詩選　小島憲之編
- 落窪物語　藤井貞和校注
- 新訂方丈記　市古貞次校注
- 新訂新古今和歌集　佐佐木信綱校訂
- 新訂徒然草　西尾実・安良岡康作校注
- 平家物語　全四冊　梶原正昭・山下宏明校注
- 神皇正統記　北畠親房　岩佐正校注
- 義経記　島津久基校訂
- 御伽草子　全二冊　市古貞次校注
- 王朝秀歌選　樋口芳麻呂校注
- 定家八代抄 —続王朝秀歌選　全二冊　樋口芳麻呂・後藤重郎校注

- 中世なぞなぞ集　鈴木棠三編
- 謡曲選集 読む能の本　野上豊一郎編
- 東関紀行・海道記　玉井幸助校訂
- おもろさうし　外間守善校注
- 太平記　全六冊　兵藤裕己校注
- 好色五人女　井原西鶴　東明雅校註
- 武道伝来記　井原西鶴　横山重・前田金五郎校注
- 西鶴文反古　井原西鶴　片岡良一校訂
- 芭蕉紀行文集 付 嵯峨日記　中村俊定校注
- 芭蕉おくのほそ道 付 曾良旅日記・奥細道菅菰抄　萩原恭男校注
- 芭蕉俳句集　中村俊定校注
- 芭蕉連句集　中村俊定・萩原恭男校注
- 芭蕉書簡集　萩原恭男校注
- 芭蕉文集　潁原退蔵編註
- 芭蕉俳文集　全二冊　堀切実編注
- 芭蕉自筆奥の細道　上野洋三・櫻井武次郎校注
- 蕪村俳句集 付 春風馬堤曲 他二篇　尾形仂校注

- 蕪村七部集　伊藤松宇校訂
- 蕪村文集　藤田真一編注
- 国性爺合戦・鑓の権三重帷子　近松門左衛門　和田万吉校訂
- 折たく柴の記　新井白石　松村明校注
- 東海道四谷怪談　鶴屋南北　河竹繁俊校訂
- 鶉衣　全二冊　横井也有　堀切実校注
- 近世畸人伝　伴蒿蹊　森銑三校註
- うひ山ふみ・鈴屋答問録　本居宣長　村岡典嗣校訂
- 排蘆小船・石上私淑言 —宣長「物のあはれ」歌論　本居宣長　子安宣邦校注
- 雨月物語　上田秋成　長島弘明校注
- 宇下人言　修行録　松平定信　松平定光校訂
- 訳註 良寛詩集　大島花束　原田勘平訳註
- 新訂 一茶俳句集　丸山一彦校注
- 父の終焉日記・おらが春 他一篇　一茶　矢羽勝幸校注
- 増補 俳諧歳時記栞草　全二冊　曲亭馬琴編　藍亭青藍補　堀切実校注
- 近世物之本江戸作者部類　曲亭馬琴　徳田武校注
- 北越雪譜　鈴木牧之編撰　京山人百樹刪定　岡田武松校訂

- 東海道中膝栗毛　全二冊　十返舎一九　麻生磯次校注
- 浮世床　式亭三馬　和田万吉校訂
- 梅暦　全二冊　為永春水　古川久校訂
- 日本民謡集　町田嘉章　浅野建二編
- 誹諧 武玉川　全四冊　山澤英雄校訂
- 芭蕉臨終記 花屋日記 付 芭蕉翁終焉記・前後日記・行状記　小宮豊隆校訂
- 醒睡笑　全二冊　安楽庵策伝　鈴木棠三校注
- 与話情浮名横櫛 切られ与三　瀬川如皐　河竹繁俊校訂
- 江戸怪談集　全三冊　高田衛編・校注
- 柳多留名句選　山澤英雄選　粕谷宏紀校注
- 橘曙覧全歌集　水島直文　橋本政宣編注
- 万治絵入本 伊曾保物語　武藤禎夫校注
- 鬼貫句選・独ごと　復本一郎校注
- 井月句集　復本一郎編
- 花見車・元禄百人一句　雲英末雄　佐藤勝明校注
- 江戸漢詩選　全二冊　揖斐高編訳

《日本思想》〔青〕

- 風姿花伝（花伝書）　世阿弥　野上豊一郎　西尾実校訂
- 五輪書　宮本武蔵　渡辺一郎校注
- 政談　荻生徂徠　辻達也校注
- 葉隠　全三冊　山本常朝　和辻哲郎　古川哲史校訂
- 養生訓・和俗童子訓　貝原益軒　石川謙校訂
- 貝原益軒 大和俗訓　石川謙校訂
- 町人嚢・百姓嚢・長崎夜話草　西川如見　飯島忠夫　西川忠幸校訂
- 日本水土考・水土解弁・増補華夷通商考　西川如見　飯島忠夫　西川忠幸校訂
- 蘭学事始　杉田玄白　緒方富雄校註
- 吉田松陰書簡集　広瀬豊編
- 島津斉彬言行録　牧野伸顕序
- 塵劫記　吉田光由　大矢真一校注
- 兵法家伝書 付 新陰流兵法目録事　柳生宗矩　渡辺一郎校注
- 南方録　西山松之助校注
- 長崎版 どちりな きりしたん　海老沢有道校註
- 仙境異聞・勝五郎再生記聞　平田篤胤　子安宣邦校注

茶湯一会集・閑夜茶話　井伊直弼／戸田勝久校注
新訂 海舟座談　巌本善治編／勝部真長校注
西郷南洲遺訓 附 手抄言志録及遺文　山田済斎編
文明論之概略　福沢諭吉／松沢弘陽校注
新訂 福翁自伝　富田正文校訂
学問のすゝめ　福沢諭吉
福沢諭吉家族論集　中村敏子編
日本道徳論　西村茂樹／吉田熊次校
新島襄の手紙　同志社編
新島襄 教育宗教論集　同志社編
新島襄自伝 —手記・紀行文・日記　同志社編
近時政論考　陸羯南
日本の下層社会　横山源之助
中江兆民 三酔人経綸問答　桑原武夫・島田虔次訳・校注
中江兆民評論集　松永昌三編
憲法義解　伊藤博文／宮沢俊義校註
日本開化小史　田口卯吉／嘉治隆一校訂

新訂 蹇蹇録 —日清戦争外交秘録　陸奥宗光／中塚明校注
茶の本　岡倉覚三／村岡博訳
新撰讃美歌　植村正久・奥野昌綱・松山高吉編
武士道　新渡戸稲造／矢内原忠雄訳
余はいかにしてキリスト信徒となりしか　内村鑑三／鈴木範久訳
代表的日本人　内村鑑三／鈴木範久訳
後世への最大遺物・デンマルク国の話　内村鑑三
宗教座談　内村鑑三
ヨブ記講演　内村鑑三
足利尊氏　山路愛山
徳川家康 全二冊　山路愛山
豊臣秀吉 全二冊　山路愛山
妾の半生涯　福田英子
善の研究　西田幾多郎
思索と体験　西田幾多郎
続思索と体験・『続思索と体験』以後　西田幾多郎
西田幾多郎哲学論集 I —場所・私と汝 他六篇　上田閑照編

西田幾多郎哲学論集 II —論理と生命 他四篇　上田閑照編
西田幾多郎哲学論集 III —自覚について 他四篇　上田閑照編
西田幾多郎随筆集　上田閑照編
西田幾多郎歌集　上田薫編
西田幾多郎講演集　田中裕編
西田幾多郎書簡集　藤田正勝編
帝国主義　幸徳秋水／山泉進校注
麺麭の略取　クロポトキン／幸徳秋水訳
基督抹殺論　幸徳秋水
日本の労働運動　片山潜
吉野作造評論集　岡義武編
貧乏物語　河上肇／大内兵衛解題
河上肇評論集　杉原四郎編
西欧紀行 祖国を顧みて　河上肇
中国文明論集　宮崎市定／礪波護編
中国史 全二冊　宮崎市定
大杉栄評論集　飛鳥井雅道編

女工哀史　細井和喜蔵
奴隷 —小説・女工哀史1　細井和喜蔵
工場 —小説・女工哀史2　細井和喜蔵
初版 日本資本主義発達史 全二冊　野呂栄太郎
寒村自伝 全二冊　荒畑寒村
谷中村滅亡史　荒畑寒村
遠野物語・山の人生　柳田国男
青年と学問　柳田国男
木綿以前の事　柳田国男
こども風土記・母の手毬歌　柳田国男
不幸なる芸術・笑の本願　柳田国男
海上の道　柳田国男
婚姻の話　柳田国男
都市と農村　柳田国男
十二支考 全二冊　南方熊楠
特命全権大使 米欧回覧実記 全五冊　久米邦武編 田中彰校注
明治維新史研究　羽仁五郎

古寺巡礼　和辻哲郎
風土 —人間学的考察　和辻哲郎
イタリア古寺巡礼　和辻哲郎
和辻哲郎随筆集　坂部恵編
倫理学 全四冊　和辻哲郎
人間の学としての倫理学　和辻哲郎
日本倫理思想史 全四冊　和辻哲郎
時と永遠 他八篇　波多野精一
宗教哲学序論・宗教哲学　波多野精一
「いき」の構造 他二篇　九鬼周造
九鬼周造随筆集　菅野昭正編
偶然性の問題　九鬼周造
時間論 他二篇　九鬼周造 小浜善信編
復讐と法律　穂積陳重
パスカルにおける人間の研究　三木清
古代国語の音韻に就いて 他二篇　橋本進吉
漱石詩注　吉川幸次郎

吉田松陰　徳富蘇峰
林達夫評論集　中川久定編
新版 きけ わだつみのこえ —日本戦没学生の手記　日本戦没学生記念会編
新版 第二集 きけ わだつみのこえ —日本戦没学生の手記　日本戦没学生記念会編
君たちはどう生きるか　吉野源三郎
地震・憲兵・火事・巡査　山崎今朝弥 森長英三郎編
懐旧九十年　石黒忠悳
武家の女性　山川菊栄
覚書 幕末の水戸藩　山川菊栄
おんな二代の記　山川菊栄
忘れられた日本人　宮本常一
家郷の訓　宮本常一
大阪と堺　三浦周行 朝尾直弘編
新編 歴史と人物　三浦周行 林屋辰三郎 朝尾直弘編
国家と宗教 —ヨーロッパ精神史の研究　南原繁
石橋湛山評論集　松尾尊兊編
湛山回想　石橋湛山

手仕事の日本　柳　宗悦
南無阿弥陀仏 付 心偈　柳　宗悦
柳宗悦 民藝紀行　水尾比呂志編
柳宗悦 妙好人論集　寿岳文章編
雨夜譚 —渋沢栄一自伝　長　幸男校注
中世の文学伝統　風巻景次郎
平塚らいてう評論集　小林登美枝・米田佐代子編
日本の民家　今　和次郎
倫敦《ロンドン》！ 倫敦《ロンドン》？　長谷川如是閑
原爆の子 —広島の少年少女のうったえ 全二冊　長田　新編
『青鞜』女性解放論集　堀場清子編
大津事件 —ロシア皇太子大津遭難　尾佐竹猛・三谷太一郎校注
幕末遣外使節物語 —夷狄の国へ　尾佐竹猛・吉良芳恵校注
古典学入門　池田亀鑑
イスラーム文化 —その根柢にあるもの　井筒俊彦
意識と本質 —精神的東洋を索めて　井筒俊彦
神秘哲学 —ギリシアの部　井筒俊彦

意味の深みへ —東洋哲学の水位　井筒俊彦
コスモスとアンチコスモス —東洋哲学のために　井筒俊彦
幕末政治家　福地桜痴・佐々木潤之介校注
フランス・ルネサンスの人々　渡辺一夫
渡辺一夫評論選 狂気について 他二十二篇　大江健三郎・清水　徹編
維新旧幕比較論　木下真弘・宮地正人校注
被差別部落一千年史　高橋貞樹・沖浦和光校注
花田清輝評論集　粉川哲夫編
新版 河童駒引考 —比較民族学的研究　石田英一郎
ヨオロッパの世紀末　吉田健一
英国の近代文学　吉田健一
訳詩集 葡萄酒の色　吉田健一訳
明治東京下層生活誌　中川　清編
中井正一評論集　長田　弘編
山びこ学校　無着成恭編
考史遊記　桑原隲蔵
福沢諭吉の哲学 他六篇　丸山眞男・松沢弘陽編

政治の世界 他十篇　丸山眞男・松本礼二編注
超国家主義の論理と心理 他八篇　丸山眞男・古矢　旬編
田中正造文集 全二冊　由井正臣・小松　裕編
唐詩概説　小川環樹
国語学原論 続篇　時枝誠記
国語学史　時枝誠記
定本 育児の百科 全三冊　松田道雄
大西祝選集 全三冊　小坂国継編
哲学の三つの伝統 他十二篇　野田又夫
中国近世史　内藤湖南
大隈重信演説談話集　早稲田大学編
大隈重信自叙伝　早稲田大学編
人生の帰趣　山崎弁栄
通論考古学　濱田耕作
転回期の政治　宮沢俊義
世界の共同主観的存在構造　廣松　渉
何が私をこうさせたか —獄中手記　金子文子

明治維新　遠山茂樹
禅海一瀾講話　釈宗演
明治政治史　岡義武
転換期の大正　岡義武
山県有朋 —明治日本の象徴　岡義武
近代日本の政治家　岡義武
ニーチェの顔 他十三篇　氷上英廣・三島憲一編
伊藤野枝集　森まゆみ編
前方後円墳の時代　近藤義郎
日本の中世国家　佐藤進一

《別冊》

増補 フランス文学案内　渡辺一夫・鈴木力衛
増補 ドイツ文学案内　手塚富雄・神品芳夫
ことばの花束 —岩波文庫の名句365　岩波文庫編集部編
ことばの贈物 —岩波文庫の名句365　岩波文庫編集部編
愛のことば —岩波文庫から—　岩波文庫編集部編
世界文学のすすめ　大岡信・奥本大三郎・川村二郎・小池滋・沼野充義編

近代日本文学のすすめ　大岡信・加賀乙彦・菅野昭正・曾根博義・十川信介編
近代日本思想案内　鹿野政直
近代日本文学案内　十川信介
ポケットアンソロジー この愛のゆくえ　中村邦生編
スペイン文学案内　佐竹謙一
一日一文 英知のことば　木田元編
声でたのしむ 美しい日本の詩　大岡信・谷川俊太郎編

《日本文学(現代)》〔緑〕

怪談 牡丹燈籠　三遊亭円朝
真景累ヶ淵　三遊亭円朝
塩原多助一代記　三遊亭円朝
小説神髄　坪内逍遥
当世書生気質　坪内逍遥
青年　森鷗外
阿部一族 他二篇　森鷗外
山椒大夫・高瀬舟 他四篇　森鷗外
渋江抽斎　森鷗外
舞姫・うたかたの記 他三篇　森鷗外
鷗外随筆集　千葉俊二編
森鷗外 椋鳥通信 全三冊　池内紀編注
浮雲　二葉亭四迷　十川信介校注
野菊の墓 他四篇　伊藤左千夫
吾輩は猫である　夏目漱石
坊っちゃん　夏目漱石

草枕　夏目漱石
虞美人草　夏目漱石
三四郎　夏目漱石
それから　夏目漱石
門　夏目漱石
彼岸過迄　夏目漱石
漱石文芸論集　磯田光一編
行人　夏目漱石
こころ　夏目漱石
硝子戸の中　夏目漱石
道草　夏目漱石
明暗　夏目漱石
思い出す事など 他七篇　夏目漱石
文学評論 全二冊　夏目漱石
夢十夜 他二篇　夏目漱石
漱石文明論集　三好行雄編
倫敦塔・幻影の盾 他五篇　夏目漱石

漱石日記　平岡敏夫編
漱石書簡集　三好行雄編
漱石俳句集　坪内稔典編
漱石・子規往復書簡集　和田茂樹編
文学論 全二冊　夏目漱石
坑夫　夏目漱石
漱石紀行文集　藤井淑禎編
二百十日・野分　夏目漱石
五重塔　幸田露伴
運命 他一篇　幸田露伴
努力論　幸田露伴
天うつ浪 全二冊　幸田露伴
渋沢栄一伝　幸田露伴
子規句集　高浜虚子選
病牀六尺　正岡子規
子規歌集　土屋文明編
墨汁一滴　正岡子規

仰臥漫録	正岡子規
歌よみに与ふる書	正岡子規
子規紀行文集	復本一郎編
金色夜叉 全二冊	尾崎紅葉
二人比丘尼 色懺悔	尾崎紅葉
不如帰	徳冨蘆花
謀叛論 他六篇 日記	徳冨健次郎 中野好夫編
武蔵野	国木田独歩
愛弟通信	国木田独歩
蒲団・一兵卒	田山花袋
田舎教師	田山花袋
藤村詩抄	島崎藤村自選
破戒	島崎藤村
春	島崎藤村
千曲川のスケッチ	島崎藤村
桜の実の熟する時	島崎藤村
新生 全二冊	島崎藤村

夜明け前 全四冊	島崎藤村
生ひ立ちの記 他一篇	島崎藤村
にごりえ・たけくらべ	樋口一葉
大つごもり・十三夜 他五篇	樋口一葉
修禅寺物語 正雪の二代目 他四篇	岡本綺堂
高野聖・眉かくしの霊	泉鏡花
歌行燈	泉鏡花
夜叉ケ池・天守物語	泉鏡花
草迷宮	泉鏡花
春昼・春昼後刻	泉鏡花
鏡花短篇集	川村二郎編
日本橋	泉鏡花
外科室・海城発電 他五篇	泉鏡花
湯島詣 他一篇	泉鏡花
鏡花随筆集	吉田昌志編
化鳥・三尺角 他六篇	泉鏡花
鏡花紀行文集	田中励儀編

俳句はかく解しかく味う	高浜虚子
回想 子規・漱石	高浜虚子
有明詩抄	蒲原有明
上田敏全訳詩集	山内義雄 矢野峰人編
宣言	有島武郎
一房の葡萄 他四篇	有島武郎
ホイットマン詩集 草の葉	有島武郎選訳
寺田寅彦随筆集 全五冊	小宮豊隆編
柿の種	寺田寅彦
与謝野晶子歌集	与謝野晶子自選
与謝野晶子評論集	鹿野政直 香内信子編
私の生い立ち	与謝野晶子
入江のほとり 他一篇	正宗白鳥
つゆのあとさき	永井荷風
濹東綺譚	永井荷風
荷風随筆集 全二冊	野口冨士男編
おかめ笹	永井荷風

摘録 断腸亭日乗 全二冊　永井荷風　磯田光一編
すみだ川・新橋夜話 他一篇　永井荷風
夢の女　永井荷風
あめりか物語　永井荷風
江戸芸術論　永井荷風
下谷叢話　永井荷風
ふらんす物語　永井荷風
浮沈・踊子 他三篇　永井荷風
花火・来訪者 他十一篇　永井荷風
問はずがたり・吾妻橋 他十六篇　永井荷風
斎藤茂吉歌集　山口茂吉・柴生田稔・佐藤佐太郎編
桑の実　鈴木三重吉
小鳥の巣　鈴木三重吉
千鳥 他四篇　鈴木三重吉
鈴木三重吉童話集　勝尾金弥編
小僧の神様 他十篇　志賀直哉
万暦赤絵 他二十二篇　志賀直哉

暗夜行路 全二冊　志賀直哉
志賀直哉随筆集　高橋英夫編
高村光太郎詩集　高村光太郎
北原白秋歌集　高野公彦編
北原白秋詩集 全二冊　安藤元雄編
フレップ・トリップ　北原白秋
野上弥生子随筆集　竹西寛子編
野上弥生子短篇集　加賀乙彦編
お目出たき人・世間知らず　武者小路実篤
友情　武者小路実篤
釈迦　武者小路実篤
銀の匙　中勘助
鳥の物語　中勘助
犬 他一篇　中勘助
若山牧水歌集　伊藤一彦編
新編 みなかみ紀行　若山牧水　池内紀編
新編 啄木歌集　久保田正文編

時代閉塞の現状・食うべき詩 他十篇　石川啄木
蓼喰う虫　谷崎潤一郎　小出楢重画
春琴抄・盲目物語　谷崎潤一郎
吉野葛・蘆刈　谷崎潤一郎
卍(まんじ)　谷崎潤一郎
幼少時代　谷崎潤一郎
谷崎潤一郎随筆集　篠田一士編
多情仏心 全二冊　里見弴
道元禅師の話　里見弴
今年竹 全二冊　里見弴
萩原朔太郎詩集　三好達治選
郷愁の詩人 与謝蕪村　萩原朔太郎
猫町 他十七篇　萩原朔太郎　清岡卓行編
恩讐の彼方に・忠直卿行状記 他八篇　菊池寛
父帰る・藤十郎の恋 菊池寛戯曲集　石割透編
河明り 老妓抄 他一篇　岡本かの子
春泥・花冷え　久保田万太郎

大寺学校 ゆく年	久保田万太郎
室生犀星詩集	室生犀星自選
犀星王朝小品集	室生犀星
出家とその弟子	倉田百三
羅生門・鼻・芋粥・偸盗	芥川竜之介
地獄変・邪宗門・好色・藪の中 他七篇	芥川竜之介
河童 他二篇	芥川竜之介
歯車 他二篇	芥川竜之介
蜘蛛の糸・杜子春・トロッコ 他十七篇	芥川竜之介
芭蕉雑記・西方の人 他七篇	芥川竜之介
侏儒の言葉・文芸的な、余りに文芸的な	芥川竜之介
芥川竜之介俳句集	加藤郁乎編
芥川竜之介随筆集	石割透編
蜜柑・尾生の信 他十八篇	芥川竜之介
年末の一日・浅草公園 他十七篇	芥川竜之介
芥川竜之介紀行文集	山田俊治編
都会の憂鬱	佐藤春夫
美しき町・西班牙犬の家 他六篇	佐藤春夫 池内紀編
海に生くる人々	葉山嘉樹
日輪・春は馬車に乗って 他八篇	横光利一
宮沢賢治詩集	谷川徹三編
童話集 風の又三郎 他十八篇	宮沢賢治 谷川徹三編
童話集 銀河鉄道の夜 他十四篇	宮沢賢治 谷川徹三編
山椒魚・遙拝隊長 他七篇	井伏鱒二
川釣り	井伏鱒二
井伏鱒二全詩集	井伏鱒二
太陽のない街	徳永直
伊豆の踊子・温泉宿 他四篇	川端康成
雪国	川端康成
山の音	川端康成
川端康成随筆集	川西政明編
三好達治詩集	桑原武夫 大槻鉄男選
詩を読む人のために	三好達治
夏目漱石 全二冊	小宮豊隆
社会百面相 全二冊	内田魯庵
新編 思い出す人々	内田魯庵 紅野敏郎編
檸檬《レモン》・冬の日 他九篇	梶井基次郎
蟹工船 一九二八・三・一五	小林多喜二
風立ちぬ・美しい村	堀辰雄
富嶽百景・走れメロス 他八篇	太宰治
斜陽 他一篇	太宰治
人間失格・グッド・バイ 他一篇	太宰治
津軽	太宰治
お伽草紙・新釈諸国噺	太宰治
真空地帯	野間宏
日本唱歌集	堀内敬三 井上武士編
日本童謡集	与田準一編
森鷗外	石川淳
至福千年	石川淳
近代日本人の発想の諸形式 他四篇	伊藤整
小説の認識	伊藤整

中原中也詩集　大岡昇平編
ランボオ詩集　中原中也訳
小熊秀雄詩集　岩田宏編
夕鶴 彦市ばなし 他二篇 —木下順二戯曲選Ⅱ—　木下順二
子午線の祀り 沖縄 他一篇 —木下順二戯曲選Ⅳ—　木下順二
元禄忠臣蔵 全二冊　真山青果
玄朴と長英 他三篇　真山青果
随筆滝沢馬琴　真山青果
旧聞日本橋　長谷川時雨
新編 近代美人伝 全二冊　長谷川時雨　杉本苑子編
古句を観る　柴田宵曲
俳諧随筆 蕉門の人々　柴田宵曲
評伝 正岡子規　柴田宵曲
新編 俳諧博物誌　柴田宵曲　小出昌洋編
随筆集 団扇の画　柴田宵曲　小出昌洋編
子規居士の周囲　柴田宵曲
小説集 夏の花　原民喜

原民喜全詩集
いちご姫・蝴蝶 他二篇　山田美妙　十川信介校訂
貝殻追放抄　水上滝太郎
銀座復興 他三篇　水上滝太郎
魔風恋風 全二冊　小杉天外
柳橋新誌　成島柳北　塩田良平校訂
島村抱月文芸評論集　島村抱月
立原道造詩集　杉浦明平編
野火／ハムレット日記　大岡昇平
中谷宇吉郎随筆集　樋口敬二編
雪　中谷宇吉郎
伊東静雄詩集　杉本秀太郎編
冥途・旅順入城式　内田百閒
東京日記 他六篇　内田百閒
西脇順三郎詩集　那珂太郎編
草野心平詩集　入沢康夫編
金子光晴詩集　清岡卓行編

大手拓次詩集　原子朗編
評論集 滅亡について 他三十篇　武田泰淳　川西政明編
山岳紀行文集 日本アルプス　小島烏水　近藤信行編
雪中梅　末広鉄腸　小林智賀平校訂
宮柊二歌集　宮英子　高野公彦編
新編 東京繁昌記　木村荘八　尾崎秀樹編
新編 山と渓谷　田部重治　近藤信行編
日本児童文学名作集 全二冊　桑原三郎　千葉俊二編
山月記・李陵 他九篇　中島敦
眼中の人　小島政二郎
新選 山のパンセ　串田孫一自選
新美南吉童話集　千葉俊二編
岸田劉生随筆集　酒井忠康編
摘録 劉生日記　岸田劉生　酒井忠康編
量子力学と私　朝永振一郎　江沢洋編
書物　森銑三　柴田宵曲
窪田空穂随筆集　大岡信編

窪田空穂歌集　大岡信編
暢気眼鏡 虫のいろいろ 他十三篇　尾崎一雄 高橋英夫編
梵雲庵雑話　淡島寒月
奴隷 ―小説・女工哀史1　細井和喜蔵
工場 ―小説・女工哀史2　細井和喜蔵
森鷗外の系族　小金井喜美子
木下利玄全歌集　五島茂編
新編 学問の曲り角　河野与一 原二郎編
放浪記　林芙美子
山の旅 全二冊　近藤信行編
日本近代文学評論選 全二冊　千葉俊二 坪内祐三編
食道楽 全二冊　村井弦斎
酒道楽　村井弦斎
文楽の研究 全二冊　三宅周太郎
五足の靴　五人づれ
尾崎放哉句集　池内紀編
リルケ詩抄　茅野蕭々訳

ぷえるとりこ日記　有吉佐和子
江戸川乱歩短篇集　千葉俊二編
怪人二十面相・青銅の魔人　江戸川乱歩
少年探偵団・超人ニコラ　江戸川乱歩
江戸川乱歩作品集 全三冊　浜田雄介編
堕落論・日本文化私観 他二十二篇　坂口安吾
桜の森の満開の下・白痴 他十二篇　坂口安吾
風と光と二十の私と・いずこへ 他十六篇　坂口安吾
久生十蘭短篇選　川崎賢子編
墓地展望亭・ハムレット 他六篇　久生十蘭
六白金星・可能性の文学 他十一篇　織田作之助
夫婦善哉 正続 他十二篇　織田作之助
わが町・青春の逆説　織田作之助
歌の話・歌の円寂する時 他一篇　折口信夫
死者の書・口ぶえ　折口信夫
折口信夫古典詩歌論集　藤井貞和編
汗血千里の駒 坂本龍馬君之伝　坂崎紫瀾 林原純生校注

日本近代短篇小説選 全六冊　紅野敏郎・紅野謙介・千葉俊二・宗像和重・山田俊治編
自選 谷川俊太郎詩集
訳詩集 白孔雀　西條八十訳
茨木のり子詩集　谷川俊太郎選
第七官界彷徨・琉璃玉の耳輪 他四篇　尾崎翠
大江健三郎自選短篇
M/Tと森のフシギの物語　大江健三郎
キルプの軍団　大江健三郎
辻征夫詩集　谷川俊太郎編
明治詩話　木下彪
石垣りん詩集　伊藤比呂美編
漱石追想　十川信介編
芥川追想　石割透編
荷風追想　多田蔵人編
自選 大岡信詩集
うたげと孤心　大岡信
日本の詩歌 その骨組みと素肌　大岡信